Echt VEGETARISCH

DAS STANDARDWERK

Echt VEGETARISCH

DAS STANDARDWERK

EMF

EIN BUCH DER
EDITION MICHAEL FISCHER

Echt vegetarisch

DAS STANDARDWERK

Gemüse ist unschlagbar vielfältig zu verarbeiten, bezaubert uns mit seinen Farben, Formen und Aromen und ist nebenher auch noch gesund für unseren Körper. Ob roh, mariniert, fermentiert, blanchiert, gegart, gekocht, gebraten, gegrillt, als Solodarsteller, in Verbindung mit seinen liebsten Partnern oder in ungewöhnlichen Kombinationen – Gemüse wird nie langweilig.

Der saisonale und regionale Aspekt war unser Kompass, die Küchen der ganzen Welt unsere Schatzkiste.

Zum Glück gibt es wieder einen Trend zur Arten- und Sortenvielfalt, zum Anbau und zur Erhaltung alter Sorten und zum Experimentieren mit nicht regionalem Gemüse. Dadurch wird unser Repertoire noch umfangreicher. Wir genießen es sehr, auf Bauern- und Wochenmärkten einkaufen zu gehen, und lassen uns dort gerne von den Produkten inspirieren. Daher wollen wir mit diesem Buch auch den vielen Erzeugern ein Dankeschön aussprechen, die mit ihrem Wissen, ihrer Arbeit und ihrer Experimentierfreude unseren Speiseplan bereichern. Denn wir wissen aus eigener Erfahrung, wie schwierig es ist, im Einklang mit der Natur Gemüse zu produzieren, das ansprechend aussieht, dem kritischen Auge des Kunden standhält und vor allem: gut schmeckt. Wer einmal gegärtnert hat, und sei es auf dem kleinsten Balkon, hat am eigenen grünen Daumen erfahren müssen, dass die Natur keine Gnade kennt: Plötzliche Wintereinbrüche, Regengüsse, Hitzeperioden, Schneckeninvasionen, Schädlinge (oder doch Nützlinge?), Pilzkrankheiten … alldem gilt es zu trotzen, seine liebsten Pflänzchen zu verteidigen und an der Natur demütig zu lernen.

Unsere Hauptakteure in diesem Buch sind Gemüsesorten aus der Heimat, sortiert nach Saison, ihrer Nutzung, den Jahreszeiten und unseren Lieblingsrezepten. Dazu haben wir ein kurzes Gemüseporträt mit Besonderheiten und Tipps zum Anbau für jeden einzelnen Protagonisten erstellt. Außerdem war es uns ein Anliegen, über die Zubereitungsarten und das Haltbarmachen von Gemüse zu sprechen. Denn wer schon mal mehr als eine Zucchinipflanze sein Eigen nennen durfte, weiß, was eine „Zucchinischwemme" bedeutet und warum die Nachbarn nur noch abwinken, wenn man mal wieder mit einem „2-kg-Zucchinimonster" vor der Türe steht und um Abnahme fleht.

Wir wünschen Ihnen viel Spaß und Inspiration beim Lesen und Kochen.

Brigitte & Dirk Tacke

Inhaltsverzeichnis

Gemüse in seiner endlosen Vielfalt.
Sortiert nach Saison, Nutzung und Jahreszeiten.
Verarbeitet zu unseren Lieblingsrezepten.

Know how

Was versteht man unter Gemüse?

Verschiedene Definitionen für eine vielfältige Lebensmittelgruppe

Wir mussten bei unserer Recherche zur Gemüsedefinition feststellen, dass die Einteilung nach Gemüsesorten in vielen Bereichen unterschiedlich vorgenommen wird und oftmals die Grenzen zwischen den Begriffen Obst, Fruchtgemüse und Gemüse fließend sind.

Als besonders schwierig erweist sich die Abgrenzung zu Obst. Die Regel, dass Obst roh und Gemüse verarbeitet verzehrt werden, wird bereits durch den allgemein beliebten rohen Verzehr von Kohlrabi, Karotten und Roter Bete widerlegt. Die botanische Definition, dass Früchte aus bestäubten Blüten als Obst gelten, wie z.B. Birnen, Äpfel oder Kirschen, wird wiederum durch die zu den Fruchtgemüsen zählenden Tomaten, Kürbisse und Zucchini hinfällig. Und die Gärtnerregel, dass Gemüse im Unterschied zu Obst einjährig geerntet werden kann, erfährt seine Grenzen bei den Ausnahmen Rhabarber oder Spargel, die mehrjährig wachsen.

Wir haben uns daher auf unseren gesunden Menschenverstand verlassen und uns bei der Definition von Gemüse unter anderem an dem „Handbuch des speziellen Gemüsebaues" von Georg Vogel (1996) orientiert. In diesem zählen zu Gemüse (unabhängig vom gärtnerischen Anbau) essbare Früchte, Blätter, Sprossen, Wurzeln, Knospen, Samen, Blüten, Stiele, Knollen und Zwiebeln von kraut-, strauch- und teilweise baumartigen ein- oder mehrjährigen Pflanzen. Diese Definition beschränkt sich nicht allein auf den gärtnerischen oder landwirtschaftlichen Anbau von Gemüse, sondern bezieht explizit auch Wildpflanzen mit ein, was uns wichtig erschien.

Die Vielfalt unseres heutigen Gemüses ist allein der Entwicklung des Ackerbaus, der vor mehr als 11 000 Jahren in der Region des fruchtbaren Halbmondes zwischen Euphrat und Tigris begann, zu verdanken. Die Veränderung der Lebensform der Menschheit vom Jäger und Sammler hin zum sesshaften Bauern hat eine kulturelle Revolution ausgelöst, die unser modernes Menschsein geprägt hat. Im Laufe der Zeit mussten Kenntnisse über den Lauf der Jahreszeiten und die Planung des Jahresablaufs erworben, technische Hilfsmittel erfunden und Techniken entwickelt werden, um Lebensmittel haltbar zu machen. Die Menschen kommunizierten vermehrt miteinander, um ihr Wissen weiterzugeben. Dafür bin ich heute dankbar, wenn ich meinen Gemüsehändler auf dem Wochenmarkt nach seiner Expertise zu meinem Acker befragen kann – Gott sei Dank ohne einen Lendenschurz zu tragen.

REGIONALE GEMÜSESORTEN UND IHRE VORTEILE

REGIONALE LEBENSMITTEL SIND MEIST GESÜNDER UND STECKEN VOLLER AROMEN

Aus dem Irrsinn heraus, jedes Obst und Gemüse als Ganzjahresangebot bereitstellen zu müssen, werden diese Produkte in ihren Herkunftsländern meist unreif geerntet, eventuell mit Chemikalien behandelt, für den Versand aufwendig verpackt und auf langen Transportwegen zu uns gebracht. Produkte, die wohnortnah geerntet oder produziert werden, kommen dagegen frisch auf den Markt und damit schnell auf unseren Tisch. Da diese Obst- und Gemüsesorten oft im Freiland angebaut werden, sind sie zudem meist saisonal verfügbar. Die Ernte erfolgt zum optimalen Reifezeitpunkt, was sich sowohl beim Aroma als auch beim optimalen Vitamin- und Nährstoffgehalt bemerkbar macht. Und durch die kurzen Transportwege besteht keine Gefahr, dass die Lebensmittel ihre wertvollen Inhaltsstoffe verlieren. Gleichzeitig sollte Regionalität mit echter Bio-Qualität einhergehen, denn beim Anbau von Lebensmitteln sind nicht nur Aroma und Inhaltsstoffe wichtig. Der ökologische Landbau betrachtet Mensch, Tier, Boden und Pflanze als eine synergetische Einheit, die natürlichen Kreisläufe bleiben erhalten – gut für uns Menschen und die Umwelt.

KURZE LIEFERKETTEN

Obst und Gemüse aus dem Supermarkt legt einen langen Weg zurück, bis es in den Regalen landet, denn die Lieferkette reicht von Vermarkter und Großhandel bis hin zu Verpackungsbetrieben und Verteilern. Regionalität hält dagegen den CO_2-Fußabdruck klein: Bei regionalen Produkten sind die Transportwege kurz, was wiederum mit einer positiven Ökobilanz einhergeht.

NACHHALTIGE VERPACKUNG

Beim Einkauf auf dem Bauern- oder Wochenmarkt wird Obst und Gemüse lose verkauft. Jeder bringt seine Einkaufstaschen mit und für jede „Hemdchentüte“ aus Plastik wird mittlerweile Geld verlangt.

TRANSPARENZ SCHAFFT VERTRAUEN

Beim Kauf regionaler Produkte besteht die Möglichkeit, Kontakt zum Erzeuger aufzunehmen und sich ein Bild von den Produktionsbedingungen der entsprechenden Lebensmittel zu machen. Mit dem Verzehr regionaler Produkte haben Verbraucher somit mehr Kontrolle und können sich der Qualität und nachhaltiger Herstellungsverfahren ihrer Produkte vergewissern.

STÄRKUNG DER REGIONALEN IDENTITÄT

Bäuerliche Landwirtschaft, traditionelles Wissen, regionaltypische Rezepte und handwerkliche Fähigkeiten sind Teile einer einzigartigen heimischen Kulturlandschaft. Wenn diese erhalten und gepflegt wird, behält eine Region ihre individuelle Identität. Das stärkt das Miteinander und das Zusammengehörigkeitsgefühl der Bewohner und macht die Region für den Tourismus interessant.

DIE KAUFKRAFT BLEIBT IN DER REGION

Beim Kauf regionaler Produkte bleibt das Geld in der Region. Die Erzeuger werden für ihre Arbeit von den Kunden direkt vor Ort bezahlt und kaufen ihrerseits wiederum in der Region ein. Dies führt zu einer Steigerung der Kaufkraft sowie zum Erhalt und der Entstehung neuer Arbeitsplätze.

DEFINITION VON GEMÜSESORTEN NACH IHRER NUTZUNG

WILDGEMÜSE

Wildgemüse oder Wildkräuter sind essbare ein- oder mehrjährige Wildpflanzen, die als Gemüse verwendet werden können. Die Pflanzen oder Pflanzenteile von Wildgemüse können roh oder gekocht verzehrt werden. Wildgemüse hat meist ein intensiveres Aroma als kultivierte Nutzpflanzen und zeichnet sich insgesamt durch eine hohe Nährstoffdichte aus. Besonders hervorzuheben ist der Gehalt an Vitamin C, Beta-Carotin, Mineralstoffen (z. B. Kalzium und Eisen), Ballaststoffen und sekundären Pflanzenstoffen. Im Gegensatz zu Kulturpflanzen werden Wildkräuter aufgrund ihrer geringeren wirtschaftlichen Bedeutung als Nutzpflanzen oder ihrer scheinbar fehlenden Nützlichkeit oft als Unkraut bezeichnet.

TIPPS ZUM SAMMELN

Der wichtigste Rat von Meret Bissegger, der Pionierin zum Thema Kochen mit Wildpflanzen, lautet: Man soll nur pflücken, was man hundertprozentig kennt. Diesen Rat beherzige ich immer, ebenso wie den Standort der Pflanzen. Stark befahrene Straßen, Hundewege und Randstreifen von konventionell gedüngten Feldern sind nicht die richtigen Orte zum Sammeln. Dagegen sind städtische Brachflächen, nicht zu stark gedüngte Wiesen, Hecken, Waldränder und Bachläufe ideale Standorte. Beim Pflücken ist zu beachten: Wildkräuter sind kollektives Eigentum, daher darf nur für den Eigenbedarf gesammelt werden. Es müssen stets ein paar Pflanzen stehen gelassen werden, um deren Bestand und Vermehrung zu sichern. Die gewünschten Pflanzenteile sollten mit einer Schere oder mit einem Messer abgeschnitten werden, damit die Pflanze nicht zu stark verletzt wird und sich wieder regenerieren kann. Die einzelnen Wildkräuter können dann getrennt voneinander in einzelne Jutesäckchen verpackt werden, dies erleichtert die spätere Verarbeitung ungemein.

TIPPS ZUR VERARBEITUNG

Blätter und Stängel, die bodennah gewachsen sind, werden gewaschen, junge Triebe von Bäumen oder frische Blüten müssen nicht gewaschen werden. Die meisten Wildpflanzen sind roh essbar und können wie Küchenkräuter verwendet werden. Einige entfalten jedoch ihr Potenzial erst durch eine Weiterverarbeitung wie Blanchieren, Dämpfen oder Dünsten. Bei bitteren, zähen oder behaarten Wildpflanzen hilft oftmals nur der ganz feine Schnitt mit einem scharfen Messer, damit die wahren Gaumenfreuden sich entfalten können.

STIEL- | STÄNGELGEMÜSE

Der Begriff „Stiel- und Stängelgemüse" stammt nicht aus der Botanik, sondern aus der Umgangssprache.

Er bezeichnet Gemüsesorten, bei denen hauptsächlich der Stängel oder Stiel einer Pflanze verzehrt wird.

Bei Stängelgemüse wächst der Stängel meist oberirdisch und trägt die Knospen, Blüten und Blätter. Die Blattstiele sind fleischig und verdickt, wie bei Spargel, Stielmangold, Stangensellerie, Stielmus, Rhabarber und Gemüsefenchel. Bestimmte Stängelgemüse werden ohne Sonneneinstrahlung angebaut, damit sie weiß bleiben. Dieses sogenannte Bleichen wird u. a. bei Spargel, Sellerie und Rhabarber angewendet.

BLATTGEMÜSE

Blattgemüse, auch Salat oder Salatgemüse genannt, sind jene Arten von Gemüse, bei denen hauptsächlich die Blätter oder blattartigen Teile (manchmal auch verbundene Stängel oder Stiele) der Pflanze meist roh verzehrt werden. Das Wort „Salat" kommt vom lateinischen Wort „salata" und bedeutet in Norditalien als „insalata" so viel wie „in Salz eingelegtes Gemüse", „gesalzen" oder „mit Salz konservierter Salat". Blattsalate gehören zur botanischen Gattung der Korbblütler (auch *Asteracea*, Asterngewächse, Compositae oder Korbblütengewächse genannt).

VERSCHIEDENE BLATTGEMÜSEARTEN

Kopfsalate: Sie bilden dicke, fest geschlossene Köpfe wie zum Beispiel Kopf- und Eisbergsalat;
Schnitt- und Pflücksalate: Sie bilden keine Köpfe, sondern einzeln stehende Blätter, die aus Rosetten wachsen, wie zum Beispiel Lollo Rosso und Eichblattsalat;
Bindesalate: Sie haben einen hochgewachsenen, lockeren Kopf wie zum Beispiel Römersalat.

BEKANNTE BLATTSALAT-SORTEN

Bataviasalat | Chicorée | Eichblattsalat | Eisbergsalat | Endiviensalat | Feldsalat | Gartenmelde | Gartenrucola | Gartensalat | Lollo Bianco | Lollo Rosso | Kopfsalat | Radicchio Rosso | Römersalat | Schnittsalat/Pflücksalat | Wilde Rauke | Winterportulak

FRUCHTGEMÜSE

Unter dem Begriff „Fruchtgemüse" versteht man einjährige Gemüsepflanzen, deren oberirdisch wachsende Früchte essbar sind. Die Früchte dieser Gemüsepflanzen entwickeln sich aus befruchteten Blüten. Schneidet man die Früchte von Fruchtgemüse, wie Paprika oder Tomaten, auf, findet man die Samen der Früchte. In der Botanik zählen viele Fruchtgemüse-Sorten zur Pflanzenfamilie der Nachtschattengewächse *(Solanaceae)* und Kürbisgewächse *(Cucurbitaceae)*.

BEKANNTE FRUCHTGEMÜSE-SORTEN
Aubergine | Chili: auch Peperoni, Pfefferoni | Flaschenkürbis | Gartenkürbis | Gurke | Paprika | Moschus-Kürbis | Riesen-Kürbis | Tomate | Zucchini

BLÜTENGEMÜSE

Blütengemüse sind Knospen, Blütenstände oder Blüten. die als Gemüse verzehrt werden. Typischerweise haben sich bei Blütengemüse die Blüten der Pflanzen noch nicht geöffnet, wenn sie zum Verzehr geeignet sind und geerntet werden. Der Grund dafür ist, dass die meisten Blütengemüse sonst ihren aromatischen Geschmack verlieren, bitter werden und schwerer verdaulich sind. Deshalb wird der noch nicht voll entwickelte Blütenstand gegessen. Zu den blühenden Gemüsesorten gehören Artischocke, Blumenkohl, Brokkoli, Romanesco und Zucchiniblüte.

HÜLSENFRÜCHTE | SAMENGEMÜSE

Alle Gemüse, von denen wir hauptsächlich die getrockneten oder auch noch unreifen Samen essen, gehören zu den Hülsenfrüchten und Samengemüse. Ihre Vertreter sind Bohnen, Erbsen und Linsen, aber auch Mais als Gemüse oder gerösteter und gepuffter Mais. Der Begriff „Leguminose" (Hülsenfrüchtler) bezieht sich auf die charakteristische, schotenförmige Fruchtform der Hülsenfrüchte. Bei dieser Fruchtform sind die meist als Nahrungsmittel nutzbaren Samen von einer Fruchthülle umschlossen. In der Küche werden die Früchte der Hülsenfrüchte daher auch als Samengemüse bezeichnet.

Leguminosen sind ein- oder mehrjährige krautige Gemüsepflanzen. Sie gehören zu den artenreichsten und ältesten Pflanzenfamilien der Natur und haben die in der Pflanzenwelt besondere Fähigkeit, im Wurzelbereich Symbiosen mit Pilzen und Bakterien zu bilden. Durch die Symbiose mit sogenannten Knöllchenbakterien (Rhizobien) an ihren Wurzeln können Leguminosen z. B. Stickstoff aus der Luft optimal aufnehmen. Dadurch sind Leguminosen bei der Produktion von Proteinen weniger abhängig vom Stickstoffgehalt des Bodens. Grundsätzlich aber benötigen die Samengemüse einen hohen Nährstoffgehalt. Von den Leguminosen sind bis heute über 700 verschiedene Gattungen und mehr als 20.000 Arten erforscht worden.

KNOLLEN- | WURZELGEMÜSE

Als Knollen- oder Wurzelgemüse bezeichnet man im Küchenjargon Pflanzen, die einen unterirdischen, fleischigen, verdickten und nährstoffreichen essbaren Pflanzenteil (Rhizom) bilden. Die Rhizome helfen der Pflanze, ungünstige Vegetationsphasen wie Trockenheit, Hitze und Kälte zu überstehen.

Je nach Definition werden auch die Rüben- und Retticharten zum Wurzelgemüse gezählt. Das oft süßlich schmeckende und manchmal sehr aromatische Wurzelgemüse kann gekocht, gebraten, eingelegt oder roh gegessen werden. Einige Wurzelgemüsesorten sind Bestandteil des Suppengrüns. Zu den beliebtesten deutschen Knollengemüse-Arten zählen Kartoffeln, Möhren, Radieschen, Knollensellerie, Kohlrabi und Rote Bete.

KOHLGEMÜSE

Kohl ist ein Sammelbegriff für alle Kohlsorten und kommt in den unterschiedlichsten Formen vor – vom dicken Rot- und Weißkohl über den zierlichen Rosenkohl bis hin zum fast schon salatähnlichen Chinakohl. Alle Sorten der Gattung *Brassica oleracea*, wie er im Lateinischen heißt, gehören zur großen Familie der Kreuzblütler. Damit ist der Kohl ein Verwandter von Raps, Rüben, Senf, Rettich, Radieschen und etwa 3000 weiteren Arten. So unterschiedlich die Kreuzblütler auch sind, eines haben sie gemeinsam: Die Pflanzen beinhalten einen hohen Gehalt an Senfölen, die den typischen Kohlgeschmack ausmachen. Darüber hinaus haben alle Kohlarten einen hohen Gehalt an Vitamin C. Allerdings sind Kohlgerichte oft schwer verdaulich und können zu Blähungen führen.

Alle Kohlsorten, insbesondere Weißkohl, sind von allen Gemüsesorten am längsten lagerfähig und gelten als typisches Wintergemüse. Kohlgemüse wurde ursprünglich im Mittelmeerraum angebaut, als Kulturpflanze ist es schon in der Antike belegt. Im alten Griechenland und bei den Römern war Kohl ein Muss in jedem Gemüsegarten und galt auch als Heilpflanze.

VEGGIE – DIE KOMBI MACHTS

ZAUBERWORT MAKRONÄHRSTOFFE:

Oft machen wir ganz intuitiv bei der Zusammenstellung der einzelnen Komponenten unserer Ernährung alles richtig. Wichtig dabei ist ein ausgewogenes Verhältnis von Kohlenhydraten, Proteinen und Fetten. Auf den nächsten Seiten finden Sie einige Tipps zur vegetarischen und veganen Ernährung und warum sie so gesund ist: für uns und unsere Umwelt.

1 VEGGIE – WAS IST DAS?

Vegetarismus ist eine Ernährungsform, bei der auf den Verzehr von Tieren verzichtet wird. Dabei sind nicht nur Säugetiere, sondern auch Fische, Vögel und Insekten gemeint, zudem sämtliche Verarbeitungsformen der Tiere, wie etwa Speisefettsäuren, Speisegelatine, Rinder- oder Hühnerbrühe und tierisches Lab.

VERSCHIEDENE FORMEN DES VEGETARISMUS

Ovo-lakto-vegetarisch: Fleisch- und Fischprodukte werden nicht verzehrt, Eier- und Milchprodukte werden gegessen.

Lakto-vegetarisch: Fleisch- und Fischprodukte sowie Eier werden nicht verzehrt, Milchprodukte werden gegessen.

Ovo-vegetarisch: Fleisch-, Fisch- und Milchprodukte werden nicht verzehrt, Eier werden gegessen.

Pesco-vegetarisch: Fleischprodukte werden nicht verzehrt, Fisch- und Milchprodukte sowie Eier werden gegessen.

Flexitarisch: Fleisch- und Fischprodukte werden gelegentlich bis selten verzehrt, Eier- und Milchprodukte werden gegessen.

Vegan: Es werden keine tierischen Produkte wie Fleisch, Fisch, Milch, Eier oder Honig verzehrt.

Rohköstler: Es werden keine tierischen Produkte wie Fleisch, Fisch, Milch, Eier oder Honig verzehrt, außerdem wird auf gekochte und verarbeitete Lebensmittel verzichtet. Rohe Früchte und Gemüse werden gegessen.

Fruktaner/Frugivoren: Es werden keine tierischen Produkte wie Fleisch, Fisch, Milch, Eier oder Honig verzehrt, außerdem wird auf gekochte und verarbeitete Lebensmittel und auch Gemüse verzichtet. Es werden ausschließlich Früchte, Nüsse und Samen gegessen.

2 VEGGIE – WARUM?

Wird man sich einmal bewusst, welche Auswirkungen „Essen" auf menschliches und tierisches Leben sowie unseren Planeten hat, dann wird der Wunsch nach einer nachhaltigen Ernährung groß. Massentierhaltung, Klimawandel, Umweltverschmutzung, Welthunger, Wasserknappheit, Lebensmittelallergien und gesundheitliche Probleme bringen immer mehr Menschen zum Umdenken. Mit einer selbstbestimmten Entscheidung für eine vegetarische Ernährung oder eine Ernährung mit reduziertem Fleischkonsum versuchen Vegetarier, ein klares Statement für eine gesellschaftliche Veränderung zu setzen.

Vegetarismus bewirkt eine langfristige Senkung von CO_2-Emissionen. Wir können diesen Effekt am besten durch den Einkauf regionaler und saisonaler Lebensmittel unterstützen. Industriell gefertigte Lebensmittel kommen nur selten auf den Tisch und solche mit hohem Wasserverbrauch und langen Transportwegen (wie Kakao, Kaffee, Avocado, Kokosnussmilch) sollten als Genussmittel verstanden werden. Dadurch kann jeder sein persönliches Klimabudget reduzieren. Momentan befinden wir Deutschen uns unter den Spitzenreitern beim CO_2-Ausstoß. Jeder Deutsche erzeugt durchschnittlich 8,7 Tonnen CO_2 im Jahr, jeder Inder 1,61 Tonnen. Um die globalen Klimaziele zu erreichen, würden aktuell jedem Menschen 2,3 Tonnen CO_2 im Jahr zustehen.

3 VEGGIE – WIE?

Wissenschaftlich belegt ist: Vegetarier leben generell gesundheitsbewusster, haben bessere Blutdruckwerte, ein geringeres Risiko für Herz-Kreislauf-Krankheiten, für Übergewicht, Gicht und Diabetes und erkranken seltener an Krebs. Der Körper nimmt weniger gesättigte Fettsäuren und Cholesterin auf. Verstopfung und Darmerkrankungen sind seltener.

Generell ist es bei einer vegetarischen Ernährung kein Problem, Proteine und die vom Körper benötigten Aminosäuren durch pflanzliche Produkte in ausreichender Menge zu sich zu nehmen. Ovo-lakto- und Lakto-Vegetarier müssen sich darüber keine Gedanken machen, da sie durch den Verzehr von Milchprodukten und Eiern mit allen vollständigen Proteinen versorgt sind. Wer aber seinen Proteinbedarf rein über pflanzliche Produkte abdecken möchte, sollte ein paar Punkte dazu wissen.

GRUNDLAGENWISSEN

Eine ausgewogene Ernährung für einen gesunden, normalgewichtigen Erwachsenen sollte die **energieliefernden Makronährstoffe** enthalten. So sollten Kohlenhydrate (Saccharide), Eiweiße (Proteine) und Fette (Lipide) in einem Verhältnis 50–55 % Kohlenhydrate, 15–20 % Eiweiß, 30 % Fett verzehrt werden. Dazu kommen die **nicht energieliefernden Mikronährstoffe** wie Vitamine, Mineralstoffe und Spurenelemente, die der Körper zwar nur in geringen Mengen benötigt, ohne die aber unser gesamter Stoffwechsel einschließlich des Immunsystems nicht funktionieren würde. Sie sorgen für Wachstum und Entwicklung, ermöglichen Zell- und Gewebeerneuerungen und steuern Abwehr- und Reparaturvorgänge. Darüber hinaus regulieren sie auch die Aufnahme von Ballaststoffen in Form pflanzlicher Faser- und Quellstoffe. Empfohlen werden für Erwachsene mindestens 30 Gramm Ballaststoffe am Tag. Sie sorgen für ein lang anhaltendes Sättigungsgefühl und stimulieren die Darmtätigkeit (1 g Ballaststoffe enthalten im Durchschnitt 2 kcal).

Tagesbedarf für Makronährstoffe (Energiebedarf 2000 kcal/Tag)
50 % Kohlenhydrate (1000 kcal) entsprechen 250 g Kohlenhydrate (1 g Kohlenhydrate enthält 4 kcal).
20 % Eiweiß (400 kcal) sind 100 g Eiweiß (1 g Protein enthält 4 kcal).
30 % Fett (600 kcal) ergeben 67 g Fett (1 g Fett enthält 9 kcal).

Neben diesem Maßstab der Nährstoffrelationen gibt es noch viele weitere Ernährungsformen. Schlagworte hierzu sind LOW-CARB, HIGH-PROTEIN, LOW-FAT. Wer tiefer in die Zusammenhänge der Ernährung einsteigen möchte, leistet sich am besten eine Kalorienzähler-App fürs Smartphone. Diese listet oftmals neben den Werten der Nährstoffe und der Ballaststoffe von Lebensmitteln auch das Verhältnis von Kohlenhydratverbrauch zu Eiweißen und Fetten auf. **Mein Tipp:** die App YAZIO.

Tagesbedarf für Mikronährstoffe (Tagesdosis)

Vitamine (fettlöslich)	Tagesdosis	Funktion	Vorkommen
Vitamin A (Vorstufe Beta-Carotin)	1,1 mg	Augen, Haut/Schleimhäute, Immunsystem	Chicorée, Feldsalat, Spinat, Grünkohl, Möhren, Honigmelone, Sojaöl, Butter
Vitamin E	14 mg	Antioxidativ, Blutgerinnung, Entzündungshemmung	Müsli, Sojabohnen, pflanzliche Öle: Weizenkeimöl, Olivenöl, Sonnenblumenöl oder Rapsöl, Paranüsse, Walnüsse
Vitamin K	60 µg	Blutgerinnung, Knochenstoffwechsel	grüne Gemüsesorten, Haferflocken, Erbsen, Sojabohnen, Linsen, Kichererbsen, Kiwi, Hagebutten, Cashewkerne, Pistazienkerne

Vitamine (wasserlöslich)	Tagesdosis	Funktion	Vorkommen
Vitamin B1	1,1 mg	Kohlenhydratstoffwechsel, Nervenzellen, Herzfunktion	Knäckebrot, Roggenbrot, Naturreis, Haferflocken, Speisekleie, Linsen, weiße Bohnen, Erbsen, Sojabohnen
Vitamin B2	1,3 mg	Eiweiß-, Fettsäuren- und Kohlenhydratstoffwechsel, Haut/Schleimhäute, Hormone	Hefeflocken, Knäckebrot, Speisekleie, Linsen, weiße Bohnen, Erbsen, Sojabohnen, Grünkohl, Brokkoli, gelbe Paprika, Spinat, Pfifferlinge, Steinpilze
Vitamin B6	1,6 mg	Eiweißstoffwechsel, Muskeln, Hormone, Nervensystem, Blutbildung	Bohnen, Linsen, Kichererbsen, Sojabohnen, Kartoffeln, Karotten, Rosenkohl, Bananen, Nüsse und Samen
Vitamin B12	3 µg	Eiweißstoffwechsel, Blutbildung, Nervensystem, Schleimhäute	tierische Produkte, Nahrungsergänzungsmittel
Folsäure	400 µg	Zellteilung, Wachstum, Blutbildung, Schleimhäute, DNA-Stoffwechsel	Salat, Tomaten, Spargel, Kohl, Sojabohnen, Erbsen, Vollkornprodukte
Vitamin C	100 mg	Immunsystem, Hormone, Bindegewebe, Wundheilung	kohlartiges Gemüse, Spinat, Meerrettich, Paprika, Zitronen, Erdbeeren, Kiwis, Johannisbeeren, Sanddornbeeren, Hagebutte, Acerola

Mineralstoffe, Spurenelemente	Tagesdosis	Funktion	Vorkommen
Kalzium	1000 mg	Knochen und Zähne, Muskel- und Nerventätigkeit	Grüne Gemüsesorten: Brokkoli, Grünkohl, Pak Choi, Fenchel, Löwenzahn, Brennnesseln, weiße Bohnen, Kichererbsen, Sojabohnen, Sesam, Mohn, Mandeln, Joghurt, Kefir, Vollmilch, Käse
Eisen	15 mg	Sauerstofftransport im Blut	Hülsenfrüchte, Amaranth, Quinoa, Hirse, Vollkornprodukte, Nüsse und Samen, Schwarzwurzeln, Spinat, Trockenfrüchte, Kakaopulver
Jod	200 µg	Schilddrüse, Wachstumsprozesse, Nervensystem	mit Jod angereichertes Speisesalz, Fisch und Meeresfrüchte
Kalium	2000 mg	Elektrolythaushalt der Zellen, Blutdruck	Müsli, Knäckebrot, Trockenobst, Bananen, Johannisbeeren, Kiwi, Hülsenfrüchte, Kartoffeln, Feldsalat, Grünkohl, Meerrettich, Spinat, Walnüsse, Paranüsse, Kakao, Vollmilchschokolade
Magnesium	300 mg	Muskelkontraktion, Herztätigkeit, Knochen und Zähne	Vollkornbrot, Vollkornnudeln, Müsli, Haferflocken, Knäckebrot, Naturreis, Hirse, Hülsenfrüchte, Nüsse, Sonnenblumenkerne
Natrium	1500 mg	Blutdruck	verarbeitete Lebensmittel, Brot, Käse
Phosphor	700 mg	Knochen und Zähne, Energiestoffwechsel	Haferflocken, Grünkern, Weizenkleie, Naturreis, Hirse, Hülsenfrüchte, Käse
Selen	70 µg	Schilddrüse, Immunsystem, Nägel	Paranüsse (3/Tag), Kokosnüsse, Kichererbsen, Linsen, weiße Bohnen, Sojabohnen, Naturreis, Haferflocken
Zink	8 mg	Eiweiß-, Fett- und Kohlenhydratstoffwechsel, Zellwachstum, Wundheilung	Sojaprodukte, Hülsenfrüchte, Nüsse und Samen, Vollkornprodukte, Hartkäse

KOHLENHYDRATE

Kohlenhydrate sind die Hauptenergielieferanten für unseren Körper, welche wir für die Atmung, den Herzschlag, den Stoffwechsel und vor allem für die Gehirnaktivität benötigen. Kohlenhydrate – oder Saccharide – bestehen aus Zuckermolekülen. Sie werden im Magen-Darm-Trakt zu Glucose umgewandelt und dann vom Körper als Energie genutzt. Kohlenhydrate haben im Vergleich zu Fett bei gleichem Energiegehalt für den Körper weniger als die Hälfte an Kalorien und können schneller verwertet werden.

KOHLENHYDRATGRUPPEN

Je nach Anzahl der Zuckerbestandteile werden Kohlenhydrate in drei Gruppen eingeteilt:

Einfachzucker (Monosaccharide): Traubenzucker (Glucose, z. B. in Weintrauben) und Fruchtzucker (Fructose, in den meisten Obstsorten).

Zweifachzucker (Disaccharide): Haushaltszucker, Malzzucker und Milchzucker. Monosaccharide und Disaccharide sind hauptsächlich in Süßigkeiten, Softdrinks und Obst enthalten. Sie schmecken süß, sind aber meist reine Energieträger, die kaum Vitamine und Mineralstoffe enthalten (ausgenommen Obst), den Blutzuckerspiegel schnell in die Höhe schnellen lassen und zu Heißhungerattacken führen. Einfach- und Zweifachzucker sind süß und wasserlöslich.

Mehrfachzucker (Polysaccharide): Das wichtigste Polysaccharid ist die Stärke, z. B. in Kartoffeln. Polysaccharide finden sich aber auch in Getreide, Vollkornprodukten und Hülsenfrüchten. Polysaccharide sind geschmacksneutral und wasserunlöslich.

KOMPLEXE KOHLENHYDRATE

Komplexe Kohlenhydrate mit Mehrfachzuckern, z. B. aus Vollkornprodukten oder Kartoffeln, versorgen unsere Körper nachhaltiger mit Energie. Ihre Molekularstruktur ist länger als die von Einfachzuckern, der Körper braucht mehr Zeit, um sie aufzuspalten und daraus Energie zu gewinnen: Das hält den Blutzuckerspiegel konstanter und sorgt für ein besseres Sättigungsgefühl. Wie lange Kohlenhydrate satt halten, ist abhängig von ihrem glykämischen Index, auch Glyx genannt. Der glykämische Index misst den Einfluss eines Lebensmittels auf den Blutzuckerspiegel und das Hormon Insulin.

Lebensmittel mit einem hohen Stärke- oder Zuckergehalt wie Weißbrot, weißer Reis, Süßigkeiten und Softdrinks führen zu einem schnellen und starken Anstieg des Blutzuckerspiegels und haben daher einen hohen Glyx. Lebensmittel mit geringem Kohlenhydratgehalt wie die meisten Gemüse, Milchprodukte, Käse und Eier haben einen niedrigen Glyx. Vollkornprodukte und Hülsenfrüchte haben trotz ihres hohen Stärkegehalts einen relativ niedrigen Glyx, da verschiedene Inhaltsstoffe wie Ballaststoffe und sekundäre Pflanzenstoffe die Freisetzung von Kohlenhydraten aus dem Lebensmittel verzögern.

GUTE KOHLENHYDRATE (NIEDRIGER GLYX)

Getreide: Vollkornmehle, Vollkornprodukte aus Weizen, Roggen, Hafer; Knäckebrot, Reiscracker, Pumpernickel, Parboiled Reis, Vollkornreis, Basmatireis

Pseudogetreide: Hirse, Couscous, Quinoa, Amaranth, Buchweizen

Hülsenfrüchte: Linsen, Erbsen, Kichererbsen, Bohnen

Salate und Gemüse: Pellkartoffeln, Süßkartoffeln, Gnocchi

Nüsse und Samen
Früchte: Äpfel, Birnen, Beeren, Kiwi, Orangen, Aprikosen, Trauben, Bananen, Melonen, Mangos
Süßungsmittel: Agavendicksaft
Getränke: Tomaten- und Gemüsesaft, Grapefruitsaft, Apfel- und Orangenschorle, Sportgetränke, Bier

SCHLECHTE KOHLENHYDRATE (HOHER GLYX)

Getreide: Cornflakes, süße Cerealien, Instant-Haferflocken, Weizenmehl, Baguette, Weißbrot / helle Semmeln, Blätterteig, Nudeln, Langkornreis
Gemüse: gebackene Ofenkartoffeln, Kartoffelbrei aus Pulver, Pommes
Süßigkeiten: Gummibärchen, Nuss-Nougat-Creme, Marmelade, Bonbons, Geleefrüchte, Vollmilchschokolade, weiße Schokolade, Zucker, Traubenzucker
Getränke: Cola, Limonaden, Eistee

EIWEISS

Eiweiße bzw. Proteine stellen den Grundbaustein aller menschlicher Zellen dar. Bei Proteinen handelt es sich um hochmolekulare Substanzen, die aus einzelnen Aminosäuren zusammengesetzt sind. Von den 20 Aminosäuren, welche die unterschiedlichen Proteine im menschlichen Körper aufbauen, gelten **zehn als essenzielle Aminosäuren.** Dies bedeutet, dass der Körper **sie gar nicht oder nicht in ausreichender Menge selbst herstellen kann,** sondern über die Nahrung zuführen muss. Acht der zehn essenziellen Aminosäuren kann der menschliche Körper nicht herstellen, zwei nur in sehr geringer Menge. **Nicht-essenzielle Aminosäuren** kann der Körper je nach Bedarf **selbst herstellen.** Stehen einer Zelle nun alle essenziellen und nicht-essenziellen Aminosäuren in ausreichender Menge zur Verfügung, kann diese gemäß ihrem im Erbgut (DNA) gespeicherten Bauplan wiederum Proteine erstellen.

AUFGABEN VON PROTEINEN

Der menschliche Körper braucht Aminosäuren für den Muskelaufbau, das Wachstum und die Erneuerung von Körperzellen. Muskulatur, Knochen, Haut, Enzyme und Hormone bestehen aus Protein. Durch die Salzsäure im Magen wird das mit der Nahrung aufgenommene Eiweiß in längere Aminosäureketten zerlegt. Im Darm werden diese Ketten mithilfe von Enzymen zu den einzelnen Aminosäuren abgebaut und je nach Bedarf zu neuen Strukturen wieder aufgebaut. Dabei entstehen Hormone, Enzyme und Neurotransmitter, die die Grundlage für das Funktionieren unseres Körpers sind.

VOLLSTÄNDIGE UND UNVOLLSTÄNDIGE PROTEINE

Wer sich nur zu einem geringen Anteil mit tierischen Produkten (Teilzeit-Veganer) oder ausschließlich pflanzlichen Proteinen (Veganer) ernährt, muss nicht zum Ernährungswissenschaftler werden. Man sollte aber wissen, **welche Kombinationen von eiweißreichen Lebensmitteln** für eine gesunde Ernährung wichtig sind, denn

- **vollständige Proteine, die alle essenziellen Aminosäuren** in ausreichender Menge zur Verfügung stellen, sind vor allem in tierischen Lebensmitteln wie Fleisch, Fisch, Milchprodukten und Eiern enthalten.

- **unvollständige Proteine,** die in einem Großteil der pflanzlichen Lebensmittel vorkommen, enthalten **nicht alle essenziellen Aminosäuren.** Um unseren Körper ausreichend mit Protein zu versorgen, **müssen diese Proteine mit anderen Proteinen kombiniert werden.** Unvollständige Proteine sind in Getreide, Getreideprodukten, Seitan, Reis, Hülsenfrüchten, Nüssen, Mandeln, Samen, Gemüse, Kräutern und Pilzen enthalten.

Es gibt aber auch einige **pflanzliche Lebensmittel, die vollständige Proteine** enthalten, wie z. B. Quinoa, Amaranth, Buchweizen, Hanf, Chiasamen, Spirulina und Sojaprodukte.

GANZ EINFACH – KOMBINIERTE PROTEINE

Studien haben gezeigt, dass kombinierte Proteine nicht unbedingt **in einer Mahlzeit** verzehrt werden müssen. Es reicht aus, sie im Laufe eines Tages zu essen. Die Eiweißquellen, die wir zu uns nehmen, werden im Zuge der Verdauung in einzelne Teile, d. h. einzelne Aminosäuren,

zerlegt. Unser Körper verfügt über einen Pool von Aminosäuren und hat die Fähigkeit, freie Aminosäuren zu speichern. Auf diese Weise können „unvollständige" Aminosäureprofile, die in einer Mahlzeit konsumiert werden, im Laufe des Tages ergänzt werden. Es gibt viele Gerichte, bei denen wir ganz unbewusst kombinierte Proteine verwenden, z. B. bei Currys aus Hülsenfrüchten mit Gemüse und Reis, in Bowls mit Quinoa, Gemüse, Salat und Kräutern, bei Pitas gefüllt mit Hummus, Salat, Gemüse und gebratenen Sojastreifen ...

Getreideprodukte, Pseudogetreide, Reis (Eiweißgehalt/100 g)

Bulgur	12 g Eiweiß
Couscous	11 g Eiweiß
Dinkel	12,3 g Eiweiß
Grünkern	12 g Eiweiß
Hafer	10,7 g Eiweiß
Hirse	10,6 g Eiweiß
Kamut	15 g Eiweiß
Polenta	7,7 g Eiweiß
Roggen	9,5 g Eiweiß
Rollgerste	10 g Eiweiß
Weizen	11 g Eiweiß
Vollkorn-Spaghetti	ca. 13 g Eiweiß
Dinkel-Vollkorn-Spaghetti	ca. 13 g Eiweiß
Buchweizen-Fussili	ca. 12 g Eiweiß
Emmer-Vollkorn-Nudeln	ca. 13 g Eiweiß
Amaranth	15 g Eiweiß
Buchweizen	9,8 g Eiweiß
Quinoa	14,8 g Eiweiß
Chiasamen	17 g Eiweiß
Risottoreis	ca. 7 g Eiweiß
Largkornreis parboiled	ca. 7 g Eiweiß
Basmatireis	ca. 9,3 g Eiweiß
Vollkornreis	ca. 7,5 g Eiweiß
Naturreis	ca. 8,5 g Eiweiß
Sushireis	ca. 7 g Eiweiß
Jasminreis	ca. 9,5 g Eiweiß
Reisnudeln	6,9 g Eiweiß

Hülsenfrüchte, Sojaprodukte (Eiweißgehalt/100 g)

Belugalinsen	23 g Eiweiß
Berglinsen	25 g Eiweiß
Gelbe Linsen	24 g Eiweiß
Rote Linsen	27 g Eiweiß
Grüne Linsen	23 g Eiweiß
Kichererbsen	19 g Eiweiß
Mungobohnen	24 g Eiweiß
Weiße Bohnen	21 g Eiweiß
Azukibohnen	23 g Eiweiß
Schwarze Bohnen	23 g Eiweiß

Borlotti-Bohnen	18 g Eiweiß
Chana Dal, Kichererbsen	20 g Eiweiß
Kidneybohnen	24 g Eiweiß
Weiße Riesenbohnen	21 g Eiweiß
Lupinensamen	42 g Eiweiß
Rote-Linsen-Nudeln	28 g Eiweiß
Kichererbsen-Nudeln	21 g Eiweiß
Tempeh	16 g Eiweiß
Tofu	14 g Eiweiß
Edamamebohnen	11 g Eiweiß
Sojaquark (natur)	6 g Eiweiß
Sojajoghurt (natur)	4 g Eiweiß
Sojamilch	3 g Eiweiß

Mandeln, Nüsse und Samen (Eiweißgehalt/100 g)

Cashewkerne	21 g Eiweiß
Erdnusskerne	24 g Eiweiß
Hanfsamen	25 g Eiweiß
Haselnusskerne	16 g Eiweiß
Kürbiskerne	37 g Eiweiß
Mandeln	22 g Eiweiß
Paranusskerne	17 g Eiweiß
Pinienkerne	13 g Eiweiß
Walnusskerne	17 g Eiweiß

Gemüse, Kräuter, Pilze, Algen (Eiweißgehalt/100 g)

Spinat	2,9 g Eiweiß
Grüne Bohnen	2 g Eiweiß
Kopfsalat	1,4 g Eiweiß
Brokkoli	2,8 g Eiweiß
Rosenkohl	3,4 g Eiweiß
Grünkohl	4,3 g Eiweiß
Mangold	1,8 g Eiweiß
Feldsalat	3 g Eiweiß
Mais	3,3 g Eiweiß
Spargel	2,2 g Eiweiß
Winterkürbis	2,0 g Eiweiß
Wirsing	2,0 g Eiweiß
Brunnenkresse	2,3 g Eiweiß
Kresse	2,6 g Eiweiß
Minze	3,4 g Eiweiß
Petersilie	3,0 g Eiweiß
Löwenzahnblätter	2,7 g Eiweiß
Rucola	2,6 g Eiweiß
Champignons	2,2 g Eiweiß
Austernpilze	3,3 g Eiweiß
Shiitake-Pilze	2,2 g Eiweiß
Laver-Algen	5,8 g Eiweiß
Wakame-Algen	3,0 g Eiweiß

Mein Tipp: Verarbeiten Sie ein Getreide, Pseudogetreide, Reis oder/und Hülsenfrüchte und ein Gemüse in einem Gericht. Verwenden Sie als Topping Nüsse, Kräuter, Pilze oder Algen, so sind Sie auf der sicheren Seite.

FETTE

Fette sind zusammen mit Kohlenhydraten und Proteinen eine wesentliche Energiequelle in der menschlichen Ernährung. Von den drei Makronährstoffen sind Fette die Energiequelle mit dem größten Energiegehalt. Mit 9 kcal/g haben Fette mehr als doppelt so viel Energie wie Kohlenhydrate und Eiweiße, die jeweils 4 kcal/g enthalten. **Gut zu wissen:** 60 % des Gehirns besteht aus Fetten, daher sind gesunde Fette so wichtig für unsere kognitive Leistungsfähigkeit.

FETT = KÄLTESCHUTZ

Fette dienen als Schutz vor Kälte. Die Aufrechterhaltung der Körpertemperatur wird durch Fette gewährleistet, wodurch die Nerven vor Schäden geschützt sind. Gewisse Mengen an Körperfett sind durchaus erwünscht, da der Körper Fett speichern kann und diese Energie abruft, wenn er sie benötigt.

FETTE SIND WICHTIG FÜR DIE AUFNAHME VON VITAMINEN

Die fettlöslichen Vitamine A, D, E und K kann der menschliche Körper nur durch die gemeinsame Zufuhr von Fetten vollständig im Darm aufnehmen.

Der Körper benötigt Vitamin A für gesunde Haut und Schleimhäute sowie für die Wachstumsprozesse vieler Zellen. Darüber hinaus ist **Vitamin A** wichtig für den Erhalt der Sehkraft. Lebensmittel, die das Vitamin in reiner Form enthalten, sind ausschließlich tierischen Ursprungs

(z. B. Leber, Eier, Milchprodukte). Die **Vitamin-A-Vorstufe Beta-Carotin** findet sich aber speziell in grünen, gelben und roten Gemüse- und Obstsorten wie Karotten, Spinat, Brokkoli, Paprika, Kirschen oder Grapefruit. **Vitamin D** sorgt für ein starkes Immunsystem und unterstützt die Aufnahme von Kalzium (in grünen Gemüsesorten enthalten: Grünkohl, Rucola, Spinat, Fenchel, Mangold, Portulak, Lauch) zur Förderung der Knochengesundheit und der Muskelkraft. **Vitamin D** wird nur bei direkter Sonneneinstrahlung in der Haut gebildet. Mit zunehmendem Alter lässt die Eigenproduktion allmählich nach. In vegetarischen Nahrungsmitteln ist Vitamin D nur in geringer Dosierung zu finden, wie z. B. in Avocados, Eiern oder Champignons.

Vitamin E besitzt eine antioxidative Wirkung. Es entschärft „freie Radikale", aggressive Sauerstoffverbindungen, die bei normalen Stoffwechselreaktionen im Körper, aber auch durch UV-Strahlung entstehen und Zellen schädigen können. **Vitamin E** kann nur von Pflanzen gebildet werden; vor allem Ölpflanzen, Nüsse und Samen sind gute Vitamin-E-Quellen. Dementsprechend reich an natürlichem Vitamin E sind pflanzliche Öle wie Weizenkeimöl, Olivenöl, Sonnenblumenöl oder Rapsöl. **Vitamin K** kommt in der Natur als Vitamin K1 und Vitamin K2 vor. Vitamin K1 ist vor allem in Grünpflanzen enthalten. Vitamin K2 wird von Bakterien wie E. coli produziert, die auch im menschlichen Darm vorkommen. **Vitamin K** ist wichtig beim Stoppen von Blutungen, verhindert Kalkablagerungen in Blutgefäßen und Knorpeln, reguliert Zellprozesse (wie die Zellteilung) und Reparaturprozesse in Augen, Nieren, Leber, Blutgefäßen und Nervenzellen. Außerdem hemmt Vitamin K bei Frauen nach den Wechseljahren den Knochenabbau.

WELCHE FETTE GIBT ES UND WIE GESUND SIND SIE?

Übergeordnet gibt es drei Arten an Fetten:

- gesättigte Fettsäuren
- ungesättigte Fettsäuren
- Trans-Fettsäuren (Transfette)

GESÄTTIGTE FETTSÄUREN

Lebensmittel, die gesättigte Fettsäuren enthalten:

- Fettreiche Milchprodukte wie Vollmilch, Butter, Käse, saure Sahne
- Palm- und Kokosfett
- Gebäck und Backwaren
- Schokolade und fettige Süßigkeiten

Wichtig zu wissen: Gesättigte Fettsäuren sollten bewusst und sparsam konsumiert werden, denn sie erhöhen die Gesamt- und LDL-Cholesterolkonzentration im Blut, wodurch das Risiko für Herzkrankheiten steigt.

UNGESÄTTIGTE FETTSÄUREN

- **einfach ungesättigte Fettsäuren**
- **mehrfach ungesättigte Fettsäuren**

EINFACH UNGESÄTTIGTE FETTSÄUREN

Diese Art an Fetten ist in einer Vielzahl von Lebensmitteln und Ölen enthalten. Studien haben gezeigt, dass der Verzehr von Lebensmitteln, die einfach ungesättigte Fettsäuren enthalten, **das Risiko von Herz-Kreislauf-Erkrankungen senken kann.**

Lebensmittel, die einfach ungesättigte Fettsäuren enthalten:

- Nüsse wie Mandeln, Cashewkerne, Haselnusskerne, Erdnusskerne, Pekannusskerne
- Olivenöl, Rapsöl
- Erdnussbutter und Mandelbutter
- Avocados, Oliven

MEHRFACH UNGESÄTTIGTE FETTSÄUREN

Mehrfach ungesättigte Fette werden als **essenzielle Fette** bezeichnet, weil unser Körper sie nicht selbst aus anderen Nährstoffen herstellen kann und sie über die Ernährung aufgenommen werden müssen.

Sie sind für den Körper besonders wichtig, da sie Bestandteile der Zellmembranen sind und, wie die einfach ungesättigten Fettsäuren, das Risiko für Herz-Kreislauf-Erkrankungen senken und den Blutdruck regulieren.

Mehrfach ungesättigte Fettsäuren

- Omega-3-Fettsäuren
- Omega-6-Fettsäuren

Lebensmittel, die Omega-3-Fettsäuren enthalten

- Leinsamen
- Chia-Samen
- Leinöl
- Tofu

Lebensmittel, die Omega-6-Fettsäuren enthalten

- Distelöl
- Sonnenblumenöl, Maiskeimöl, Walnussöl, Hanföl, Sojaöl, Sesamöl
- Paranusskerne, Walnusskerne
- Hanfsamen, Kürbiskerne, Sonnenblumenkerne, Sesam
- Sojabohnen
- Amaranth

Bei dem Verzehr von Lebensmitteln mit hohem Fettgehalt sollte man auf das Verhältnis von Omega-6-Fettsäuren zu Omega-3-Fettsäuren achten. Der Wert liegt im Idealfall bei 4:1. Liegt das Verhältnis höher, kann sich dies negativ auf die Cholesterinwerte auswirken. **Tipp:** 1 EL Leinöl am Tag, gemischt mit Rapsöl, für Salate und Rohkost verwenden, dafür seltener Distel-, Maiskeim- und Sonnenblumenöl benutzen.

TRANS-FETTSÄUREN (TRANSFETTE)

Transfette erhöhen den Gehalt des „schlechten“ Cholesterins (LDL) im Blut. Dies führt zu Ablagerungen in den Gefäßwänden (Arteriosklerose). Auch das Risiko für eine koronare Herzkrankheit steigt mit einer erhöhten Zufuhr von Transfettsäuren. Im Durchschnitt sollte ein Mensch nicht mehr als 2–3 g Transfette pro Tag zu sich nehmen. **Beispiel:** 100 g Pommes enthalten ca. 3 g Transfette, 1 Croissant ca. 0,7 g, 100 g Popcorn ca. 1,8 g.

Die EU-Kommission hat eine Obergrenze für künstliche Transfette in Lebensmitteln festgelegt. Ab dem 02. April 2021 dürfen Produkte nicht mehr als 2 % dieser Fettsäuren enthalten. Ausgenommen davon sind Lebensmittel, in denen Transfette von Natur aus enthalten sind, wie beispielsweise Milch, Butter oder Fleisch. In den USA sind künstliche Transfette in Lebensmitteln vollständig verboten.

Lebensmittel, die Trans-Fettsäuren enthalten:

- Frittierte Lebensmittel (Pommes, Donuts, frittiertes Fingerfood)
- Backwaren (Kekse, Croissants, Krapfen)
- Snacks (Cracker, Chips, Flips, Popcorn)

Trans-Fettsäuren sind ungesättigte Fettsäuren, die sowohl natürlich als auch industriell vorkommen. Sie entstehen zum Beispiel, wenn Pflanzenöl gehärtet wird, um aus flüssigem Öl ein schmierfähiges Fett zu machen. Dieses wird von der Lebensmittelindustrie gerne für verarbeitete Lebensmittel eingesetzt, da es in Deutschland nur als Pflanzenfett deklariert werden muss und die Produkte länger haltbar macht. **Tipp:** Auf die Zutatenliste von Fertiggerichten schauen: Hier werden Transfette auch als „pflanzliches Fett, zum Teil gehärtet" oder „ungesättigte Fettsäuren, enthält gehärtete Fette" aufgeführt.

Transfette entstehen aber auch in der Gastronomie oder im privaten Haushalt, wenn Öl über längere Zeit sehr stark oder mehrmals erhitzt wird, zum Beispiel in der Fritteuse. Beim Braten und Frittieren bei hohen Temperaturen ist die Entstehung von Trans-Fettsäuren abhängig von Temperatur, Erhitzungsdauer und Zusammensetzung des Fetts. **Je mehr gesättigte Fettsäuren oder einfach ungesättigte Fettsäuren ein Fett enthält, desto höher liegt der Rauchpunkt.**

WELCHES ÖL FÜRS BRATEN UND FRITTIEREN?

Für Temperaturen bis 180 °C: Natives Olivenöl (bis zu 180 °C hitzestabil), Rapsöl (Rauchpunkt: über 160–180 °C). **Für Temperaturen bis 210 °C:** High-Oleic-Öle aus dem Bio-Handel sind spezielle Sonnenblumen-, Raps- und Distelsorten, die durch Züchtung einen hohen Anteil an einfach ungesättigten Fettsäuren bei gleichzeitig geringerem Anteil an Linolsäure (Omega-6-Fettsäure) haben. Sie sind kalt gepresst, vertragen aber Temperaturen bis 210 °C. Auch Kokosfett, Palmöl (raffiniertes Palmkernfett), Soja- und Erdnussöl können solche Temperaturen aushalten, sind aber meist keine heimischen Produkte. Butterschmalz und Ghee (geklärte Butter) sind ebenfalls bis zu 205 °C hitzestabil.

FAZIT

Der Fettanteil unserer täglichen Ernährung sollte bei 30 % der Gesamtenergiezufuhr liegen, dabei empfiehlt die DGE (Deutsche Gesellschaft für Ernährung e.V.), dass der Anteil der gesättigten Fettsäuren davon maximal ein Drittel ausmachen sollte. Die anderen zwei Drittel sollten aus ungesättigten Fettsäuren bestehen. Dabei ist auf eine ausreichend hohe Zufuhr von langkettigen Omega-3-Fettsäuren und eine möglichst niedrige Zufuhr von Trans-Fettsäuren zu achten.

HALTBAR MACHEN

VON EINFRIEREN BIS TROCKNEN

Gemüse lässt sich auf vielerlei Arten haltbar machen. Ob Einfrieren, Einkochen, Fermentieren oder Trocknen – das Prinzip ist immer dasselbe: Beim Haltbarmachen geht es darum, die Entwicklung schädlicher Keime und Bakterien einzudämmen, damit sie sich nicht ungehindert vermehren können.

Einfrieren

GO FREEZE! Temperaturen von -18 °C und darunter lassen das Wasser in Lebensmitteln gefrieren, Mikroorganismen haben keine Chance sich zu vermehren, die Haltbarkeit verlängert sich – die Nährstoffe und der Geschmack bleiben.

WELCHES GEMÜSE EIGNET SICH ZUM EINFRIEREN?
Viele Gemüsesorten lassen sich wunderbar einfrieren. Manche Gemüse mögen es dabei lieber roh, andere blanchiert oder fertig gegart und einige gar nicht.

Gemüse	Zustand	Verarbeitung	Haltbarkeit
Galgant	roh	Galgant waschen, trocknen, ganze Wurzel oder geraspelt, luftdicht verpacken	6 Monate
Ingwer	roh	Ingwer waschen, trocknen, ganze Wurzel oder geraspelt, luftdicht verpacken	6 Monate
Kaffir-Limettenblätter	roh	Waschen, trocknen, im Ganzen, luftdicht verpacken	12 Monate
Kräuter	roh	Bärlauch, Basilikum, Dill, Koriander, Liebstöckel, Minze, Petersilie, Schnittlauch waschen, trocknen, hacken, in Eiswürfelbehälter geben und wenig Wasser dazugeben	8–10 Monate
Meerrettich	roh	Meerrettich waschen, trocknen, ganze Wurzel oder geraspelt mit etwas Zitronensaft, luftdicht verpacken	6 Monate
Paprika	roh	Paprika waschen, trocknen, Stiel und Kerne entfernen, in Würfel, Stücke oder Streifen schneiden, luftdicht verpacken	6 Monate
Spargel	roh	Waschen, schälen, holzige Enden abschneiden (Spargelschalen und -enden für Spargelsuppe mit einfrieren), luftdicht verpacken	6–8 Monate
Zitronengras	roh	Waschen, trocknen, im Ganzen, luftdicht verpacken	6 Monate
Blumenkohl	blanchiert	Blumenkohl in Röschen zerteilen, waschen, 3 Minuten blanchieren (+ 1 Spritzer Zitronensaft), in Eiswasser abschrecken, gut abtropfen lassen, luftdicht verpacken	8–10 Monate
Brokkoli	blanchiert	Brokkoli in Röschen zerteilen, waschen, 3 Minuten blanchieren (+ 1 Prise Natron), in Eiswasser abschrecken, gut abtropfen lassen, luftdicht verpacken	8–10 Monate
Bohnen	blanchiert	Bohnen entfädeln, waschen, 3–4 Minuten blanchieren (+ 1 Prise Natron), in Eiswasser abschrecken, gut abtropfen lassen, luftdicht verpacken	9–10 Monate
Erbsen	blanchiert	Erbsen waschen, 2 Minuten blanchieren (+ 1 Prise Natron), in Eiswasser abschrecken, gut abtropfen lassen, luftdicht verpacken	9–10 Monate

Gemüse	Zustand	Verarbeitung	Haltbarkeit
Grünkohl	blanchiert	Blätter vom Hauptstrunk entfernen, waschen, 2 Minuten blanchieren, in Eiswasser abschrecken, in gewünschte Größe schneiden, luftdicht verpacken	9–10 Monate
Karotten	blanchiert	Karotten waschen, evtl. schälen, in Scheiben oder Stifte schneiden, 2 Minuten blanchieren, in Eiswasser abschrecken, gut abtropfen lassen, luftdicht verpacken	9–10 Monate
Kohlrabi	blanchiert	Kohlrabi waschen, in Stifte oder Scheiben schneiden, 3 Minuten blanchieren (+ 1 Spritzer Zitronensaft), in Eiswasser abschrecken, gut abtropfen lassen, das gehackte Blattgrün auch mit einfrieren, luftdicht verpacken	7–9 Monate
Mangold	blanchiert	Stiel und Blätter waschen, 2 Minuten blanchieren, in Eiswasser abschrecken, in gewünschte Größe schneiden, luftdicht verpacken	8–10 Monate
Lauch	blanchiert	Lauch putzen, waschen, in Ringe schneiden, 3 Minuten blanchieren (mit einem Spritzer Zitronensaft), in Eiswasser abschrecken, gut abtropfen lassen, luftdicht verpacken	6–8 Monate
Rosenkohl	blanchiert	Rosenkohlröschen, waschen, 3 Minuten blanchieren (+ 1 Spritzer Zitronensaft), in Eiswasser abschrecken, gut abtropfen lassen, luftdicht verpacken	8–10 Monate
Spinat	blanchiert	Spinat waschen, 2 Minuten blanchieren (+ 1 Prise Natron), in Eiswasser abschrecken, gut abtropfen lassen, luftdicht verpacken	10–12 Monate
Zuckererbsen	blanchiert	Zuckerschoten waschen, 2 Minuten blanchieren (+ 1 Prise Natron), in Eiswasser abschrecken, gut abtropfen lassen, luftdicht verpacken	12 Monate
Eiweiß/Eigelb	Sonstiges	Rohes Eiweiß oder Eigelb (2 g Salz oder 5 g Zucker/100 g dazugeben) in einen passenden Gefrierbeutel geben, luftdicht verpacken	8 Monate
ganze Eier	Sonstiges	Eier mit einer Gabel verquirlen in einen passenden Gefrierbeutel geben, luftdicht verpacken	8 Monate
Butter	Sonstiges	Butter als ganzes oder halbes Stück mit Originalverpackung, oder kleinere Portionen in Butterbrotpapier eingeschlagen, in einen passenden Gefrierbeutel geben, luftdicht verpacken	9 Monate
Brot	Sonstiges	Ganz oder zum besseren Portionieren in Scheiben geschnitten, luftdicht verpacken	3–6 Monate
Sahne	Sonstiges	Sahne z. B. im Eiswürfelbehälter oder direkt im Becher einfrieren	2–3 Monate
Bananen	Sonstiges	Bananen schälen, in Scheiben schneiden (mit Zitronensaft beträufeln), nebeneinandergelegt luftdicht verpacken, ideal für Smoothies, Eis oder zum Backen	2 Monate
Pilze	Sonstiges	Pilze ohne Fett gedünstet, luftdicht verpacken	6 Monate
Vorgekochte Gerichte	Sonstiges	Vorgekochte Gerichte in passende Gefrierbehälter geben, luftdicht verpacken	2–3 Monate

Tipp: Gurken, Radieschen, rohe Kartoffeln, Salat, Tomaten und Zwiebeln eignen sich nicht zum Einfrieren.

Gut zu wissen: Das Einfrieren/Schockfrosten sollte direkt nach der Gemüseernte geschehen, nur so werden die Nährstoffe optimal konserviert. Oft ist erntefrisch eingefrorenes Gemüse vitaminreicher als Gemüse, das im Kühlschrank gelagert wurde. Mikroorganismen zersetzen sehr schnell, sogar bei Kühlschranktemperaturen, die Inhaltsstoffe, Aromen und Strukturen von Gemüse.

TIPPS ZUM EINFRIEREN

Lebensmittel so portionieren, wie sie häufig verwendet werden (z. B. 2 Portionen, 4 Portionen).

Luftdicht verpacken. Hierfür eignen sich Gefrierbeutel oder frostsichere Aufbewahrungsdosen. Wichtig ist: Im jeweiligen Behältnis sollte so wenig Luft wie möglich verbleiben, sonst droht Gefrierbrand. Wasserhaltige Gemüse wie Spinat, Spargel, Bohnen, Karotten, Rosenkohl, und Zucchini sind oftmals davon betroffen. Gefrierbrand entsteht durch Temperaturschwankungen (z. B. häufiges Öffnen des Gefrierschranks), d.h. durch Antauen und wieder Gefrieren, oder Luft in den Aufbewahrungsdosen. Um dem Gefrierbrand und damit einhergehendem Verlust von Geschmack und Konsistenz vorzubeugen, ist der Einsatz eines Vakuumiergerätes die beste Lösung.

Je schneller, desto besser. Tiefkühler mit einer „Schockfrost“-Funktion (-25 °C) kühlen das Gefriergut schnell herunter, sodass nur **kleine Wasserkristalle** entstehen, die die Zellstruktur des Gemüses nicht verletzen.

Weniger ist mehr. Werden zu viele Lebensmittel auf einmal ins Gefrierfach gegeben, verlangsamt sich der Kühlprozess und der Vorteil der „Schockfrost“-Funktion wird aufgehoben. Frisches Gefriergut darf nicht auf bereits gefrorene Tüten und Behälter gelegt werden, sondern sollte in einem separaten Fach eingefroren werden.

Warme Speisen vorher portionieren und auf Zimmertemperatur abkühlen lassen. Erst dann einfrieren.

Kennzeichnung! Das Gefriergut mit Inhalts-, Mengen- und Datumsangabe kennzeichnen und immer wieder auf seine Haltbarkeit überprüfen.

TIPPS ZUM RICHTIGEN AUFTAUEN

Damit das Gefriergut seine Knackigkeit und Konsistenz behält, sollte es schonend aufgetaut werden. Daher am besten empfindliche Lebensmittel **über Nacht im Kühlschrank auftauen.** Zum Auftauen **das Gefriergut in eine Schale geben,** Auftausäfte wegschütten. **Das Auftauen bei Zimmertemperatur ist nicht zu empfehlen,** da Bakterien nach dem Kälteschlaf wieder aktiv werden und sich bei warmen Temperaturen schnell vermehren. Die einzige Ausnahme ist das Auftauen von Brot. Dieses wird am besten in ein Tuch gewickelt, mit der Schnittfläche auf ein Holzbrett gelegt und über Nacht bei Raumtemperatur aufgetaut. Damit das Brot nach dem langsamen Auftauen wie frisch gebacken schmeckt, bäckt man es im heißen Backofen bei 125 °C für ca. 10 Minuten auf. Einzelne **gefrorene** Brotscheiben dagegen können direkt im Toaster aufgebacken werden.

Beim Auftauen von bereits gekochten Speisen gilt: Das Gefriergut direkt im Topf aufkochen, nicht nur erwärmen, und sofort verzehren. Je länger die bereits gekochten Speisen bei Temperaturen über Null gelagert werden, umso mehr Bakterien entstehen!

Das Auftauen in warmem Wasser eignet sich für Gemüse, das sowieso noch gekocht werden muss. Dieses im gefrorenen Zustand in das warme Wasser geben und langsam bis unter den Siedepunkt erhitzen.

Für **das Auftauen im Vakuumbeutel** legt man das Gefriergut im Beutel in ein warmes Wasserbad, das langsam bis unter den Siedepunkt erhitzt wird.

Zuletzt die altbekannte Küchenregel: Einmal aufgetaut sollte kein Lebensmittel wieder eingefroren werden, das verringert die Qualität, den Genuss und kann im Zweifel auch gesundheitsschädlich sein (Achtung: aus dem Kälteschlaf zum Leben erwachte Bakterien!).

FAZIT

Vorteile des Einfrierens: Nährstoffe, Geschmack und Knackigkeit des Gemüses bleiben innerhalb der Haltbarkeit weitgehend erhalten.

Nachteile des Einfrierens: Energieverbrauch, Risiko bei einem Stromausfall, Zeitfaktor „Auftauen“.

Einkochen

SOME LIKE IT HOT, OTHERS DO NOT! Hohe Temperaturen beim Einkochen hemmen die Enzymaktivität von Mikroorganismen und machen sie damit unschädlich. Lebensmittel behalten ohne Kühlschrank oder künstliche Zusatzstoffe ihren Geschmack und bleiben lange haltbar.

WAS EIGNET SICH ZUM EINKOCHEN?
Man kann fast alles einkochen. Von Brot, Kuchen, Gebäck über viele Sorten Obst und Gemüse, bis hin zu verarbeiteten Lebensmitteln wie z. B. Marmeladen, Gelees, Chutneys, Saucen oder vorgekochte Speisen.

Dabei darauf achten: Suppen und Saucen unbedingt **ohne** Mehl, Speisestärke oder Sahne einkochen. Erst beim späteren Aufwärmen für den Verzehr sollte man die Speisen andicken und mit Sahne verfeinern. Denn Mehl, Speisestärke und Milchprodukte bringen das Eingekochte oft zum Gären, nur bei Brot und Kuchen funktioniert das Einkochen mit diesen Zutaten, da hier schon „vorgebacken" wurde und die Speisen somit frei von Amylase sind.

EINKOCHEN – WIE GEHT DAS?
Heißabfüllung oder Einkochen

Heißabfüllung: Ideal zur Herstellung von Marmelade, Gelee, Chutney, Saft oder Sirup. Meistens werden hierfür Früchte mit **Gelierzucker** sprudelnd aufgekocht, zügig in pasteurisierte Gläser gefüllt und mit einem Deckel luftdicht verschlossen. **Wichtig:** Ist die Abfülltemperatur zu niedrig, können sich Mikroorganismen (Bakterien, Hefen und Schimmelpilze) trotz des Vakuums im Glas ausbreiten. Daher Temperaturen unter 80 °C unbedingt vermeiden! Früher hat man die Gläser nach dem Abfüllen sofort auf den Kopf gestellt, damit auch der Kopfraum des Glases sterilisiert wird. Heute weiß man: Dies ist unnötig, wenn Glas und Deckel vorher ausgekocht wurden und somit weitgehend keimfrei sind. Behält man die Methode aus alter Gewohnheit bei, reichen 5 Minuten aus, dann können die Gläser wieder umgedreht werden. Beim Erkalten der Masse entsteht ein Vakuum im Einmachglas und der Deckel wird durch den höheren Luftdruck der Umgebung fest auf das Glas gepresst. So können keine Keime von außen eindringen und die verbliebenen Mikroorganismen im Glas können in der sauren Umgebung nicht auskeimen. Zudem sorgt der verwendete Zucker für längere Haltbarkeit. Dieser bindet nämlich das frei verfügbare Wasser an sich und die Mikroorganismen können sich ohne ihr Lebenselement „Wasser" nicht vermehren.

Einkochen: Lebensmittel werden auch hier durch Hitze und den Ausschluss von Luft haltbar gemacht. Der Unterschied zur Heißabfüllung liegt darin, dass nach dem Abfüllen des heißen Einmachguts das Einmachglas nochmals im Wasserbad erhitzt wird. **Wichtig:** Einmachgläser müssen immer abgekocht werden, denn nur so entsteht der Unterdruck im Glas. Einmachgläser mit Twist-off-Deckel oder Schraubverschlussdeckel dagegen sind für beide Verfahren geeignet, sie müssen nur dicht sein und ein Vakuum bilden können.

Beim **Einkochen** werden die gut verschlossenen Gläser nach dem Abfüllen im Wasserbad/Dampfgarer auf meist 100 °C erhitzt. Durch die Wärme dehnt sich der Inhalt des Glases aus, der Druck im Glas steigt und die verbliebene Luft wird aus dem Glas gedrückt. Beim Abkühlen zieht sich der Inhalt wieder zusammen. Da aber keine Luft von außen nachströmen kann, entsteht ein Vakuum. Der Druck im Glas ist geringer als der Außendruck der Umgebung, daher bleibt der Deckel fest auf dem Glas. **Der Vorteil:** Im Inneren des Glases werden durch das Erhitzen schädliche Keime abgetötet und von außen können keine neuen Keime in das Glas eindringen.

ANLEITUNG „EINKOCHEN" IN 12 SCHRITTEN

Manchmal entstehen beim Einkochen kleine Fehler und man muss sich auf die Suche nach der Ursache begeben. Meine heiß geliebten weißen Bohnen in Tomatensauce musste ich einmal schweren Herzens entsorgen, da alle eingekochten Gläser aufgegangen waren – ein untrügliches Zeichen für Verderb und anderes (siehe unten). Doch wie heißt es so schön: Man lernt nie aus, daher ...

HIER MEINE TIPPS FÜRS EINKOCHEN

1. Hygienische Verarbeitung: Das oberste Ziel muss sein, die Möglichkeit jeglicher Keimbildung von vornherein auszuschließen. Daher müssen alle Arbeitsflächen, Schneidebretter, Küchengeräte und Handtücher sauber sein. Lebensmittel vorher waschen und, falls nötig, wieder trocknen. Die Verwendung von Kräutern, Ölen, Alkohol, Zitronensaft, Essig, Zimt, Senf und Nelken hemmen das Wachstum der Mikronährstoffe.

2. Einmachgläser und Co. bereitstellen: Ich schwöre beim Einkochen auf die Rundrandgläser der Firma WECK, da die „Deckel-Anfassprobe" bei den Gläsern die größtmögliche Sicherheit für einwandfreies Einkochen bietet. Ist der Inhalt eines Glases verdorben, erkennt man dies am nur aufliegenden und nicht mehr festsitzenden Deckel. Diese Eigenschaft weisen Gläser mit Schraubverschlüssen und Twist-off-Deckeln nicht auf, man bemerkt erst beim Öffnen, wenn das Glas nicht knackt, dass der Inhalt verdorben ist.

Von Vorteil ist es, mehrere Gläsergrößen und -formen zu Hause zu haben, um unterschiedliche Portionsgrößen abfüllen zu können. Für Kuchen und Brote verwendet man Sturzgläser, für Spargel, Lauch oder Gurken eher hohe, schmale Gläser in Tulpenform.

3. Deckel/Gummiringe regelmäßig kontrollieren: Wenn Einmachgläser nach dem Einmachen kein Vakuum ziehen, sind oft die Deckel/Gummiringe defekt. Diese sind Verschleißteile, die durch die mechanische Einwirkung von Hitze und Kraft porös oder beschädigt werden können. Daher sollte man Deckel/Gummiringe regelmäßig überprüfen und evtl. austauschen. Etwaige Risse im Gummiring bemerkt man am besten, wenn man den Ring Stück für Stück auseinanderzieht und nach Rissen absucht. Die Deckel untersucht man nach eventuellen Farbabplatzungen in der Innenlackierung, Rost, Stoßkanten oder Dellen. Vor allem bei Twist-off-Deckeln ist es entscheidend, in welchem Zustand die Dichtung (Compound) des Deckels ist. Diese Dichtungsmasse am äußeren Ring auf der Innenseite des Twist-off-Deckels ist für die Abdichtung zwischen Glas und Deckel verantwortlich und muss in einem einwandfreien Zustand sein. Um Fehlerquellen beim Einkochen auszuschließen, sollte man daher an den Gummiringen und Deckeln nicht sparen und diese vorrätig haben. **Tipp:** Falls beim Einkochen ein Glas nicht luftdicht eingekocht wurde, einfach mit neuem Deckel/Gummiring noch einmal einkochen.

4. Zubereitung: Je nach Rezept das Einkochgut vorbereiten. Dabei nur frisches, reifes Obst oder Gemüse ohne schadhafte Stellen verwenden und dieses nach Rezeptanleitung verarbeiten. Ich halte mich genauestens an die Rezept-, Temperatur- und Einkochzeitangaben meiner hochgeschätzten Quellen fürs Einkochen (*Weck-Einkochbuch, Vorrat halten* von Hildegard Rust), nur bei der Zugabe von Gewürzen traue ich mich kreativ zu werden.

5. Einmachgläser sterilisieren: Damit ist das Erhitzen der leeren Gläser auf 100 °C gemeint. Bei dieser Temperatur werden die meisten Keime und Sporen abgetötet.

HIERZU ZWEI BEWÄHRTE METHODEN

Auskochen der Gläser in kochendem Wasser. In einen Einkochtopf oder einen großen Kochtopf ein Gitter aus Metall oder ein Baumwollhandtuch legen, das den direkten Kontakt der Gläser zum Topfboden verhindert. Aufgrund des Temperaturunterschieds zwischen Wasser und heißem Topfboden könnte das Glas ansonsten platzen. Die Gläser in den Topf stellen und so viel kaltes Wasser dazugießen, dass sie vollständig bedeckt sind. Das Wasser zum Kochen bringen – nach 10 Minuten im Wasserbad sind die Gläser sterilisiert und können aus dem Topf genommen werden. Hierbei darauf achten, die Gläser nur außen und nicht am Glasrand anzufassen, und sie kopfüber auf einem sauberen Küchentuch abstellen. Gummiringe/Deckel werden für 3 Minuten in Wasser mit einem Schuss Essig wallend ausgekocht und bis zum Gebrauch im heißen Wasser belassen.

Backen der Gläser im Backofen. Dafür werden die Einmachgläser in den kalten Backofen auf ein Blech gestellt und etwa 15 Minuten bei 150 °C erhitzt, herausgenommen und kopfüber auf einem sauberen Küchentuch zur Seite gestellt. Gummiringe/Deckel werden für 3 Minuten in Wasser mit einem Schuss Essig wallend ausgekocht und bis zum Gebrauch im heißen Wasser belassen.

6. Befüllen der Gläser: Grundsätzlich gilt, dass die Temperatur von Glas und Inhalt bei der Abfüllung möglichst gleich sein sollte. Also nichts Kaltes in ein heißes Glas abfüllen und nichts Heißes in ein kaltes Glas, die Gläser könnten sonst zerspringen. Außerdem sollten befüllte Gläser nicht auf die kalte Arbeitsfläche, sondern auf ein sauberes Küchentuch gestellt werden. Für kleckerfreies Einfüllen empfiehlt sich ein Trichter. Die Gläser werden bis zur Unterkante des Randes mit dem Einkochgut oder der Flüssigkeit befüllt. Rohen Kuchenteig füllt man sogar nur bis zur halben Glashöhe ein, da er beim Backen noch aufgeht. Verschmutzte Ränder vor dem Verschließen sehr gründlich säubern!

7. Gläser verschließen: Die Gläser nach dem Befüllen zügig verschließen. Bei Weckgläsern wird der Gummiring auf den Rand des Glasdeckels gelegt und dann der

Glasdeckel auf das Weckglas. Anschließend die Verschlussklammern, jeweils gegenüberliegend, in der Stapel-Vertiefung des Deckels ansetzen und die Lasche der Einweckklammern nach unten drücken, bis sie unter dem vorstehenden Rand des Glases einrasten. Bei zweiteiligem Schraubverschluss zuerst den losen Deckel genau auf die Glasöffnung legen und den Schraubring darübersetzen und festdrehen. Twist-off-Gläser einfach mit dem Schraubdeckel fest verschließen.

8. Einkochen im Wasserbad: In einen Einkochtopf oder einen großen Kochtopf ein Gitter aus Metall oder ein Baumwollhandtuch legen. Die verschlossenen Gläser in den Topf stellen, diese können dabei auch übereinandergestapelt werden. Den Topf mit Wasser füllen, bis die oberste Reihe Gläser zu drei Vierteln mit Wasser bedeckt ist (die untere Reihe steht dann völlig unter Wasser). Hier wieder darauf achten, dass die Temperatur im Glas und die des aufgefüllten Wassers übereinstimmt. Die Einkochzeit beginnt, wenn das Wasser kocht. Mit einem Thermometer lässt sich die Temperatur über die gesamte Dauer der Einkochzeit überprüfen. Beim Einkochen genau die im Rezept angegebene Temperatur und Erhitzungszeit im Auge behalten. Noch einfacher geht das Einkochen in einem Dampfgarer mit konstanter Temperaturanzeige und Zeitmessung.

9. Gläser aus dem Wasserbad heben: Nach der Einkochzeit die Gläser mit einem Glasheber aus dem heißen Wasser heben und auf ein mit warmem Wasser angefeuchtetes Geschirrtuch stellen. Die Klammern der Weckgläser bleiben bis zum vollständigen Erkalten an den Gläsern.

Nach dem Abkühlen der Weckgläser werden die Klammern gelöst. Hebt man nun den Glasdeckel an und bleibt dieser fest auf dem Glas, hat das Einkochen geklappt! Die „Deckelprobe“ sollte in den ersten Tagen nach dem Einkochen täglich, später in regelmäßigen Abständen stattfinden. Auch visuell kann man die Gläser überprüfen, da die Zuglasche des Einkochrings beim fest verschlossenen Glas deutlich nach unten zeigt. Achtet man daher beim Lagern darauf, dass die Laschen der Gummiringe im Regal nach vorne zeigen und so jederzeit überprüfbar sind, kann man die Gläser auch platzsparend übereinanderstellen. Bei Twist-off-Gläsern sieht man am nach unten gewölbten Deckel, ob ein Vakuum entstanden ist.

10. Beschriften nicht vergessen: Die Gläser unbedingt mit Inhalts- und Datumsangabe beschriften. Das erleichtert die Haltbarkeitskontrolle enorm.

11. Richtig lagern: Dunkel, trocken und kühl lagern, das sind die idealen Bedingungen für Selbstgemachtes. Wer aber keine nach Norden ausgerichtete Vorratskammer und auch keinen Keller hat, sollte Eingemachtes im Schrank lagern. Denn direkte Sonneneinstrahlung und hohe Temperaturen können Farbe und Konsistenz der Konserven verändern.

12. Einkochgläser öffnen: Die Lasche des Einkochrings wird so weit herausgezogen, bis durch die eindringende Außenluft ein leises Zischen zu hören ist. Der Unterdruck im Glas wird dadurch aufgehoben und Deckel und Gummiring lassen sich einfach abnehmen.

Lässt sich ein Glas nicht öffnen oder die Lasche des Gummirings ist abgerissen, spannt man 4 gegenüberliegende Einweckklammern auf den Deckel und stellt das Glas umgekehrt für einige Minuten in heißes Wasser. Dann aus dem Wasser nehmen, umdrehen, Klammern lösen und den Deckel mit Gummiring abheben.

KEINE CHANCE FÜR DIE KEIME!

Weiter oben habe ich mein Missgeschick mit den weißen Bohnen erwähnt. Meine Vermutung ist, dass eine Gärung im Einmachglas stattgefunden und das CO_2 den Deckel aufgedrückt hat, aber es könnten auch andere Lebensmittelvergifter dahintergesteckt haben.

Die gute Nachricht zuerst: Die meisten Mikroorganismen, die lebensmittelbedingte Erkrankungen verursachen, sind hitze- oder kälteempfindlich.
Mikroorganismen, die bakterielle Infektionen hervorrufen, wie verschiedene Salmonellenarten oder Bakteriengifte, werden bei Temperaturen um 100 °C unschädlich gemacht. Die Salmonellenart Campylobacter stirbt schon bei einer Temperatur von 70 °C über einen Zeitraum von 10 Minuten ab, genauso Bakteriengifte, wie z. B. Colibakterien (80 °C / 10 Minuten), Staphylokokken (100 °C / 10 Minuten) oder Listerien (80 °C / 10 Minuten). Auch Viren, wie z. B. die bekannten Noroviren, vertragen keine Temperaturen über 60 °C.

Die schlechte Nachricht: Clostridium botulinum.

Clostridium botulinum ist ein stäbchenförmiges Bakterium, welches auch als „Anaerobier" bezeichnet wird; es wächst nur in einer sauerstofffreien Atmosphäre. Es bildet hitzebeständige Entwicklungsstadien, sogenannte Sporen, die extrem widerstandsfähig sind und erst bei Temperaturen **über** 100 °C (121 °C / 3 Minuten) abgetötet werden. Der Keim kommt weltweit im Erdboden und in küstennahen Gewässern vor. Clostridium botulinum ist ein klassischer Erreger von Lebensmittelvergiftungen; er kann unter sauerstofffreien Bedingungen in Lebensmitteln ein sehr starkes Nervengift bilden, das nach dem Verzehr zu Lähmungserscheinungen beim Menschen (Lebensmittel-Botulismus) führen kann.

Risiko einer Botulismus-Erkrankung verringern: Die meisten Mikroorganismen benötigen für ihr Wachstum ein schwach saures bis neutrales Milieu (pH 4,5–7), wie es in Milch, Karotten, Erbsen, Bohnen und anderen Gemüsesorten vorhanden ist. Diese schwach säurehaltigen bis neutralen Lebensmittel mit einem pH-Wert über 4,5 sind anfälliger für das Wachstum der gefährlichen **Clostridium-botulinum-Bakterien.** Säurehaltige Lebensmittel mit einem pH-Wert unter 4,5 wie sauer eingelegtes Gemüse (mit einem Essigsäuregehalt von mindestens 2 % oder einer Salzkonzentration von über 10 %) oder die meisten Obstsorten sind weniger gefährdet.

Wie können die Sporen des Clostridium botulinum unschädlich gemacht werden?

Methode 1: Gemüse/Gerichte zweimal einkochen. Diese Vorgehensweise wird auch von der Bundeszentrale für Risikobewertung als sicher erachtet.

Der erste Einkochvorgang tötet Keime ab, jedoch bleiben eventuell vorhandene Sporen des Clostridium botulinum unter für sie günstigen Bedingungen zurück. Nach 24–48 Stunden treiben die Sporen bei Raumtemperatur im Glas aus und werden in einem zweiten Einkochvorgang nach 24–48 Stunden ebenfalls abgetötet. Darüber hinaus wird empfohlen, das Einmachgut direkt vor dem Verzehr für mindestens 3 Minuten auf 121 °C aufzukochen. Dadurch werden die Botulinum-Toxine inaktiv, da sie im Gegensatz zu den Sporen hitzeempfindlich sind.

Methode 2: Einmaliges Einkochen von Gemüse/Gerichten mit einem Dampfkochtopf bei 119 °C (höchste Stufe). Clostridium botulinum wird bei einer Temperatur von 121 °C bei 3 Minuten Kochzeit abgetötet. Um diese Werte mit einem Schnellkochtopf zu erreichen, mit dem Lebensmittel nur bis 119 °C erhitzt werden können, bedarf es einer Rechenformel aus der Lebensmitteltechnik. Hier werden die folgenden Fragen geklärt: Wie lange muss das Einkochgut erhitzt werden, wenn die Temperatur nur bei 119 °C liegt, und welche weiteren äußeren Faktoren des Reaktionsmilieus sind dabei zu berücksichtigen? Allgemeine Erfahrungswerte von Anwendern der Schnellkochtopfmethode (Pressure Canner) sind: Bei eiweißreichem Gemüse wird auf Stufe 2 für 25–30 Minuten eingekocht, bei fertigen Gerichten auf Stufe 2 für 25 Minuten. Weitere Literatur und Gebrauchsanleitungen dazu sind auf dem amerikanischen Markt zu finden, da das Pressure Canning dort die übliche Einkochmethode für eiweißhaltige und säurearme Lebensmittel ist.

Methode 3: Langes Einkochen bei 100 °C. Die von vielen Anwendern seit dem Jahr 1900 erprobte Methode. Hierbei hält man sich konsequent an die Zubereitungs- und Einkochzeiten eines guten Einmachbuches. **Meine Favoriten hierfür:** das *WECK-Einkochbuch* und *Vorrat halten* von Hildegard Rust. „Sich an ein gutes Einkochbuch zu halten ist die einfachste Art, eiweißhaltige und säurearme Lebensmittel sicher einzukochen", sagt Stefanie Burmeister, Einkochpäpstin und Geschäftsführerin von glaeserundflaschen.de.

FAZIT

Vorteile des Einkochens: Sofortige Verwendbarkeit, nach der Verarbeitung unabhängig von der Stromversorgung.
Nachteile des Einkochens: Vitaminverlust beim Einkochen, Geschmack und Aussehen des Einkochguts sind abhängig von der Art der Lagerung.

Einkochtabelle fürs Einkochen im Wasserbad: Wie lange und bei welcher Temperatur Obst, Gemüse, Saucen und Vorgekochtes eingekocht werden müssen, hängt von ihrer Beschaffenheit, Verarbeitung (roh oder vorgekocht), vom Säuregehalt und der Glasgröße ab. Bei vorgekochten Speisen, die aus mehreren Bestandteilen bestehen, wie z. B. beim Linseneintopf mit Karotten und Sellerie, orientiert man sich an dem Gemüse mit den längsten Einkochzeiten. In diesem Beispiel müsste demnach bei 100 °C 120 Minuten eingekocht werden, da laut Tabelle Karotten und Sellerie eine Einkochzeit von 120 Minuten bei 100 °C benötigen.

Einkochgut	Zustand	Temperatur	Zeit / 500 ml–750 ml
Brombeeren, Erdbeeren, Hagebutten, Heidelbeeren, Himbeeren, Johannisbeeren, Preiselbeeren, Stachelbeeren	roh	80 °C	20 Min.
Aprikosen, süße und saure Kirschen, Mirabellen, Renekloden, Pfirsiche, Pflaumen, Zwetschgen	roh	85 °C	20 Min.
Ananas, Äpfel, Birnen	roh	90 °C	30 Min.
Gurken: Essig-, Salz-, Senfgurken	roh	90 °C	20 Min.
Tomatenpüree, Tomatenketchup, Zwiebeln	vorgekocht	90 °C	20 Min.
Mixed Pickles	roh	90 °C	30 Min.
Mus (z. B. Apfel- oder Pflaumenmus)	vorgekocht	90 °C	30 Min.
Paprika	roh	100 °C	60 Min.
Paprika-Tomaten-Gemüse	roh	100 °C	60 Min.
Rhabarber	vorgekocht	100 °C	30 Min.
Rote Bete in Essiglösung	vorgekocht	100 °C	30 Min.
Bohnen in Essiglösung	vorgekocht	100 °C	60 Min.
Mais	vorgekocht	100 °C	60 Min.
Artischocken, Blumenkohl, Kohlrabi, Kartoffeln	vorgekocht	100 °C	90 Min.
Dicke Bohnen, Saubohnen	vorgekocht	100 °C	120 Min.
Bohnen, Erbsen (einmal einkochen)	vorgekocht	100 °C	120 Min.
Bohnen, Erbsen (zweimal einkochen am 1.Tag / 2.Tag)	vorgekocht	100 °C	60 Min. / 60 Min.
Karotten, Pastinaken, Rosenkohl, Rotkohl, Sauerkraut, Sellerie, Spargel, Weißkraut	vorgekocht	100 °C	120 Min.
Sauerkraut	fermentiert	100 °C	120 Min.
Pilze	vorgekocht	100 °C	75 Min.
Brühen und Fonds	vorgekocht	100 °C	60 Min.
Gemüsesuppe	vorgekocht	100 °C	60 Min.
Kartoffelsuppe	vorgekocht	100 °C	90 Min.
Linsensuppe	vorgekocht	100 °C	90 Min.
Tomatensuppe	vorgekocht	100 °C	60 Min.
Marmorkuchen	vorgekocht	100 °C	30 Min.
Hefe-Kuchen	vorgekocht	100 °C	30 Min.

APFELMUS

2 kg Äpfel (z. B. Boskop, Braeburn, Berlepsch, Cox Orange, Elstar, Idared)
2 cm frischer Ingwer
150 ml Apfelsaft
1 Zimtstange
Mark von 1 Vanilleschote
Saft und Abrieb von 1 Bio-Zitrone
150–300 g feiner Zucker

Die Äpfel schälen, vom Kerngehäuse befreien und in Stücke schneiden. Den Ingwer schälen und fein hacken. Äpfel, Apfelsaft, Zimtstange, Vanille, Ingwer, Zitronensaft und -abrieb in einen Topf geben und Zucker nach Geschmack hinzufügen. Die Mischung aufkochen und bei geringer Hitze köcheln, bis die Äpfel weich sind. Ab und zu umrühren. Die Zimtstange entfernen. Äpfel mit einem Kartoffelstampfer zerdrücken oder mit einem Stabmixer pürieren. Apfelmus in sterilisierte Gläser abfüllen und sofort verschließen. Bei 90 °C für 30 Minuten einkochen.

Unser Apfelmusverbrauch ist enorm. Sonntags zu Pancakes, an kalten Winterabenden zu Milchreis mit Zimt, ganz schwäbisch zu unseren Krautkrapfen von Seite 308 oder zu den Topinambur-Röstis von Seite 330.

Zubereitungszeit: 60 Minuten, Portionen: 6–8 Gläser à 220 ml

DILLGURKEN

1 kg Einlegegurken
3 kleine Zwiebeln
6 Gewürznelken
12 Pimentkörner
12 Wacholderbeeren
3 TL gelbe Senfsamen
6 Dillstängel
Essiglösung:
450 ml Weißweinessig (5 % Säure)
250 ml Weißwein
450 ml Wasser
25 g Salz
35 g Zucker

Die Gurken waschen, die Enden abschneiden. Die Gurken mit einem Wellenschnittmesser (Crinkle Cutter) oder einem Hobel in Scheiben schneiden und eng in sterilisierte Gläser schichten. Die Zwiebeln schälen und in feine Ringe schneiden. Nun pro Glas ½ Zwiebel, 1 Gewürznelke, 2 Pimentkörner, 2 Wacholderbeeren, ½ TL gelbe Senfsamen und 1 Dillstängel abwechselnd zu den Gurken geben.

Für die Essiglösung alle Zutaten in einem Topf aufkochen und köcheln lassen, bis sich Zucker und Salz vollständig aufgelöst haben. Den Sud heiß über die Gurken geben und die Gläser fest verschließen. Die Essiggurken bei 90 °C für 20 Minuten einkochen.

Ich verwende zum Einkochen der Dillgurken klassische Weckgläser mit einem Fassungsvermögen von 290 ml. Diese haben die perfekte Größe für die Carr[H]ot Dogs für 4 Personen von Seite 262.

Bei den Weckgläsern mag ich so gerne, dass man super easy überprüfen kann, ob der Inhalt noch in Ordnung ist: Zeigt die Zuglasche vom Gummiring nach unten, ist alles im grünen Bereich.

Zubereitungszeit: Vorbereiten 10 Minuten, Einkochen 20 Minuten, Portionen: 7 Gläser à 290 ml

PAPRIKA-PICKLES

5 bunte Paprika (insgesamt ca. 750 g)
440 ml Weißweinessig
2 EL Salz
2 EL Rohrohrzucker
1½ TL Koriander
1½ TL schwarze Senfsaat
1 TL Pfefferkörner
5 Lorbeerblätter

Paprika waschen und von Samen und Scheidewänden befreien. In Streifen schneiden und hochkant eng aneinander in sterilisierte Einmachgläser schichten. Essig, Salz, Zucker und Gewürze mit 880 ml Wasser aufkochen und sofort heiß über das Gemüse gießen. Anschließend die Gläser gut verschließen. 60 Minuten bei 100 °C im Wasserbad einkochen.

Ich verwende für die Paprika-Pickles neben den klassischen Weckgläsern auch gerne Einmachgläser mit einem aus zwei separaten Teilen bestehenden Schraubverschluss: Platte und Schraubring. Zum Verschließen legt man die Platte auf die Glasöffnung und anschließend wird der Schraubring auf die Glasöffnung gedreht (beides wurde natürlich vorher sterilisiert). Den Schraubring kann man mehrmals verwenden, die Metallscheibe muss ab und zu erneuert werden (daher auf Kratzer, Dellen und Fehler in der Dichtung überprüfen). Das Vakuum ist auch hier sehr gut feststellbar, denn beim Aufdrehen des Schraubrings muss die Platte wie angesaugt auf dem Glas sitzen. Hersteller dieser Verschlusstechnik sind Ball Mason, Kilner oder Leifheit.

Die Paprika-Pickles sind Bestandteil unseres Green Mexican Burgers auf Seite 278 und schmecken immer lecker zu Wraps, zur klassischen Brotzeit oder in Sandwiches.

Zubereitungszeit: 70 Minuten, Portionen: je nach verwendeter Glasgröße

TOMATENSUGO

2 Dosen Tomaten (insgesamt 800 g Füllgewicht, San Marzano)
4 Knoblauchzehen
2 Zwiebeln
2 EL frisches Basilikum
2 EL Olivenöl
2 EL Butter
2 Prisen Chilipulver
6 EL Tomatenmark
6 EL geriebener Parmesan
2 TL brauner Zucker
2 Stängel Oregano
Salz, frisch gemahlener Pfeffer

Die Tomaten aus der Dose nehmen und mit den Händen zerkleinern, nicht in den Mixer geben. Die Kerne der Tomaten geben zerkleinert manchmal einen bitteren Geschmack ab. Die San-Marzano-Tomaten bestechen durch ihren typischen aromatisch-fruchtigen Geschmack und sorgen für die tomatigste Pizzasauce.

Knoblauch und Zwiebeln schälen und fein würfeln. Das Basilikum waschen, von Stielen befreien und grob hacken. In einem großen Topf Knoblauch und Zwiebeln mit Olivenöl und Butter anschwitzen, bis sie glasig werden. Chilipulver und Tomatenmark dazugeben und kurz mitbraten. Mit den zerpflückten Dosentomaten ablöschen. Die übrigen Zutaten zugeben und kurz aufkochen lassen. Dann die Hitze reduzieren und die Sauce 1–2 Stunden leicht köcheln lassen. Mit Salz und Pfeffer abschmecken. Oreganostängel entfernen.

Die Sauce hält sich in einem luftdicht verschlossenen Glas ca. eine Woche im Kühlschrank. Tiefgekühlt lässt sie sich bis zu 3 Monate aufheben, eingekocht bis zu 12 Monate. Heißen Tomatensugo bei 90 °C für 20 Minuten einkochen.

Diesen Tomatensugo verwende ich als Basissauce für Nudeln mit Tomatensauce und verfeinere je nach Lust und Laune mit Oliven oder Kapern oder Grillgemüse usw. Er ist auch die ultimative Pizzasauce für unsere Pizzen auf Seite 178–181.

Zubereitungszeit: 120 Minuten, Portionen: 3 Gläser à 350 ml

ORANGEN-KAROTTEN-MARMELADE

500 g Karotten
12 Bio-Orangen
1 Sternanisfrucht
1 Zimtstange
2 Nelken
3 Kardamomkapseln
500 g Gelierzucker (2:1)
je 1 Prise gemahlener Zimt, gemahlene Nelke, gemahlener Kardamom (nach Geschmack)

Karotten waschen, schälen und fein raspeln. Von acht Orangen die Außenschale abschneiden, dabei die weiße Haut mit entfernen. Fruchtfilets herausschneiden, Saft der Orangenreste auspressen und auffangen.

Bei einer der restlichen vier Orangen die Schale abreiben und beiseitestellen. Alle vier restlichen Orangen auspressen. Zusammen mit dem Saft der Orangenreste sollten etwa 500 ml Orangensaft entstanden sein.

Den Sternanis, die Zimtstange, die Nelken und die Kardamomkapseln in einen Teebeutel geben.

Karotten, Orangenfilets, Orangensaft und -abrieb mit dem Gelierzucker und den Gewürzen im Teebeutel in einen Kochtopf geben. Alles unter Rühren zum Kochen bringen und unter ständigem Rühren 5 Minuten sprudelnd kochen. Die Fruchtmasse bei Bedarf mit einer Schaumkelle abschäumen.

Vor dem Abfüllen eine Gelierprobe machen.

Gewürze im Teebeutel entfernen und anschließend die Marmelade mit Zimt, Nelke und Kardamom abschmecken. Die vorbereiteten sterilisierten Gläser auf ein feuchtes Handtuch stellen und die heiße Marmelade sofort bis zum Rand einfüllen. Zügig verschließen, abkühlen lassen und anschließend dunkel, trocken und kühl lagern.

Ich verwende für die Orangen-Karotten-Marmelade Schraubgläser (205 ml) mit Twist-off-Deckel und Button. Das ist ein Deckel mit einer kreisförmigen Erhöhung in der Deckelmitte, die sich beim Abkühlen des heiß eingefüllten Glasinhalts nach innen zieht und anzeigt, dass das Vakuum intakt ist. Beim erstmaligen Öffnen des Glases springt der Button mit einem Geräusch („Plopp") nach oben.

Die Orangen-Karotten-Marmelade brauchen wir als Topping für unsere leckeren Karotten-Apfel-Waffeln von Seite 258. Mit ihren weihnachtlichen Gewürzen ist sie außerdem das Highlight beim Advents-Brunch.

Zubereitungszeit: 40 Minuten, Portionen: 6 Gläser à 205 ml

PREISELBEERKONFITÜRE

1 kg Preiselbeeren
500 g Backzucker
125 ml Rotwein

Preiselbeeren gründlich waschen.

Die Preiselbeeren mit dem Zucker vermengen und über Nacht ziehen lassen.

Am nächsten Tag die Masse in einen schweren Topf geben und mit dem Wein aufgießen. Bei niedriger Hitze unter ständigem Rühren etwa 5 Minuten köcheln, bis die Preiselbeeren weich sind und anfangen zu platzen. Den entstandenen Schaum vorsichtig abschöpfen und anschließend die Gelierprobe machen. Die vorbereiteten sterilisierten Gläser auf ein feuchtes Handtuch stellen und die heiße Konfitüre sofort randvoll einfüllen. Zügig verschließen, abkühlen lassen und anschließend dunkel, trocken und kühl lagern.

Zum Abfüllen der Konfitüre eignen sich auch recycelte Gläser von gekauften Konserven. Wichtig ist dabei, dass die Deckel keine Dellen, Farbabplatzungen oder Roststellen aufweisen und die Dichtung in Ordnung ist.

Die Preiselbeerkonfitüre ist ein Muss zu unserem Kartoffelsalat mit Portobello-Schnitzel von Seite 256 und passt auch hervorragend zum Rotkohl mit Nussbraten und Thüringer Klößen auf Seite 300.

Zubereitungszeit: 30 Minuten + 12 Stunden Ziehenlassen, Portionen: 8 Gläser à 205 ml

WISSENSWERTES ZUM HEISSABFÜLLEN

Was ist eine Gelierprobe? Mithilfe eines Teelöffels kleine Tröpfchen der heißen Masse auf einen Teller geben (den Teller am besten vor der Gelierprobe in den Kühlschrank stellen, so geliert die Marmelade durch den Abkühlungsprozess schneller). Wenn die Tröpfchen keinen wässrigen Rand haben, sondern sich gleichmäßige Häutchen darüber bilden und sie am Rand erstarren, ist die Marmelade fertig und wird im Glas nach der Abkühlzeit auch fest. Falls die Marmelade nicht fest wird, ist meistens **der Pektingehalt zu niedrig und das Verhältnis zwischen Früchten (Säure) und Feststoff (Zucker) stimmt nicht.**

Was ist Pektin? Pektin ist ein natürlicher Bestandteil der Zellwände aller Landpflanzen, erfüllt dort wichtige Stützfunktionen und ist ein natürliches Geliermittel. Pektin kommt zwar in allen Pflanzen vor, der Gehalt an Pektin unterscheidet sich aber von Pflanzenart zu Pflanzenart. Auch das Alter der Pflanze spielt beim Gehalt an Pektin eine Rolle. Generell gilt: Früchte mit vielen harten oder zähen Anteilen (Zitrusfrüchte, Äpfel,

Quitten) haben einen höheren Pektingehalt, weiche Früchte (Erdbeeren) dagegen haben nur einen geringen Pektingehalt. Süße Früchte weisen generell einen geringeren Pektingehalt auf als saure Früchte. Und grundsätzlich haben ausgereifte Früchte einen höheren Pektingehalt als unreife Früchte.

Pektingehalt der gängigsten Obstsorten:
Früchte mit hohem Pektingehalt und dadurch guter Gelierfähigkeit: Äpfel, Cranberrys, Grapefruit, Hagebutten, Rote Johannisbeeren, Blaubeeren, Preiselbeeren, Quitten, Stachelbeeren, Zitronen, Orangen

Früchte mit mittlerem Pektingehalt und mittlerer Gelierfähigkeit: Aprikosen, Himbeeren, Brombeeren, Schwarze Johannisbeeren, Mirabellen, Nektarinen, Pfirsiche, Pflaumen, Zwetschgen

Früchte mit geringem Pektingehalt und schlechter Gelierfähigkeit: Ananas, Birnen, Erdbeeren, Holunder, Kirschen, Kürbis, Trauben, Mangos, Feigen, Rhabarber

Was tun, wenn die Marmelade nicht geliert?
Den Pektingehalt ausgleichen durch:
1. Die Kochzeit verlängern; vielleicht hatte das Pektin nicht genügend Zeit zu reagieren. Erneut die Gelierprobe machen.
2. Die Marmelade probieren. Schmeckt sie zu sauer, gibt man etwas (z. B. 50 g) Zucker dazu, ist sie zu süß, gibt man Zitronensaft oder noch besser Zitronensäure dazu. Sie ist leichter zu dosieren und erhöht, im Gegensatz zu Zitronensaft, nicht den Flüssigkeitsgehalt der Marmelade. Marmelade wieder aufkochen. Erneut die Gelierprobe machen.
3. Zusätzliches Apfelpektin nach Anleitung zugeben (erhältlich im Reformhaus), die Marmelade aufkochen und erneut die Gelierprobe machen.
4. Wenn man aus Früchten mit geringem Pektingehalt Marmelade herstellen möchte, kann man von vornherein pektinreiche Früchte, wie Quitten, Rote Johannisbeeren oder Äpfel dazugeben. Bei einer Erdbeermarmelade 2:1 würde man dann z. B. 800 g Erdbeeren und 200 g Äpfel bei 500 g Gelierzucker verwenden.
5. Manchmal wirkt auch ein Schuss hochprozentiger, klarer Schnaps wahre Wunder beim Gelieren der Marmelade.

Keine Verwirrung: Ist die Gelierprobe gelungen und die Marmelade abgefüllt, dauert es oftmals mehrere Stunden, bis die Marmelade im Glas fest wird!

Was tun, wenn die Marmelade zu fest geworden ist?
Das passiert manchmal, wenn man Marmelade mit großen Fruchtstücken macht. Die Fruchtstücke sind der Grund dafür, dass zu viel Zucker im flüssigen Teil der Marmelade verbleibt und die Marmelade hier zu fest wird. Abhilfe schafft man, indem man die Marmelade entweder püriert und noch einmal aufkocht, oder man fügt etwas Saft/Wasser hinzu und kocht ebenfalls wieder auf.

Handelsüblicher Gelierzucker ist in der Regel vegan, aber bei 2:1 und 3:1 oftmals mit Konservierungsstoffen vermischt (Packungsbeilage beachten).
Gelierzucker 1:1: Für ein Kilo Früchte benötigt man ein Kilo Zucker. Das Ergebnis: Eine sehr süße Marmelade, die aber aufgrund des Zuckergehalts sehr lange haltbar ist. Diese Art der Haltbarmachung eignet sich besonders für säuerliche Früchte und Obstsorten, die wenig Pektin besitzen.

Gelierzucker 2:1: Für zwei Kilo Früchte benötigt man ein Kilo Zucker. Das Ergebnis: Die Marmelade ist deutlich weniger süß und viel fruchtiger. Im Gegensatz zu den 1:1 Zuckersorten sind diesem Zucker leider manchmal Konservierungsstoffe zugesetzt. Verwendung findet die 2:1 Methode bei Früchten, die einen mittleren Pektingehalt aufweisen: z. B. bei Himbeeren, Zwetschgen, Mirabellen oder Aprikosen. Verwendet man diese Methode für pektinarme Früchte, sollte man zusätzliches Pektin und Zitronensäure hinzufügen oder die Früchte mit pektinreichen Früchten kombinieren.

Gelierzucker 3:1: Für drei Kilo Früchte benötigt man ein Kilo Zucker. Das Ergebnis: Die Marmelade ist weniger süß und besonders fruchtig. Der geringe Zuckeranteil hat aber einen Nachteil: Die Haltbarkeit ist deutlich geringer. Daher ist diese Methode eher für kleine Mengen geeignet, die schnell aufgebraucht werden. Perfekt fest wird die Marmelade trotz des geringen Zuckergehalts mit pektinreichen Früchten wie z. B. Äpfeln, Orangen oder Quitten. Verwendet man diese Methode für pektinarme Früchte, sollte man zusätzliches Pektin und Zitronensäure hinzufügen oder die Früchte mit pektinreichen Früchten kombinieren.

Mit Zuckerersatzstoffen Xylit oder Erythrit Marmelade kochen?

Beide Zuckerersatzstoffe können weniger Flüssigkeit binden als Zucker und brauchen daher im Umkehrschluss mehr Flüssigkeit, um nach dem Kochvorgang nicht wieder zu kristallisieren. Daher muss man bei Xylit und Erythrit auf das Mischungsverhältnis Obst zu Zucker achten. Bei Xylit funktioniert es gut in den Verhältnissen 2:1 und 3:1 unter Zugabe von Pektin. Bei Erythrit geht es nur im Verhältnis 3:1 unter Zugabe von Pektin. Ich nehme als Pektin gerne PEKTOFIX CLASSIC 2:1/3:1 von glaeserundflaschen.de, da hier keine Konservierungsstoffe enthalten sind. Es gibt aber auch bereits fertigen Gelierzucker mit Xylit im Verhältnis 2:1 und 3:1 im Handel zu kaufen.

Fermentieren

MAKE IT BLUB, BLUB, BLUB. Fermentiertes Gemüse ist probiotisch, nährstoffreich und hat konservierende Eigenschaften. Durch die Fermentation entwickeln sich vollkommen neue, vielschichtige und dichte Aromen. Der Geschmack jedes neuen Ansatzes ist einzigartig.

WAS IST FERMENTATION?

Der Begriff Fermentation beschreibt Prozesse, bei denen Mikroorganismen für die Haltbarmachung oder Zubereitung von Lebensmitteln verantwortlich sind. Bakterien, Pilze und Hefen zersetzen organische Stoffe und produzieren dabei Säuren, Alkohol und Gase, die wiederum für Haltbarkeit und manchmal auch für Bläschenbildung sorgen.

Die Methode des Fermentierens ist sehr alt und stammt aus dem Orient. Die chinesische und japanische Küche kennt viele Gerichte, die über die Milchsäuregärung hergestellt werden. Auch in Russland und den slawischen Ländern gibt es eine lange Tradition, Gemüse einzulegen.

Das Tolle an fermentiertem Gemüse ist, dass die Konservierung ohne Hitze- oder Kälteeinwirkung vonstattengeht und es somit nur zu geringen Nährwertverlusten kommt. Weitere Eigenschaften von fermentiertem Gemüse:

- Das Eiweiß im Gemüse wird so verändert, dass es leichter verdaulich ist.
- Die für Blähungen beim Kohl verantwortlichen Cellulosebestandteile werden aufgeschlüsselt – das Resultat ist ein entspannter Kohlgenuss.
- Es ist in seiner Wirkung leicht abführend.
- Es enthält probiotische Milchsäurebakterien, die gut für unsere Darmflora sind.
- Es ist reich an Vitamin C und B. Beta-Carotin (die Vorstufe von Vitamin A) bleibt beim Fermentationsprozess fast vollständig erhalten.
- Es ist kalorienarm. Sauerkraut liefert pro 100 g nur 20 kcal.

WIE FUNKTIONIERT DIE FERMENTATION?

Auf der Oberfläche von Obst und Gemüse befinden sich von Natur aus viele Mikroorganismen, auf Bio-Gemüse meist in größerer Vielfalt. Diese Mikroorganismen kommen von der Pflanze selbst, aus dem Boden, dem Wasser und der Luft. Nur wenige davon sind Krankheitserreger. Hefen, Schimmelpilze und andere Pilze sind dort jedoch in größerer Zahl zu finden als die für die Fermentation so nützlichen Milchsäurebakterien. Solange die Pflanze lebt, besitzt sie einen wirksamen Schutz gegen das Eindringen dieser Mikroorganismen, erst mit der Ernte verändert sich das Kräfteverhältnis. Dann vermehren sich die Mikroorganismen überall dort, wo die Oberfläche der Pflanze beschädigt ist, denn ihr Stoffwechsel ist darauf ausgelegt, die im Gemüse enthaltenen Kohlenhydrate abzubauen. Je nachdem, welche natürliche Umgebung sie vorfinden, kann sich der eine oder andere Mikroorganismus besser vermehren. Für die Produktion von saurem Gemüse machen wir uns die natürlich vorkommenden verschiedenen Stämme von Milchsäurebakterien zunutze und bieten ihnen den für sie lebensnotwendigen anaeroben Lebensraum. In der Salzlake ohne Luftzufuhr können sie den im Gemüse enthaltenen Zucker unter idealen Bedingungen verstoffwechseln. Dabei produzieren sie Milchsäure, die dem sauren Gemüse den typischen Geschmack verleiht, sowie Kohlendioxid, das für das feine Prickeln in manchen Fermenten verantwortlich ist. Die produzierte Milchsäure wirkt gegen schädliche Bakterienstämme, die in einer sauren Umgebung nicht überleben können. Je länger man die Milchsäurebakterien arbeiten lässt, desto mehr Säure wird produziert. Der pH-Wert in der Flüssigkeit sinkt, das Gemüse wird immer saurer. Rein technisch gesehen gilt das Gemüse als fermentiert, wenn es einen pH-Wert von unter 4,6 erreicht hat. Dann ist die Fermentation abgeschlossen und das Gemüse kann viele Monate aufbewahrt werden.

WELCHES GEMÜSE IST GEEIGNET?

Kohlenhydratarme Gemüsesorten eignen sich am besten fürs Fermentieren. Kohlenhydratarme feste Gemüsesorten wie Kohlarten, Wurzel- und Knollengemüse, Stangensellerie, Fenchel und Spargel ergeben knackige Resultate. Weichere Gemüsesorten wie Paprika, Tomate oder Zucchini lassen sich auch fermentieren, werden aber im Ergebnis sehr weich. Daher bietet es sich an, einfach in kleinen Mengen auszuprobieren und sich heranzutasten, was einem schmeckt. Fermentieren ist ein großes Versuchslabor.

KILNER

ARBEITSGERÄTE

Gärbehälter

Ideale Gärbehälter für größere Mengen an Gemüse sind Steinguttöpfe, am besten mit Wasserrinne. Bei diesen Gärtöpfen ist rund um die Öffnung eine Wasserrinne angebracht, auf der der Deckel aufliegt. Dadurch wird ein luftdichter Abschluss nach außen erzeugt. Es muss jedoch darauf geachtet werden, dass das Wasser in der Rinne nicht verdunstet und nichts von dem Wasser aus der Rinne ins Topfinnere tropft. Daher muss beim Hochheben des Deckels immer ein Teller daruntergehalten werden. Um die Rinne zu säubern, entfernt man das Wasser mit einem Schwammtuch oder einer großen Braten- oder Einmalspritze und trocknet die Rinne mit einem Tuch nach.

Einmachgläser haben für die Fermentation den Vorteil, dass man von außen beobachten kann, was im Glas passiert. Außerdem können auch kleinere Mengen fermentiert werden. Mittlerweile gibt es Gärspunde oder Gärröhrchen für Einmachgläser, die einem das ständige Überwachen der Gläser abnehmen. Werden die Einmachgläser wie bei der herkömmlichen Methode nur mit einem lose aufgelegten Deckel abgedeckt (damit das Glas nicht durch den CO_2-Austritt platzt), verdunstet die oben aufschwimmende Lake schnell und schädliche Bakterien können das Gärgut verderben. Bei der Verwendung eines Gärspunds oder Gärröhrchens dagegen wird das Glas luftdicht abgeschlossen, während CO_2 nach wie vor entweichen kann. Um die für uns arbeitenden Milchsäurebakterien vor Licht zu schützen, deckt man die Einmachgläser am besten mit einem Tuch ab.

Abdeckung, Beschwerer, Gewichte

Während des Fermentationsprozesses muss das Gemüse die ganze Zeit von Lake bedeckt bleiben, dafür werden passende Abdeckungen und Gewichte benötigt, die das Gärgut nach unten drücken, während die Lake sich oben im Gärbehälter sammelt. Als natürliche Abdeckung verwende ich ganze Kraut-, Wein- und Meerrettichblätter (kann man im Frühsommer einlegen), ansonsten Frischhaltefolie oder eine passend zugeschnittene Silikonbackmatte (wiederverwendbar).

Als Beschwerer eignen sich für die Öffnung passende umgedrehte Teller, Weckgläserdeckel oder im Handel erhältliche dicke Glassteine. Mit Wasser gefüllte Einmachgläser dienen gleichzeitig als Beschwerer und Gewicht.

Gärtöpfe haben als Zubehör zweiteilige Beschwerer aus unlackierter Keramik. Diese fungieren als Beschwerer und Gewichte in einem. Nach der Verwendung sollten sie stehend gelagert werden, damit sie vollkommen abtrocknen können (Schimmelgefahr).

MEIN TIPP

Mit Wasser oder Salzlake gefüllte, dicht verschlossene und wiederverwendbare Plastikbeutel fungieren gleichzeitig als Abdeckung, Beschwerer und Gewicht. Wichtig ist es, auf die Dichtigkeit der Plastikbeutel zu achten, damit der Salzgehalt des Gärguts nicht verändert wird.

Als finale Abdeckung, sodass Luft entweichen kann und kein Staub oder Insekten in das Glas gelangen können, spannt man ein sauberes Tuch über das Gärbehältnis oder legt einen Deckel lose auf.

Nützliche Helfer
Holzstößel zum Stampfen und Pressen des Gärguts in das Gärgefäß, Krauthobel mit Schublade, Gemüsehobel, feine Reiben, scharfe Messer, Sparschäler, Küchenwaage, evtl. pH-Wert-Teststreifen und vor allem gelingsichere Anleitungen und Rezepte. Meine Buchempfehlungen: *Vorrat halten* von Hildegard Rust, *Fermentieren* von Kirsten und Christopher Shockey und *Fermentieren ganz einfach selbst gemacht!* von Cathrin Brandes.

DIE FERMENTATIONSTECHNIKEN

- Sauerkraut-Technik
- Lake-Technik
- Kimchi-Technik: Kombination aus Sauerkraut-Technik und Lake-Technik

Sauerkraut-Technik
Bei der Herstellung von Sauerkraut, Kimchi und Würzpasten werden diese trocken verarbeitet, also ohne zusätzliche Zugabe von Salzwasser (Lake). Bei der Sauerkraut-Technik bildet das Ausgangsmaterial selbst die notwendige Lake.

Um die Zellstruktur des Gemüses aufzubrechen, wird es so fein wie möglich geraspelt oder gehobelt. Durch das anschließende Einsalzen, Einstampfen und Beschweren tritt stärke- und zuckerhaltiger Zellsaft aus. Das ist der Nährboden für das Wachstum der Milchsäurebakterien. Durch das feste Einstampfen wird im Gärgut Sauerstoffmangel erzeugt. Mikroorganismen, die zum Überleben Sauerstoff benötigen, werden in ihrem Wachstum gehemmt, die anaeroben Milchsäurebakterien dagegen können sich munter vermehren. In den ersten Tagen entwickelt sich auch eine geringe alkoholische Gärung, dabei entweicht Kohlendioxid, manchmal entsteht auch Schaum auf der Oberfläche des Gärguts und es blubbert im Glas.

Arbeitsschritte zur Sauerkraut-Technik:

- Kraut fein schneiden.
- Salz mit den Händen einarbeiten. Es sollte 2 % vom Gesamtgewicht ausmachen (Bsp.: 1 kg Kraut, 20 g Salz).
- Mit den Händen so lange durchkneten, bis sich Lake bildet.
- Mit einem Stampfer das Kraut fest in das Gärgefäß drücken, dabei Lufteinschlüsse herausdrücken.
- Das Kraut mit großen Krautblättern abdecken.
- Mit einem Beschwerer und Gewicht das Kraut herunterdrücken, sodass die Lake an die Oberfläche steigt.
- Das Gärgefäß abdecken und bei einer Temperatur zwischen 13 °C und 24 °C an einen Ort ohne direkte Sonneneinstrahlung stellen.
- Das Gärgut in den nächsten Tagen immer wieder kontrollieren – es muss mit Lake bedeckt sein! Ansonsten das Gärgut im Topf nach unten pressen, sodass das CO_2 entweichen kann.
- Probieren, ob das Kraut fertig fermentiert ist (Zeitpunkt ist abhängig von der Menge und dem eigenen Geschmacksempfinden).
- Zur Lagerung das Kraut luftdicht in passende Gläser abfüllen und in den Kühlschrank stellen. Das Kraut sollte auch für die Aufbewahrung vollständig mit Lake bedeckt sein.

Lake-Technik

Für die Lake-Technik wird das Gemüse entweder im Ganzen verwendet oder nur in größere Stücke geschnitten und dann vollständig mit Salzlake bedeckt. Im Gegensatz zur Sauerkraut-Technik ist es hier nicht der Saft aus den Gemüsezellen, der die Lake produziert, sondern das Salzwasser dringt per Osmose in die Pflanzenzellen ein und startet den Fermentationsprozess.

Arbeitsschritte zur Lake-Technik:

- Salzlake nach Rezeptvorgabe anrühren. Basislake: 1 Liter Wasser / 25 g Salz, Gurkenlake: 1 Liter Wasser / 35 g Salz
- Gemüse nach Rezept vorbereiten.
- Gemüse und Gewürze gut miteinander vermischen.
- Alles in ein Glas füllen.
- Salzlake einfüllen, bis das Gemüse bedeckt ist.
- Das Gärgut beschweren, sodass die Lake über dem Gemüse schwimmt.
- Deckel auf das Gärgefäß geben, aber nicht fest verschließen, damit das CO_2 entweichen kann.
- Das Gärgefäß bei einer Temperatur zwischen 13 °C und 24 °C an einen Ort ohne direkte Sonneneinstrahlung stellen.
- Probieren, wenn sich die Lake eintrübt.
- Zur Lagerung das Gemüse luftdicht in passende Gläser abfüllen und in den Kühlschrank stellen. Das Gemüse sollte auch für die Aufbewahrung vollständig mit Lake bedeckt sein.

Kimchi-Technik: Kombination aus Sauerkraut-Technik und Lake-Technik

Eine der traditionellen Methoden der Kimchiherstellung ist die Kombination aus der Lake- und der Sauerkraut-Technik. Das Gemüse wird zuerst für 6–8 Stunden in Salzlake eingeweicht, dann mit Gewürzen und anderem Gemüse gemischt und verknetet, das nicht in der Lake einlag. Anschließend wird das Gemüse, wie bei der Sauerkraut-Technik, in Gläser gefüllt und fest hineingepresst. Durch das Einweichen des Gemüses in Salzlake im ersten Schritt dringt das Salz durch Osmose in die Zellen ein und entwässert das Gemüse. Im zweiten Schritt entsteht durch das Kneten und Pressen des Gemüses wiederum Eigenlake.

Arbeitsschritte zur Kimchi-Technik:

- Salzlake nach Rezeptvorgabe anrühren. Kimchi-Lake: 1 Liter Wasser / 50 g Salz
- Gemüse nach Rezept vorbereiten.
- Gemüse mit Lake bedeckt einweichen, dabei mit einem Gewicht beschweren.
- Nach der Einweichzeit das Gemüse abtropfen lassen und etwas von der Lake auffangen.
- Eingelegtes Gemüse nach Rezeptanleitung zerkleinern.
- Beizufügendes Gemüse und Gewürze vorbereiten, mit dem eingeweichten Gemüse vermischen und gründlich durchkneten.
- Mit einem Stampfer die Mischung fest in das Gärgefäß drücken, dabei Lufteinschlüsse herausdrücken. Die Lake sollte die Oberfläche bedecken, evtl. mit aufgefangener Lake aus den ersten Schritten auffüllen.
- Das Gemüse mit zurückbehaltenen großen Krautblättern abdecken.
- Mit einem Beschwerer und Gewicht das Gemüse herunterdrücken, sodass die Lake an die Oberfläche steigt.
- Das Gärgefäß abdecken und bei einer Temperatur zwischen 13 und 24 °C an einen Ort ohne direkte Sonneneinstrahlung stellen.
- Das Gärgut in den nächsten Tagen immer wieder kontrollieren – es muss mit Lake bedeckt sein! Ansonsten das Gärgut im Topf nach unten pressen, sodass das CO_2 entweichen kann.
- Probieren, ob das Gemüse fertig fermentiert ist (es sollte angenehm sauer schmecken, von der Konsistenz etwas weich geworden, aber dennoch knackig geblieben sein).
- Zur Lagerung das Gemüse luftdicht in passende Gläser abfüllen und in den Kühlschrank stellen. Das Gemüse sollte auch für die Aufbewahrung vollständig mit Lake bedeckt sein.

SAUERKRAUT

1,75 kg Weißkraut
35 g jodfreies Salz

Den Krautkopf von verschmutzten oder beschädigten äußeren Blättern befreien. Ein paar unbeschädigte Blätter waschen und beiseitelegen. Das übrige Kraut kalt abspülen. Die Köpfe vierteln und den dicken Strunk nur im unteren Teil herausschneiden, sodass die Blätter noch zusammenhängend bleiben. Die Krautviertel fein hobeln, gerne können Teile des Strunks mitverarbeitet werden, das macht das Kraut knackiger.

In einer großen Schüssel die Krautstreifen und das Salz mischen und dann kräftig kneten. Bei dieser Art der Fermentierung, der Sauerkraut-Technik, wird die Salzlake nicht von extern zugeführt, sie entsteht aus dem Zellsaft des Gemüses in Verbindung mit Salz. Je nach Weißkraut und dessen Aufzucht und Lagerung gelingt dies schneller oder weniger schnell. Auf keinen Fall sollte man Salzwasser zum Sauerkraut geben, dies macht es nur matschig und verändert seine Farbe.

TIPPS FÜR MEHR LAKE

Etwas Salz hinzufügen: Das Kraut sollte salzig, aber nicht versalzen schmecken. Erneut kräftig kneten.
Zeit geben: Das Kraut abgedeckt 45 Minuten ziehen lassen und dann noch einmal kneten.
Säure dazugeben: Ein paar Esslöffel Zitronen-, Orangen- oder Grapefruitsaft hinzugeben und kneten.
Wasserhaltiges Gemüse dazugeben: Geriebene Karotten, Zwiebel oder Gelbe Bete eignen sich dafür. Erneut kräftig kneten.
Einen Stampfer zu Hilfe nehmen: Aber nicht zu viel stampfen, ansonsten verliert das Kraut seinen Biss.

Das Gemüse Handvoll für Handvoll mit den Fäusten oder einem Stampfer in das Gärgefäß hineinpressen, sodass keine Luftlöcher zurückbleiben, in denen Schimmelpilze aus der Luft sich vermehren können. Die beim Kneten entstandene Lake auf das Kraut geben. Die Gläser nicht ganz randvoll füllen, denn die durch Gärung entstehenden Gase können das Volumen des Krauts vergrößern. Es sollten ca. 6 cm bis zum Glasrand frei gelassen werden. Das Kraut mit einem passenden Krautdeckel abdecken. Hierzu werden die gewaschenen, äußeren Kohlblätter auf das Kraut gelegt und an den Rändern nach unten gestopft. Zum Beschweren verwende ich einen mit Wasser gefüllten, dichten Gefrierbeutel mit Ziplock-Verschluss. Die 1-Liter-Beutel passen für Gläser von 250 ml bis 1 Liter. Das Gefäß locker abdecken, auf einen Teller stellen und das Sauerkraut an einem kühlen Ort (18 °C) ohne direkte Sonneneinstrahlung 4–14 Tage fermentieren lassen. Immer wieder den Lakestand kontrollieren und, falls nötig, das Kraut wieder unter die Oberfläche pressen. Ab dem 4. Tag probieren: Das Sauerkraut ist fertig, wenn es mild gesäuert, aber nicht beißend nach Essig schmeckt. Das Kraut soll etwas weicher sein als vor der Fermentation, aber noch Biss haben und leicht glasig und gelblich aussehen.

Das fertige Sauerkraut in kleinere Gläser umfüllen, gut hineinpressen und übrige Lake darübergießen. Die verschlossenen Gläser im Kühlschrank lagern, dort hält sich das Kraut mindestens 6 Monate.

MEIN TIPP

Ich verwende am liebsten Gärgefäße mit Gärspund/Gärröhrchen oder ähnlichen Fermentieraufsätzen. Hierbei wird das Glas luftdicht abgeschlossen, während CO_2 nach wie vor entweichen kann. Der Vorteil: Man muss das Gärgefäß nicht ständig im Blick behalten, da Umwelteinflüsse wie Sauerstoffzufuhr oder Schadinsekten keine Rolle mehr spielen und die Lake nicht zu stark verdunstet. Allerdings dürfen auch hier die Gläser weder zu voll noch zu wenig gefüllt sein und das Gärgut muss wie üblich beschwert werden, damit alles dauerhaft unter der Lake bleibt.

Unser Sauerkraut begleitet uns über den Winter und schmeckt superlecker in den Allgäuer Krautkrapfen von Seite 308.

Zubereitungszeit: Mind. 14 Tage, Portionen: 2 Gläser à 800 ml Inhalt

SALZZITRONEN

8 Bio-Zitronen
150 g Salz
6 Lorbeerblätter
2 Chilischoten
2 EL frisch gepresster Zitronensaft

Ein Einmachglas mit 1,7 Litern Fassungsvermögen mit kochendem Wasser ausspülen. Die Zitronen kalt abwaschen. Sieben Zitronen der Länge nach fast vollständig vierteln. Es sollen vier Spalten entstehen, die unten noch zusammenhängen. Die Samen entfernen und die Früchte in eine große Schüssel legen. Das Salz in den Einschnitten und rund um die Zitronen verteilen. Die Zitronen in ein großes Einmachglas pressen, Lorbeerblätter und Chilis dazugeben. So fest pressen, dass salziger Saft die Zitronen bedeckt. Die übrige Zitrone auspressen und den Saft durch ein Sieb über die Zitronen gießen. Die Oberfläche mit 2 EL Salz bestreuen. Die Salzzitronen mit Gewichten beschweren, sodass sie nicht obenauf schwimmen können und sämtliche Luft aus den Zwischenräumen entweicht. Hierfür gibt es spezielle Fermentiergewichte oder Alternativen, die in jedem Haushalt vorhanden sind. Beispielsweise Weckdeckel aus Glas: Diese sind in der Regel bereits schwer genug, um das Fermentiergut unterhalb der Flüssigkeitsoberfläche zu halten. Wenn nicht, einfach mehrere aufeinanderstapeln.

Alternativ leere Marmeladengläser mit Wasser befüllen; sie eignen sich ebenfalls hervorragend als Fermentiergewichte.

Oder einen 1-Liter-Gefrierbeutel auf die Oberfläche drücken, mit Wasser füllen und gut verschließen.

Das Einmachglas locker verschließen und auf einen Teller stellen. Die Zitronen an einem kühlen Ort ohne direkte Sonneneinstrahlung 21 Tage fermentieren lassen. Gelegentlich kontrollieren, ob die Zitronen noch mit der Lake bedeckt sind. Wenn die Salzzitronen fertig sind, ist die Lake durch den Fermentationsprozess etwas eingedickt. Zum Aufbewahren die Salzzitronen unter die Lake drücken, das Glas verschließen und im Kühlschrank lagern. Dort sind sie mindestens 18 Monate haltbar.

Salzzitronen werden oftmals für Gerichte aus Nordafrika verwendet. Besonders in Marokko werden die eingelegten Zitronen vielfältig eingesetzt, beispielsweise zur Verfeinerung von Salaten, Couscous- oder Tajinegerichten. In vielen Rezepten wird hierbei vor allem die Schale der eingelegten Zitronen verwendet. Aber auch das Fruchtfleisch ist verwendbar und lässt sich insbesondere in Salaten oder Dips verarbeiten. Auch die Flüssigkeit, in der die Früchte eingelegt sind, schmeckt hervorragend; zum Beispiel in Salatdressings. Auch zu Risotto, in deftigen Ragouts und als Snack mit Oliven gemischt, passen die Salzzitronen super und geben das gewisse Extra.

Für unsere Tajine von Seite 248 sind Salzzitronen unerlässlich.

Zubereitungszeit: 21 Tage, Portionen: 1 Glas à 1,7 Liter

GURKEN-KIMCHI

6 kleine Gärtnergurken
1 TL Salz
2 Knoblauchzehen
4 Frühlingszwiebeln
2 cm frischer Ingwer
6 EL Reisessig
1½ EL Gochugaru (koreanische Chili-Flocken)
4 EL Zucker
2 TL geröstetes Sesamöl
je 1 EL weißer und schwarzer gerösteter Sesam

Die Gärtnergurken längs in Scheiben hobeln. Anschließend die Gurkenstreifen in einer großen Schüssel mit dem Salz vermischen, mit einem Teller beschweren und 30 Minuten ziehen lassen.

Zwischenzeitlich den Knoblauch schälen und die Frühlingszwiebeln waschen und grob hacken. Den Ingwer waschen und in Scheiben schneiden. Zusammen mit dem Essig, dem Gochugaru, dem Zucker und dem Sesamöl in einem Mixer zu einer homogenen Paste verarbeiten.
Die Gurken aus der Schüssel nehmen, dabei das ausgetretene Gurkenwasser nicht wegschütten. Die Gurkenstreifen mit der Würzpaste vermischen und in ein Glas schichten. Mit einem Stößel die Gurkenstreifen fest zusammendrücken, sodass die Luft aus den Zwischenräumen entweicht und sich Lake bildet. Die Lake sollte

über den Gurken stehen und diese luftdicht abschließen. Ist dies nicht der Fall, etwas von dem aufgehobenen Gurkenwasser darübergießen.

Das Gurken-Kimchi abgedeckt zehn Stunden ziehen lassen und anschließend in den Kühlschrank stellen. Es schmeckt am besten nach 2–3 Tagen, hält sich aber durchaus 3–4 Monate im Kühlschrank. Immer darauf achten, dass die Lake das Gurken-Kimchi vollständig bedeckt.

Vor dem Servieren mit dem gerösteten Sesam bestreuen.

Zubereitungszeit: Mind. 12 Stunden, Portionen: 1 Glas à 800 ml Inhalt

FAZIT

Vorteile des Fermentierens: Mithilfe ganz natürlicher Vorgänge lassen sich einzigartige Geschmackserlebnisse erzeugen und Lebensmittel unabhängig von der Stromversorgung haltbar machen.
Nachteile des Fermentierens: Auf dem Weg zum optimalen Produkt gibt es einige Fehlerquellen.

FEHLERQUELLEN

Blubbern. Alles in Ordnung. Die Milchsäurebakterien produzieren beim Stoffwechsel nicht nur Säure, sondern auch Kohlendioxid. Auch dabei entstehender Schaum ist harmlos, meist bildet er sich von selbst zurück.

Bei der Sauerkraut-Technik ist zu wenig Lake entstanden. Lösung 1: Noch etwas Salz zugeben und erneut durchkneten, **Lösung 2:** Abdecken, für einige Zeit ziehen lassen und erneut durchkneten, **Lösung 3:** Wasserhaltiges Gemüse dazugeben z. B. geraspelte Karotten, Zwiebeln oder Rote Bete, **Lösung 4:** Zitronen-, Orangen- oder Grapefruitsaft dazugeben.

Weißlicher Belag auf der Flüssigkeitsoberfläche. Das ist kein Schimmel, sondern harmlose Kahmhefen, die sich oftmals an der Grenze zwischen Wasser und Luft bilden. Sie vermehren sich weniger, wenn sie nicht abgeschöpft werden. Vor dem Verzehr nimmt man die obere Schicht des Gärguts großzügig ab und ist somit auf der sicheren Seite.

Blaugrauer oder grünlicher Pelz. Solange sich dieser Schimmel nur an der Oberfläche der Lake befindet, entfernt man ihn einfach. Ist es dagegen schwarzer, pink- oder orangefarbener Schimmel, ist das Gärgut nicht mehr genießbar und muss entsorgt werden.

Zu wenig Lake. Ist doch einmal die Lake verdunstet und das Gemüse ist nicht mehr luftdicht abgeschlossen, nimmt man den frei liegenden Teil des Gemüses großzügig ab. Der Teil des Gemüses, der noch unterhalb der Lake liegt, ist meistens noch genießbar.

Rosa Farben und Schleim. Dieses Gärgut ist nicht mehr verwendbar. Wird das Gemüse rosafarben, ohne dass es sich um Rote Rüben handelt, war zu viel Salz in der Lake und die Milchsäurebakterien konnten nicht die Oberhand gegen Hefen und Pilze gewinnen. Bei weichem und schleimigem Gemüse war entweder die Temperatur beim Fermentieren zu hoch oder der Salzgehalt zu niedrig.

Es riecht merkwürdig. Wenn es verdorben aus dem Glas riecht (den Geruch kennt man von vergammelten Kartoffeln) und dazu das Gärgemüse schleimig, schimmelig oder farblos daherkommt, muss der Glasinhalt entsorgt werden. Riecht es dagegen nach alten Socken, Ziege oder ranziger Butter und die Farbe und Konsistenz des Gemüses ist in Ordnung, dann nicht abschrecken lassen!

Trocknen und Dörren

LET THE SUN SHINE ON ME. Trocknen ist das Konservieren von Lebensmitteln durch Lufttrocknung – es gehört zu den ältesten Verfahren, um Lebensmittel haltbar zu machen. Aromen, Vitamine, Enzyme, Ballaststoffe bleiben weitgehend erhalten, der Geschmack potenziert sich, dagegen betragen Volumen und Gewicht nur noch 10–20 % des Ausgangsmaterials. Getrocknete Lebensmittel eignen sich darum bestens zum Mitnehmen und für unterwegs.

WAS IST TROCKNEN UND DÖRREN?

Beim Trocknen und Dörren wird dem Nahrungsmittel Wasser entzogen und somit den Mikroorganismen die Grundlage für ihr Überleben genommen. Sinkt der Wassergehalt in den Lebensmitteln auf unter 14 % und bleibt während der Lagerung konstant, sind diese lange haltbar und verschimmeln nicht. Vom Trocknen spricht man, wenn an der Luft getrocknet wird, vom Dörren, wenn technische Hilfsmittel wie Backofen oder Dörrgerät zum Einsatz kommen.

WELCHE LEBENSMITTEL EIGNEN SICH ZUM TROCKNEN?

Die Möglichkeiten sind endlos: Obst, Gemüse, Kräuter, Blumen, Pilze, Fermente, Nudeln, Fruchtleder, Gemüsebrühenpulver, Cracker, Knäckebrot, Müsliriegel ... Ich trockne als Reserve auch die Überproduktionen meiner Milch- und Wasserkefirknollen oder meiner Sauerteige „Birte“ und „Thomas“.

GUT FÜR DIE GESUNDHEIT

Beim Trocknungsvorgang verliert Obst und Gemüse zwar viel vom ursprünglichen Volumen, was die Lagerhaltung extrem platzsparend macht, aber Vitamine und Mineralstoffe bleiben weitestgehend erhalten.

Proteine verbessern sogar ihren Nährwert und Kohlenhydrate werden in den Zellwänden so verändert, dass die Zellinhaltsstoffe besser ausgenutzt werden können. Getrocknete Lebensmittel haben im Allgemeinen eine positive Auswirkung auf die Verdauung.

OPTIMALES TROCKNEN UND DÖRREN

Der optimale Trocknungsvorgang sollte auf Trockenrahmen mit einer durchlässigen Bespannung, bei guter Luftzirkulation, staubfrei und bei möglichst konstanten Temperaturen von mindestens 30 °C ablaufen. Die Trocknungszeiten sind abhängig vom Trocknungsgut und dessen Zubereitung: ganze Stücke, Stifte oder Scheiben.

Trocknen im Freien: Der beste Trocknungsplatz im Freien ist warm (30 °C bis 40 °C), trocken, gut belüftet und vor direkter Sonneneinstrahlung geschützt. In der Nacht bringt man wegen der höheren Luftfeuchtigkeit das Trockengut ins Haus. Die Trocknung sollte nicht länger als 4–5 Tage dauern.

Trocknen im Haus: Über der Heizung, neben dem Kachelofen oder am warmen Südfenster. Auch hier unbedingt beachten, dass die Luftfeuchtigkeit so gering wie möglich sein sollte. Daher die Kräuterbüschel nicht neben dem Herd aufhängen, wo täglich Kondenswasser entsteht. Die Trocknung sollte nicht länger als 4–5 Tage dauern.

Trocknen im Backofen: Auch im Backofen kann getrocknet werden, jedoch ist dieser im niedrigen Temperaturbereich meist eher ungenau. Präzise Trocknungsergebnisse in Rohkostqualität lassen sich hiermit nicht erzielen, zudem ist der Stromverbrauch im Vergleich zu Dörrgeräten um ein Vielfaches höher. Bei der Backofenmethode ist zu beachten, dass unbedingt die Tür einen Spalt offengelassen wird, damit feuchte Luft entweichen kann. Doch dies erlauben oftmals moderne Geräte gar nicht und heizen nur bei geschlossener Backofentüre.

Trocknen im Dörrgerät: Am einfachsten und mit gleichbleibenden, kontrollierbaren Ergebnissen gelingt das Dörren im Dörrautomaten. Es gibt auf dem Markt mittlerweile viele Geräte in unterschiedlichen Größen und sogar in zusammenfaltbaren Varianten für jeglichen Einsatz. Sie lassen sich von 30 °C bis 74 °C gradgenau einstellen, besitzen Zeitschaltuhren und bei den neueren Modellen kommen kombinierte Programmautomatiken zum Einsatz. Allen gemeinsam ist, anders als beim Lufttrocknen, der Stromverbrauch.

TIPPS ZUM DÖRREN

- Frische, reife Produkte verwenden.
- Lebensmittel vor dem Schneiden waschen und gut abtrocknen.
- Das Trocknungsgut in gleichmäßige Dicken und Größen schneiden. Die besten Trocknungsergebnisse erzielt man mit einer Dicke von 3–6 mm. Mit einem Gemüsehobel kann man auch große Mengen mit gleichbleibender Dicke schneiden.
- Manchmal empfiehlt es sich, Lebensmittel in kochendem Wasser oder Dampf vor dem Trocknen zu blanchieren. Dies kann den Trocknungsprozess beschleunigen oder verbessern und tötet zusätzlich Mikroorganismen auf der Oberfläche der Lebensmittel ab.
- Dörrtemperaturen und -zeiten dem verwendeten Trocknungsgut anpassen und am besten Erfahrungswerte dokumentieren. Die optimale Trocknungstemperatur ist in der Regel die höchste Temperatur, die den Nährstoffgehalt der Lebensmittel nicht beeinträchtigt (siehe Allgemeine Dörrtemperaturen).
- Experimentieren ist erlaubt! Vor dem Trocknen das Trocknungsgut mit Fruchtsäften, Ölen, Kräuteressenzen oder Gewürzen marinieren.
- Übrig gebliebenen Trester vom Saftpressen, gemischt mit Nüssen und Haferflocken, zu leckeren Energieriegeln verarbeiten.
- Dörrfolien für flüssige Zutaten verwenden. Die Masse gleichmäßig dick darauf verstreichen.

Allgemeine Dörrtemperaturen

Lebensmittel	Richtwert Temperatur
Früchte | Fruchtleder	57 °C
Gemüse	52 °C
Joghurtzubereitung	46 °C
Brot | Knäckebrot	43 °C
Rohkostqualität	41 °C
Nüsse | Samen	35 °C
Kräuter | Blumen	35 °C

FRÜCHTE

Getrocknete Früchte sind ein gesunder Snack für zwischendurch. Voller Aroma, nahrhaft und dazu leicht und einfach zu transportieren. Von Natur aus sind viele Früchte mit einer Schale bedeckt, die eine natürliche Barriere für das Trocknen darstellt. Daher schneidet man die Früchte zum Trocknen am besten in Scheiben. Hierbei gilt: Je dünner die Scheiben sind, desto schneller trocknet das Lebensmittel. Kleinere Früchte wie z. B. Weintrauben können im Ganzen getrocknet werden (evtl. vorher mit einer Nadel anstechen). Einige Früchte werden vor dem Trocknen blanchiert, um die Farbe zu erhalten, den Geschmack zu verbessern oder um Bitterstoffe herauszulösen.

Verarbeitung von Früchten

Früchte	Temperatur	Zeit	Zubereitung
Ananas	57 °C	10–18 Stunden	Ananas schälen, in 6 mm dicke Scheiben schneiden, trocknen.
Äpfel	57 °C	7–15 Stunden	Äpfel waschen, abtrocknen, Blütenansatz, Stiel und Kerngehäuse entfernen, in 0,5–1 cm breite Ringe schneiden, in Zitronenwasser tauchen, trocknen.
Aprikosen	57 °C	20–28 Stunden	Aprikosen waschen, abtrocknen, entsteinen, in 6 mm dicke Scheiben schneiden, in Zuckerwasser (500 g Zucker / 1 Liter kochendes Wasser) blanchieren, trocknen.
Bananen	57 °C	6–10 Stunden	In 1 cm breite Scheiben schneiden, nicht zu stark trocknen.
Beeren	57 °C	10–15 Stunden	Ganz lassen, evtl. mit einer Nadel anstechen, trocknen.

Früchte	Temperatur	Zeit	Zubereitung
Blaubeeren	57 °C	10–15 Stunden	Ganz lassen, in kochendem Wasser kurz blanchieren, trocknen.
Birnen	57 °C	8–16 Stunden	Birnen waschen, abtrocknen, Blütenansatz, Stiel und Kerngehäuse entfernen, in 0,5–1 cm breite Ringe schneiden, in Zitronenwasser tauchen, trocknen.
Erdbeeren	57 °C	7–15 Stunden	In 6 mm dicke Scheiben schneiden, trocknen, bis sie klebrig werden.
Feigen	57 °C	22–30 Stunden	Ganz lassen, nicht zu stark trocknen.
Orangenschalen	57 °C	6–10 Stunden	Orangenschalen mehrere Tage in Wasser legen, um die Bitterstoffe zu entfernen, in Zuckerwasser (500 g Zucker / ½ Liter kochendes Wasser) kochen, abtropfen lassen, trocknen.

GEMÜSE

Gemüse wird eher mit der Absicht zur besseren Konservierung und Lagerung getrocknet. Daher muss es länger getrocknet werden (5 % Restfeuchte) als Früchte. Außerdem empfiehlt es sich, manche Gemüsesorten vor dem Trocknen zu blanchieren, um die enzymatischen Prozesse, die zum Verderb führen würden, zu stoppen. Der Vorteil des Blanchierens: Farbe und Geschmack bleiben besser erhalten. Nach dem Blanchieren wird das Gemüse auf den Einschüben des Dörrautomaten oder Ofens verteilt und abgekühlt, bevor man es in den Automaten schiebt. Manche Gemüsesorten erfordern kein vorheriges Blanchieren, so z. B. Paprika, Tomaten, Zwiebeln und Pilze.

Dehydriertes Gemüse lässt sich leicht durch Einweichen in Wasser oder Saft, durch Dämpfen, Überbrühen oder Kochen wieder in seinen ursprünglichen Zustand versetzen. Es nimmt Flüssigkeit auf und erreicht so fast wieder seine vorherige Größe und Konsistenz. So lässt es sich ideal als Suppen- oder Eintopfeinlage, als Saucenbinder oder in Brotteigen verwenden.

Getrocknetes Gemüse ist außerdem hervorragend geeignet, um Gemüse- und Würzpulver für Gemüsebrühen und Saucen herzustellen. Besonders lecker ist es in Kombination mit getrockneten Pilzen und Tomaten, deren Geschmack sich durch das Dörren intensiviert und sie zu wahren Umami-Bomben werden lässt.

Getrocknete Wurzeln, Hölzer, Kräuter und einige Gemüsesorten können auch zu Tee und Aufgüssen verarbeitet werden.

Verarbeitung von Gemüse

Gemüse	Temperatur	Zeit	Zubereitung
Blumenkohl	52 °C	8–12 Stunden	Waschen, in Röschen zerteilen, in Salzwasser kurz blanchieren, kalt abbrausen, trocknen bis spröde.
Brokkoli	52 °C	10–14 Stunden	Waschen, in Röschen zerteilen, in Salzwasser kurz blanchieren, kalt abbrausen, trocknen bis spröde.
Erbsen	52 °C	4–8 Stunden	Enthülsen, in Salzwasser kurz blanchieren, kalt abbrausen, trocknen bis spröde.
Karotten	52 °C	4–8 Stunden	Waschen, in 3 mm dicke Scheiben hobeln, in Salzwasser kurz blanchieren, kalt abbrausen, trocknen bis ledrig.
Kohl	52 °C	7–11 Stunden	Waschen, in einzelne Blätter zerteilen, in Salzwasser blanchieren, kalt abbrausen, trocknen bis spröde.
Paprika	52 °C	4–8 Stunden	Waschen, in Streifen schneiden, trocknen bis ledrig.
Pilze	52 °C	3–7 Stunden	Putzen, in 3 mm dicke Scheiben schneiden, bei niedriger Temperatur mit dem Trocknen beginnen, trocknen bis ledrig.

Gemüse	Temperatur	Zeit	Zubereitung
Rote Bete	52 °C	8–10 Stunden	Waschen, schälen, dämpfen bis weich, in 3 mm dicke Scheiben schneiden, trocknen bis spröde.
Tomaten	52 °C	4–8 Stunden	Waschen, vierteln, evtl. Saft und Samenkerne entfernen, trocknen bis ledrig.
Sellerie	52 °C	4–8 Stunden	Waschen, in 3 mm dicke Scheiben hobeln, in Salzwasser kurz blanchieren, kalt abbrausen, trocknen bis spröde.
Suppengemüse	52 °C	6–8 Stunden	Waschen, putzen, in Würfel schneiden, in Salzwasser kurz blanchieren, kalt abbrausen, trocknen bis spröde.
Zwiebeln	52 °C	4–8 Stunden	Putzen, in 3 mm dicke Scheiben hobeln, trocknen bis ledrig.

LAGERN

Wenn die Produkte ausreichend getrocknet sind, können sie über Jahre hinweg gelagert werden. Wichtig ist nur: Sie dürfen keine Feuchtigkeit aus der Umgebung aufnehmen. Mais, Erbsen und Bohnen sind hart, wenn sie vollständig getrocknet sind. Kräuter und geschnittenes Gemüse sind knackig und rascheln, wenn man sie in die Hand nimmt. Äpfel und Birnen werden ledrig, d. h., sie lassen sich biegen, ohne zu brechen. Ideale Lagerungsmethoden sind verschließbare Dosen, dunkle Gläser mit Schraubverschluss oder das Einschweißen in Tüten. Nach dem Abkühlen einfüllen, beschriften, kühl, dunkel und trocken lagern. In den ersten Wochen regelmäßig kontrollieren, später von Zeit zu Zeit Stichproben machen.

FAZIT

Vorteile des Trocknen und Dörrens: Die Lebensmittel werden mit dem Wasserentzug kleiner und leichter, was sie einfacher transportier- und lagerbar macht. Die Vitamine, Mineralstoffe und Nahrungsfasern des Dörrguts bleiben weitgehend erhalten. Manche Gemüse werden zu wahren Aromabomben.

Nachteile des Trocknen und Dörrens: Durch den Dörrvorgang verändert sich der Geschmack und die Konsistenz der Lebensmittel. Manche sind zum sofortigen Verzehr geeignet, wie z. B. Gemüsechips aus Roter Bete, Karotten, Pastinaken oder die beliebten Grünkohl-Chips, andere Gemüse werden aber ledrig und entfalten ihren Geschmack erst wieder, wenn man sie rehydriert. Nach dem Trocknen müssen die gedörrten Lebensmittel sehr gut verpackt und aufbewahrt werden. Ansonsten ziehen sie Feuchtigkeit und verderben.

PILZPULVER

200 g Austernpilze
1 kg Champignons
400 g Seitlinge

Pilze trocken putzen. Hüte und Stiele in dünne Scheiben schneiden.
Die Scheiben dicht nebeneinander auf die Gitter des Dörrgerätes schichten. Beginnend bei 40 °C die Pilze 1 Stunde dörren. Dann die Temperatur auf 52 °C erhöhen und für weitere 2–3 Stunden dörren. Der Dörrvorgang ist abgeschlossen, wenn sich die Pilze trocken und ledrig anfühlen. Im Backofen trocknet man bei 80 °C Ober-/Unterhitze und leicht geöffneter Backofentür, damit die Feuchtigkeit entweichen kann.

Sofort nach dem Abkühlen werden die Pilze in einem Standmixer so fein wie möglich gemahlen. Am besten arbeitet man hier mit kleinen Mengen, damit das Pilzpulver sich nicht zu sehr erhitzt.

Das Pilzpulver in ein gut verschließbares dunkles Glas abfüllen. Beschriften und kühl, trocken und dunkel lagern. So hält das Pilzpulver problemlos bis zur nächsten Pilzsaison.

Getrocknete und fein gemahlene Pilze (Pilzpulver) sind super als Geschmacksverstärker für Pilzgerichte, dienen aber auch als Geschmacksverfeinerung in Saucen, Suppen und selbst gemachtem Nudelteig. Pilzpulver eignet sich auch für kalte Saucen.

Zubereitungszeit: ca. 4 Stunden, Portionen: ca. 90 g Pilzpulver

GEMÜSEBRÜHENPULVER

300 g Zwiebeln
350 g Lauch
300 g Karotten
650 g Knollensellerie
200 g Petersilienwurzel
300 g Tomaten
1 Bund Petersilie
200 g Champignons (alternativ andere Pilze)
100 g Salz

Gemüse und Kräuter waschen, abtrocknen und putzen. Die Tomaten vierteln und die Tomatenkerne entfernen. Das Gemüse fein schneiden. Anschließend gleichmäßig auf Dörrfolien verteilen und bei 52 °C für 6–8 Stunden dörren. Das Gemüse ab und zu wenden. Alternativ das Gemüse auf einem mit Backpapier ausgelegten Backblech verteilen und auf der mittleren Schiene bei 75 °C Umluft für 5–8 Stunden trocknen. Hin und wieder die Backofentür öffnen oder einen Kochlöffel in die Tür klemmen, damit Feuchtigkeit entweichen kann. Auch bei dieser Variante das Gemüse ab und zu wenden.

Erst wenn das zerkleinerte Gemüse vollständig getrocknet ist und sich zwischen den Fingern zerbröseln lässt, wird das Salz hinzugefügt und alles gut miteinander vermengt. Das fertige Gemüsebrühenpulver in ein gut verschließbares Bügel- oder Schraubglas füllen.

Dosierung: Das Gemüsebrühenpulver im Mischungsverhältnis 1 TL Pulver / 250 ml heiße Flüssigkeit verwenden.

Zubereitungszeit: 6–8 Stunden, Portionen: circa 300 g

Frühling

VON BÄRLAUCH BIS SPINAT

Die Tage werden länger, die Temperaturen steigen und überall grünt und sprießt es. Ich bin nicht mehr zu halten und freue mich riesig darauf, die ersten Wildkräuter zu sammeln, Pflücksalat auszusäen und auf dem Wochenmarkt wieder die Vielfalt der Gemüsesorten zu genießen.

Wie schon meine Mutter zu sagen pflegt: Der erste Freilandsalat im Mai schmeckt am allerbesten. In diesem Kapitel stellen wir Pflanzen vor, die im Frühling wachsen – Wildpflanzen, junges Gemüse und feines Blattgemüse.

Wildgemüse

Bärlauch ist ein alter Hut, sagt man. Und dennoch falle ich jedes Jahr liebend gerne wieder auf ihn rein.

Es ist März und die Sonne scheint. Ich gehe wie immer durch den Südfriedhof ins Atelier. Gestern hat es noch einmal geschneit und alles war weiß. Plötzlich ist er da – dieser Geruch, den nur der Frühling verströmt –, ein Hauch von Knoblauchduft. Jetzt eine Bärlauchquiche und der Frühling hält auch in meiner Küche Einzug.

Und nicht nur der Bärlauch verzaubert im Frühjahr unsere Sinne. Alles sprießt und gedeiht um uns herum. Jetzt ist der beste Zeitpunkt, um seinen Vitamin- und Nährstoffhaushalt mit frischen Wildpflanzen wieder aufzufüllen. Meine Favoriten sind neben Bärlauch auch junge Ahornblätter, Brennnesseln, Holunder und Löwenzahn. Ihnen allen gemeinsam ist ihre reinigende Wirkung, was nach der langen Winterzeit genau das Richtige für den Körper ist. Wie bei einem Frühjahrsputz können wir mit den Wildpflanzen unseren angesammelten „Stoffwechselmüll" auf genussvolle und abwechslungsreiche Weise loswerden. Sie wachsen in freier Natur und in urbanen Nischen, wir müssen nur mit offenen Augen durch die Welt gehen, um sie zu finden. Bei den Gemüsesorten in diesem Kapitel kann selbst entschieden werden, zu welchem Zeitpunkt geerntet werden soll. Frischer geht's nicht.

BÄRLAUCH

Allium ursinum

STECKBRIEF
Bärlauch ist eine Zwiebelpflanze, sein Verbreitungsgebiet erstreckt sich von ganz Europa bis nach Asien. Man findet ihn ab Ende Februar in lichten Wäldern, meist unter Laubbäumen auf humusreichen, feuchten Böden. Der Bärlauch hat 5–15 Zentimeter lange, von Längsnerven durchzogene Blätter, die in der Mitte einen Längsknick aufweisen. Von April bis Mai blüht der Bärlauch in schönen weißen Blütendolden. Aus den Blüten entwickeln sich grüne kugelige Früchte, die kleine Samen enthalten.

VERWENDUNG
Alle Bestandteile von Bärlauch sind essbar. Von März bis April schmecken vor allem die jungen Blätter in Salaten, als Gemüse oder als Knoblauchersatz in anderen Gerichten. Die jungen Blütenknospen können zu Kapern verarbeitet werden. Die Blüten selbst sind milder im Geschmack und passen ebenfalls zu Salaten oder dienen zur Herstellung von Essig oder zur Dekoration. Die Samen des Bärlauchs können wie Pfeffer verarbeitet werden und die zarten Knollen sind angebraten eine Delikatesse.

WISSENSWERTES
Verwechslungsgefahr besteht mit dem Maiglöckchen und der Herbstzeitlosen, die hochgiftig sind. Ein Tipp: Achten Sie auf die Blattunterseite. Sie ist matt und zeigt eine markante und fühlbare Mittelrippe. Diese Mittelrippe sollte außerdem hörbar knacken, wenn man das Blatt hier knickt. Reibt man an den Blättern, verströmen sie den typischen, knoblauchartigen Geruch.

AHORN, SPITZAHORN

Acer platanoides

STECKBRIEF

Alle Ahornarten sind an ihrer charakteristischen Blattform zu erkennen, die drei- oder fünflappig sein kann und deren Blätter sich im Laufe der Jahreszeiten stark verfärben. Der Ahornbaum wächst in ganz Europa und erreicht eine Höhe von bis zu 30 Metern.

VERWENDUNG

Die Erntemonate von Ahornblättern, -sämlingen und -blüten sind März und April. Im Frühling schmecken die zartgrünen jungen Blätter am besten, denn sie enthalten noch nicht so viele Bitterstoffe wie ältere Blätter. Ahornblätter, -sämlinge und -blüten sind nicht giftig. Die jungen Blätter des Ahorns können in Salaten oder als Gemüse verzehrt werden. In der Küche werden sie oft als Ahornspinat verwendet, zu gebratenen Ahornblättern im Tempurateig verarbeitet oder gefüllt. Getrocknet werden die Blätter als Tee und der Saft des Ahornbaums als Ahornsirup zum Süßen verwendet. Besondere Inhaltsstoffe des Ahorns sind Eisen, Flavonoide, Gerbstoffe, Kalium, Kalzium, Magnesium und Mangan. Diese Naturstoffe wirken entzündungshemmend, fieber- und blutdrucksenkend.

WISSENSWERTES

Ahorn wird leicht mit der sogenannten ahornblättrigen Platane *(Platanus acerifolia)* verwechselt, da dieser Baum eine ähnliche Blattform hat. Die Platane wird oft zur innerstädtischen Bepflanzung verwendet und trägt braune kugelige Sammelfrüchte. Im Gegensatz zum Ahorn verfärben sich die Blätter der Platane im Laufe des Jahres nicht.

BRENNNESSEL

Urtica dioica

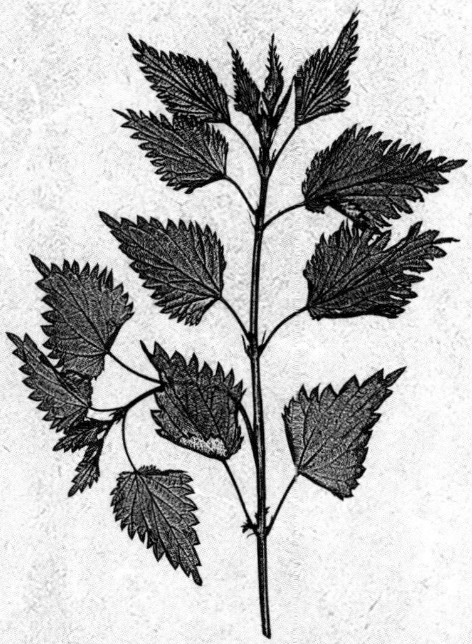

STECKBRIEF

Dank ihrer Brennhaare ist die Brennnessel leicht zu identifizieren. Nur die Taubnessel und die nesselblättrige Glockenblume sind ihr sehr ähnlich. Sie sind jedoch ebenfalls nicht giftig und brennen nicht. Die Brennnessel wird bis zu 150 cm hoch und wächst in Gärten, am Wegesrand und auf Böschungen. Der Stängel der Brennnessel ist vierkantig, die Blätter stehen paarweise, kreuzweise versetzt am Stängel unc sind grob gezackt. Die Brennnesselblüte ist grünlich und hängt an 2–5 cm langen Rispen. Aus der Blüte entwickeln sich die braunen Samen. Die Wurzel ist fein verästelt und flach kriechend.

VERWENDUNG

Die Brennnessel ist vielseitig verwendbar. Sie ist ein wertvolles Nahrungsmittel mit vielen Vitaminen, Mineralstoffen und Spurenelementen, ein Heilmittel bei Allergien, Ekzemen, Geschwüren, Haarausfall, Harnwegsentzündungen, Kopfschuppen, Nierensteinen, Pickeln, Rheuma und Gicht und zudem eine wunderbare Düngepflanze für stark zehrende Pflanzen. Brennnesseln werden häufig in der Kosmetik verwendet.

WISSENSWERTES

Aus Brennnesselsamen lässt sich ganz leicht ein wertvolles Proteinpulver herstellen. Die Samen werden in Büscheln mit einer Schere geerntet, in einem Dörrautomaten bei 35 °C schonend gedörrt und in einem Mixer fein zu Pulver zermahlen. Das Pulver in einem gut verschließbaren Glas trocken und dunkel aufbewahren. Ideal für Protein-Drinks und Smoothies.

HOLUNDER

Sambucus

STECKBRIEF

Holunderarten wachsen als Halbsträucher, Sträucher oder Bäume und sind meist sommergrün. Am bekanntesten ist der Schwarze Holunder, der bei uns heimisch ist. Seine Blüten und Früchte werden als Heil-, Nahrungs- und Färbemittel verwendet. Von Mai bis Juli blüht der Holunder mit vielen Einzelblüten, deren fruchtiger Duft unverwechselbar ist. Im August und September beginnen die zunächst roten, später schwarzen Vitamin-C- und kaliumreichen Beeren zu reifen. Beim Verzehr von Holunderbeeren ist zu beachten, dass Blätter, Rinde und unreife Beeren das Gift Sambunigrin enthalten, das sich erst bei Temperaturen über 76 °C zersetzt. Roh verzehrt kann es zu Übelkeit und Erbrechen führen.

VERWENDUNG

Die schneeweißen Blütendolden werden für Sirup, Gelee, Limonade, Holundersekt und Eis verwendet oder in Pfannkuchenteig ausgebacken. Aus den Holunderbeeren wird oft Saft gewonnen, der zu Gelee, Punsch oder Sirup verarbeitet wird.

MEIN TIPP

Das beste Mittel gegen eine aufkommende Erkältung ist Holunderblütentee. Bei Halsschmerzen hilft warmer Holundersaft.

WISSENSWERTES

Holunder ist das mythologische Symbol von Frau Holle, der Mutter Elder. Er galt als Schwellenbaum und kann dem Volksglauben nach negative Einflüsse fernhalten.

LÖWENZAHN

Taraxacum officinale

STECKBRIEF

Der Löwenzahn ist auf der ganzen Welt beheimatet und wächst gut auf nährstoffreichen Böden. Mit seiner leuchtend gelben Blüte, der bekannten Pusteblume und seinen gezahnten Blättern ist er kaum zu verwechseln. Dank seiner bis zu 2 Meter tief reichenden Pfahlwurzeln ist der Löwenzahn äußerst widerständig, aber auch der Schrecken aller Zierrasen-Liebhaber. Gegen seine invasive Art hilft nur häufiges Abernten. Von der Wurzel bis zur Blüte sind alle Pflanzenteile verwertbar und ungiftig.

VERWENDUNG

Von März bis Juni können die jungen Blattrosetten des Löwenzahns als Salat oder Gemüse zubereitet werden. Die Blütenknospen sind gebraten eine Delikatesse, die Blütenblätter lassen sich zu Löwenzahnhonig oder wunderschönen Dekorationen auf Frühlingssalaten oder Desserts verarbeiten.

Löwenzahn wirkt entwässernd und leicht abführend. Als Heilmittel wird er gegen Leber-, Verdauungs- und rheumatische Beschwerden eingesetzt und darf als Tee bei keiner Fastenkur fehlen. In den Blättern des Löwenzahns ist viel Vitamin C und Provitamin A enthalten, daher sind sie ideale Bestandteile von grünen Smoothies.

WISSENSWERTES

Als Muckefuck ist Kaffee aus Löwenzahnwurzeln zu Kriegszeiten bekannt gewesen. Aus der getrockneten, gerösteten und gemahlenen Löwenzahnwurzel lässt sich ein natürlicher Muntermacher brühen. Einfach mal ausprobieren!

Grießnockerlsuppe

mit BÄRLAUCH

NOCKEN
60 g Butter
500 ml Milch
Salz, Pfeffer
frisch gemahlene Muskatnuss
200 g Hartweizengrieß
¼ Bio-Zitrone
20 g Bärlauch (alternativ Schnittlauch)
2 Eier (Größe M)

SUPPE
2 l Gemüsebrühe (siehe S. 340)

GARNITUR
fein geschnittener Bärlauch

Die Butter in die Milch geben, etwas Salz dazugeben und anschließend zum Kochen bringen. Wenn die Milch kocht, nach Geschmack Pfeffer und Muskatnuss unterrühren. Den Topf vom Herd nehmen. Den Grieß unter stetem Rühren langsam in die Milch rieseln lassen und so lange rühren, bis sich die Masse vom Boden löst. Anschließend für zehn Minuten quellen lassen.

Die Zitrone heiß abwaschen, die Schale abreiben und beiseitestellen.

Den Bärlauch fein schneiden und in zwei Teile aufteilen. Die eine Hälfte zur Seite stellen, damit sie später als Dekoration für die Suppe genutzt werden kann. Die zweite Hälfte vom geschnittenen Bärlauch mit dem Zitronenabrieb und den beiden Eiern verquirlen und zu der leicht abgekühlten Grießmasse geben. Alles gut verrühren.

Mithilfe von zwei Esslöffeln Nocken aus der Grießmasse formen.

Auf ein geöltes Blech legen und die Nocken dann im Dampfgarer bei 100 °C für 15 Minuten garen.

Alternativ die Nocken in heißes Wasser geben und für 5 Minuten bei leicht wallendem Wasser kochen. Anschließend die Hitze reduzieren und die Nocken 15 Minuten ziehen lassen.

Die Nocken in die heiße Gemüsebrühe geben, mit der anderen Hälfte des Bärlauchs bestreuen und servieren.

Meine Tipps

Den Grieß nicht in die kochende Milch einrühren, sonst klumpt er schnell. Damit die Gemüsebrühe klar bleibt, gare ich meine Grießnockerl getrennt von der Gemüsebrühe in heißem Wasser, da die Nocken beim Garziehen gerne im Randbereich etwas ausflocken und diese Schwebeteilchen dann in die Suppe gelangen würden. Wenn das nicht stört, können die Nocken natürlich auch gleich in der Gemüsebrühe zubereitet werden. Die fertigen Grießnockerl können portionsweise eingefroren werden und halten sich mindestens 2 Monate.

PORTIONEN: CA. 24 NOCKEN
ZUBEREITUNGSZEIT: 20 MINUTEN

Bärlauchquiche

mit ZIEGENKÄSE und ROSA BEEREN

TEIG
1 Rezeptmenge salziger Mürbeteig (siehe S. 343)

FÜLLUNG
6 Frühlingszwiebeln
35 g Butter
50 ml Weißwein
300 g Sahne
300 g Ziegenfrischkäse
4 Eier (Größe M)
Salz, Pfeffer
20 g Bärlauch
1 Handvoll Walnusskerne
1 EL Rosa Beeren (siehe Tipp)

GARNITUR
Bärlauchblätter zur Deko

Den gekühlten Mürbeteig ausrollen und vier Tarteformen mit Durchmesser 16,5 cm (am besten mit herausnehmbarem Boden) damit belegen und in den Kühlschrank stellen.

Den weißen Teil der Frühlingszwiebeln in feine Ringe schneiden. Butter in einer Pfanne zerlassen und die Frühlingszwiebeln darin anschwitzen. Den Wein dazugeben, kurz durchschwenken und vollständig einreduzieren lassen. Vom Herd nehmen und beiseitestellen.

Die Sahne in einem Topf erhitzen, aber nicht zum Kochen bringen. Den Ziegenkäse hineinkrümeln und rühren, bis er aufgelöst und die Mischung etwas eingedickt ist. Beiseitestellen.

Inzwischen den Ofen auf 220 °C (Ober-/Unterhitze) vorheizen.

Die Eier in eine Rührschüssel schlagen und mit der Küchenmaschine oder dem Mixer auf hoher Stufe hellgelb und schaumig schlagen. Die abgekühlte Sahnemischung sowie Salz und Pfeffer nach Geschmack zugeben und alles auf niedriger Stufe weitere 30 Sekunden gründlich vermengen. Den Bärlauch fein schneiden und die Walnüsse grob hacken.

Die vorbereiteten Tarteformen auf ein Backblech stellen und die abgekühlten Frühlingszwiebeln, den fein geschnittenen Bärlauch, die Rosa Beeren und die gehackten Walnüsse gleichmäßig in den Förmchen verteilen.

Mit der Ziegenkäse-Sahne-Ei-Mixtur auffüllen und je nach Belieben mit den Bärlauchblättern verzieren. Das Blech in die mittlere Schiene des Backofens einschieben und die Temperatur auf 180 °C (Ober-/Unterhitze) reduzieren. Die Quiche 30–35 Minuten backen, bis sie goldbraun sind.

Die Quiche etwas abkühlen lassen und geschnitten servieren.

Mein Tipp

Man kann die Quiche auch mit vorgefertigtem Blätterteig machen, dann ist sie ganz schnell zubereitet. Für die vier Tarteformen benötigt man 2 Packungen Blätterteig à 275 g. Dazu passt hervorragend ein grüner Salat.

Rosa Beeren werden auch Roter Pfeffer genannt, sind jedoch nicht mit diesem verwandt. Sie bringen nicht die pfeffertypische Schärfe mit, sondern schmecken vollmundig-süßlich mit einer fruchtigen Note. Rosa Beeren werden reif geerntet und dann getrocknet, in der Küche kommen sie meist gemörsert zum Einsatz.

4 PERSONEN
ZUBEREITUNGSZEIT: CA. 3 STUNDEN

Kichererbsensalat

mit BÄRLAUCHKAPERN

KICHERERBSENSALAT
2 Dosen Kichererbsen
(à Abtropfgewicht 240 g)
5 rote Spitzpaprika
3 Stangen Sellerie
Olivenöl

DRESSING
½ Bio-Zitrone
4 EL Olivenöl
1 EL Agavendicksaft
1 EL Aceto balsamico bianco
1 EL Ras el Hanout
(siehe Tipp)
Salz, Pfeffer

GARNITUR
2 Blätter Bärlauch
2 EL Bärlauchkapern (siehe S. 345)

Den Backofen auf 250 °C (Ober-/Unterhitze) vorheizen.

Kichererbsen in ein Sieb geben, kurz abspülen und abtropfen lassen. Spitzpaprika waschen, halbieren und Kerne und weiße Scheidewände entfernen. Selleriestangen waschen, entfädeln und quer in feine Scheiben schneiden.

Die Spitzpaprikahälften mit der Haut nach oben zeigend auf ein mit Backpapier ausgelegtes Backblech geben und mit etwas Olivenöl einstreichen. Im vorgeheizten Ofen auf oberster Schiene 10 Minuten rösten, bis die Haut der Paprika Blasen wirft und einige schwarze Stellen aufweist. Das Blech herausnehmen, sofort mit einem feuchten Geschirrtuch bedecken und auskühlen lassen. Mit einem scharfen Messer die Haut abziehen und 8 der Paprikahälften in Rauten schneiden.

Für das Dressing die Schale der halben Zitrone abreiben und den Saft auspressen. Die übrigen zwei Paprikahälften in einen Mixer geben. Diese mit Olivenöl, dem Agavendicksaft, dem Zitronenabrieb, 2 EL vom Zitronensaft, weißem Balsamicoessig und Ras el Hanout pürieren. Mit Salz und Pfeffer abschmecken.

Mein Tipp
Ras el Hanout ist eine arabische Gewürzmischung. Sie besteht üblicherweise aus Kreuzkümmel, Koriandersaat, Kurkuma, Ingwer, Kardamom und Muskatnuss. Auch Chili, Zimt, Nelken und schwarzer Pfeffer sind mögliche Bestandteile.
Das Gewürz lässt sich ganz einfach herstellen: Einfach je 2 TL Kreuzkümmel, Koriander, Ingwer, Muskat und Salz, je 1½ TL Kardamom, Pfeffer und Piment und 1 TL Paprika, Zimt und Kurkuma (jeweils in Pulverform) gut miteinander vermischen.

Nun die Kichererbsen und den in Scheiben geschnittenen Stangensellerie mit dem Dressing vermengen. Anschließend vorsichtig die in Rauten geschnittene Paprika unterheben. Den Bärlauch waschen, trocken tupfen und in feine Streifen schneiden.

Den Salat mit den klein geschnittenen Bärlauchblättern und den Bärlauchkapern garnieren und servieren.

4 PERSONEN
ZUBEREITUNGSZEIT: 20 MINUTEN

Ahorn-Dolmades

mit AVGOLEMONO

AHORN-DOLMADES
40 junge Ahornblätter
80 g Rosinen
50 g Pinienkerne
1 TL Fenchelsamen
2 Frühlingszwiebeln
2 Knoblauchzehen
½ Bio-Zitrone
Olivenöl
300 g Rundkornreis
300 ml Gemüsebrühe (siehe S. 340)
Salz, Pfeffer
4 EL Petersilie
1 EL Minze
1 EL Dill
80 g getrocknete Tomaten (in Öl)
1 Msp gemahlener Piment

SUD
1 Zitrone
50 ml Olivenöl

AVGOLEMONO
1 Zitrone
40 ml Olivenöl
3 EL Mehl
500 ml Gemüsebrühe (siehe S. 340)
2 Eigelb
Salz, Pfeffer

GARNITUR
1 Zitrone

Die jungen Ahornblätter waschen, vom Stiel befreien und auf Küchentücher auslegen.

Die Rosinen in lauwarmem Wasser einweichen. Die Pinienkerne ohne Öl anrösten. Die Fenchelsamen kurz ohne Öl in der Pfanne rösten und im Mörser zerstoßen.

Die Frühlingszwiebeln waschen und fein hacken, den Knoblauch schälen und fein würfeln. Von der halben Zitrone die Schale abreiben, den Saft auspressen und beides beiseitestellen.

In etwas Olivenöl die Frühlingszwiebeln glasig dünsten, den Reis und den Knoblauch hinzugeben, kurz mitdünsten lassen. Die Gemüsebrühe zugeben und bei schwacher Hitze köcheln lassen, ab und zu umrühren. Nach 15 Minuten sollte die Flüssigkeit verkocht sein. Mit Salz und Pfeffer kräftig würzen sowie den Abrieb der halben Bio-Zitrone einrühren. Den Topf vom Herd nehmen, zudecken und abkühlen lassen.

Wichtig: Der Reis soll noch nicht fertig gegart sein!
Während der Reis abkühlt, Petersilie, Minze und Dill waschen und fein hacken. Die Tomaten ebenfalls fein hacken. Nach dem Abkühlen die fein geschnittenen Kräuter, den Piment, die Fenchelsamen, die gehackten Tomaten, die Pinienkerne und die Rosinen unterrühren, evtl. noch etwas nachwürzen.

Zum Füllen: Die Blätter mit der glatten Seite nach unten auf die Arbeitsplatte legen. Je einen Esslöffel Reismischung auf jedes Ahornblatt am Stielansatz setzen, den unteren Rand über die Füllung legen, dann die Blätter links und rechts einschlagen und zur Spitze hin fertig einrollen.

Die Dolmades mit der Nahtstelle nach unten in einem Topf **dicht** nebeneinanderlegen. Die Zitrone für den Sud auspressen, den Saft zusammen mit dem Olivenöl über die Dolmades geben und mit 200 ml Wasser angießen. Die Dolmades müssen knapp mit Flüssigkeit bedeckt sein. Die gefüllten Ahornblätter mit einem umgedrehten flachen Teller beschweren, die Flüssigkeit zum Kochen bringen und bei geringer Hitze ca. 20 Minuten köcheln lassen, bis die Flüssigkeit fast ganz aufgenommen ist.

Für das Avgolemono zunächst die Zitrone auspressen und den Saft beiseitestellen. Nun das Olivenöl in einem Topf erhitzen, das Mehl hineinsieben und unter ständigem Rühren 1 Minute lang goldgelb anbraten, aber nicht braun werden lassen. Nach und nach die Gemüsebrühe hinzufügen und mit einem Schneebesen ständig weiterrühren, damit sich keine Klümpchen bilden. Nur so viel Brühe hinzugeben, bis die gewünschte Saucenkonsistenz erreicht ist. Den Topf vom Herd nehmen.

In einer Schüssel die beiden Eigelbe und den Zitronensaft mit einer Gabel schaumig aufschlagen, nach und nach mit dem Schneebesen in die warme Sauce einrühren und langsam erhitzen. Weiterrühren, bis die Sauce bindet. Vorsicht: Die Sauce nicht mehr aufkochen lassen, ansonsten gerinnt die Avgolemono. Zum Schluss mit Salz und Pfeffer abschmecken. Die Avgolemono sollte herrlich zitronig schmecken.

Die Zitrone vierteln und die Ahorn-Dolmades mit der Avgolemono und der geviertelten Zitrone servieren.

30–40 STÜCK
ZUBEREITUNGSZEIT: 60 MINUTEN

Dönerburger

mit BRENNNESSEL-LINSEN-PATTY

BRENNNESSEL-LINSEN-PATTY
30 g Leinsamen
300 g rote Linsen
400 g Brennnesseln
2 Knoblauchzehen
1 Zwiebel
2 cm frischer Ingwer
Rapsöl
50 g Haselnusskerne
1 TL Kurkuma
1 TL Kreuzkümmel
1 EL Currypulver
50 g gemahlene Mandeln
2 TL mittelscharfer Senf
1 Ei (Größe M)
Salz, Pfeffer

GARNITUR
1 kleiner Kopfsalat
3 Tomaten
1 Paprika
1 Avocado
8 Pitabrote
Mayonnaise (siehe S. 348)
Ajvar (siehe S. 344)
100 g geriebener Cheddar

Die Leinsamen in 450 ml heißem Wasser einweichen.

Linsen waschen und in einem Topf mit Wasser weich garen. Die jungen, zarten Triebe der Brennnesseln in reichlich kaltem Wasser gründlich waschen und trocken schleudern (Handschuhe anziehen nicht vergessen!).

Knoblauch, Zwiebel und Ingwer schälen und fein hacken. In einer Pfanne mit Öl den Knoblauch, die Zwiebel und den Ingwer glasig dünsten und anschließend die Brennnesseln dazugeben. Die Brennnesseln kurz andünsten, bis sie zusammenfallen, die ausgetretene Flüssigkeit einreduzieren lassen. Alles abkühlen lassen und anschließend klein schneiden.

Die Haselnüsse grob hacken und anschließend mit den Linsen, Kurkuma, Kreuzkümmel, Currypulver, den eingeweichten Leinsamen, Mandeln, Senf, Ei, Salz und Pfeffer vermischen. Die Masse mit den Brennnesseln vermengen. Wenn die Masse zu feucht ist, dann noch etwas Mandelmehl hinzufügen. Alles im Kühlschrank 30 Minuten ruhen lassen.

Den Ofen auf 120 °C (Ober-/Unterhitze) vorheizen.

Salat waschen und in mundgerechte Stücke zupfen, trocken schleudern. Die Tomaten waschen und in Scheiben schneiden. Die Paprika waschen, entkernen und längs in Ringe schneiden. Die Avocado schälen und in Scheiben schneiden.

Mit feuchten Händen aus der Brennnessel-Masse flache Pattys formen und in reichlich heißem Öl 4–5 Minuten auf jeder Seite braten. Mit Küchenpapier vorsichtig abtupfen und ein wenig auskühlen lassen.

Die Pitabrote im heißen Ofen 5 Minuten aufbacken.

Die Pitabrote aus dem Ofen nehmen und die Ober- und Unterseite innen mit Mayo bestreichen. Dann Salatblätter auf die untere Seite der Pitabrote legen, darauf ein Brennnessel-Linsen-Patty und dann das Ajvar geben. Darauf die Tomaten, die Paprikaringe, die Avocadoscheiben und abschließend den geriebenen Cheddar arrangieren.

8 PATTYS
ZUBEREITUNGSZEIT: 60 MINUTEN

Spanakopita

mit JOGHURTDIP

1 Packung Yufka-Teig (10 Teigblätter)

FÜLLUNG
180 g Brennnesselspitzen
1 Zwiebel
2 Knoblauchzehen
2 cm frischer Ingwer
2 Frühlingszwiebeln
½ Bio-Zitrone
Olivenöl
200 g Schafskäse
1 Ei (Größe M)
frisch gemahlener Muskat
½ TL Pul Biber (türkisches Paprikapulver)
2 EL gehackter Dill
Salz, Pfeffer

ZUM BESTREICHEN
2 Eigelb (Größe M)
2 EL Joghurt
2 EL Olivenöl
schwarzer Sesam

JOGHURTDIP
200 g griechischer Joghurt
Salz, Pfeffer

GARNITUR
1 EL Olivenöl
Dill
Pul Biber (türkisches Paprikapulver)

Achtung: Handschuhe anziehen nicht vergessen!

Die jungen, zarten Triebe der Brennnesseln in reichlich kaltem Wasser gründlich waschen. Anschließend in kochendem Wasser kurz blanchieren – dadurch hören die Brennnesseln auf zu brennen und die Handschuhe können wieder ausgezogen werden. Die blanchierten Nesseln mit kaltem Wasser abschrecken, so behalten sie ihre grüne Farbe und verfärben sich nicht braun. Gut abtropfen lassen und grob hacken.

Die Zwiebel, den Knoblauch und den Ingwer schälen und fein hacken. Die Frühlingszwiebeln von der Wurzelknolle und dem Grün an der Spitze befreien und den weißen Teil des Stiels in Ringe schneiden. Die Zitrone heiß abwaschen und die Schale fein abreiben.

Den Ingwer und die Frühlingszwiebeln in einer Pfanne mit etwas Olivenöl kurz andünsten. Die Masse zu den gehackten Brennnesseln geben, den Schafskäse darüberkrümeln, das Ei, 1 Prise Muskat, Pul Biber, den Dill und den Zitronenschalenabrieb dazugeben und alles mit den Händen gründlich vermengen. Mit Salz und frisch gemahlenem Pfeffer abschmecken.

Für die Masse zum Bestreichen Eigelbe verquirlen und mit Joghurt und Olivenöl vermengen.

Den Backofen auf 180 °C (Ober-/Unterhitze) vorheizen. Nach dem Öffnen der Yufka-Teig-Packung die Blätter sofort mit einem feuchten Geschirrhandtuch abdecken, da die hauchdünnen Blätter schnell austrocknen und dann bei der Weiterverarbeitung reißen könnten. Ein Teigblatt vom Stapel abnehmen (Stapel wieder mit dem Geschirrtuch abdecken), auf ein leicht geöltes Holzbrett legen und gleichmäßig mit der Eigelb-Joghurt-Olivenöl-Masse bestreichen. Das zweite Yufkablatt passgenau darüberlegen und wieder bestreichen. Mit einem Pizzaroller die bestrichenen Yufkablätter in drei gleiche Bahnen schneiden.

1 gehäuften EL von der Füllung abnehmen und diagonal auf die untere Ecke einer Bahn setzen. Die Ecke darüberschlagen und dann den Teig immer über die Ecken, die ganze Bahn entlang bis nach oben falten (auf unserem Instagram-Account *@foodatacke* gibt es dazu einen kleinen Anleitungsfilm unter den Highlights HOW TO). Nach diesem Prinzip mit allen Teigblättern verfahren.

Die Spanakopitas auf ein mit Backpapier ausgelegtes Backblech legen, wieder mit der Eigelb-Joghurt-Olivenöl-Masse bestreichen, etwas schwarzen Sesam da-rüberstreuen und im heißen Ofen ca. 20 Minuten goldgelb backen.

In der Zwischenzeit den Joghurtdip herstellen. Hierzu den Joghurt mit Salz und Pfeffer abschmecken.

Den Dip mit Olivenöl, Dill und Pul Biber dekorieren und zusammen mit den Spanakopitas servieren.

15 SPANAKOPITAS
ZUBEREITUNGSZEIT: 35 MINUTEN

Holunderblütensirup

30 Holunderblütendolden
1 kg Zucker
3 Bio-Zitronen
1 Bio-Orange

Blütendolden vorsichtig ausschütteln und anschließend auf ein weißes Tuch in die Sonne legen. Mit Zeitungspapier abdecken, um kleine Insekten herauszulocken, die dann ins Licht krabbeln. Die Dolden nur wenn unbedingt nötig vorsichtig in stehendem Wasser schwenken. Dabei geht allerdings Blütenstaub und somit auch Aroma für den Holunderblütensirup verloren. Dolden ggf. auf Küchenpapier abtropfen lassen, die groben Stiele abschneiden sowie ungeöffnete Blüten abzupfen. Diese schmecken bitter.

Zucker mit 2 l Wasser aufkochen, bis er sich vollständig gelöst hat.

Für den Ansatz 1 Zitrone und die Orange waschen, trocken reiben und in Scheiben schneiden. Die anderen 2 Zitronen auspressen. Zitronenscheiben, Orangenscheiben, Zitronensaft und Holunderblüten in einen großen Behälter geben und mit dem Zuckersirup übergießen. Die Blüten mit Gewichten unter den Zuckersirup drücken. Ansatz abkühlen lassen und zugedeckt an einem dunklen, kühlen Ort 3 Tage ziehen lassen.

Ansatz durch ein feines Sieb oder ein Mulltuch abseihen und anschließend aufkochen. Holunderblütensirup heiß in saubere, sterilisierte Flaschen füllen und einkochen.

WANN ERNTET MAN HOLUNDERBLÜTEN AM BESTEN?
Die Blüten des Holunderstrauches blühen je nach Region zwischen Mai und Juli. Zum Pflücken eignet sich am besten die sonnige Mittagszeit, dann ist der volle Geschmack in den Blüten. Wichtig ist es, wirklich nur die weißen Blüten zu pflücken – die grünen Blätter und Stängel sind unverträglich und ihr Verzehr kann zu Magen-Darm-Beschwerden führen. Es empfiehlt sich, Holunderblüten aus dem Garten oder dem Wald abseits stark befahrener Straßen zu pflücken, um die Schadstoffbelastung zu minimieren.

WIE LANGE IST SELBST GEMACHTER HOLUNDERBLÜTENSIRUP HALTBAR?
Kühl und dunkel gelagert hält sich Holunderblütensirup ungeöffnet 6–12 Monate. Geöffnete Flaschen im Kühlschrank aufbewahren, so halten sie sich mehrere Monate. Wichtig: absolute Sauberkeit beim Verarbeiten ist ein Garant für lange Haltbarkeit.

WARUM SCHMECKT DER HOLUNDERBLÜTENSIRUP MANCHMAL BITTER?
In den groben Stielen der Holunderblüten stecken viele Bitterstoffe, daher vor dem Verarbeiten darauf achten, die dicken Stiele gründlich abzuschneiden.

Die Zitronen- und Orangenscheiben nach dem Durchziehen abseihen und wirklich nur die aromatische Flüssigkeit aufkochen.

Wenn der Holunder noch nicht reif genug und die Blüten noch ungeöffnet waren, könnte der Sirup durch die Knospen bitter geworden sein. Daher nur die reifen, cremefarbenen bis schneeweißen Holunderblüten ernten, die einen süßlichen, intensiven Duft verströmen.

WOFÜR KANN MAN HOLUNDERBLÜTENSIRUP VERWENDEN?
Eine köstliche Erfrischung ist Limonade aus Holunderblütensirup. Dafür den Holunderblütensirup im Verhältnis 1:4 mit Mineralwasser mischen und genießen. Ein echter Klassiker als Aperitif ist der Hugo – eine Mischung aus Holunderblütensirup, Sekt, Mineralwasser, Limettensaft und Minze. Holunderblütensirup eignet sich auch hervorragend für Desserts, Kuchen, Marmelade und Salatdressings.

FÜR 1,5 LITER
ZUBEREITUNGSZEIT: 3 TAGE

Holunder-Trio

HUGO
150 ml Prosecco
100 ml kohlensäurehaltiges Mineralwasser
1 Bio-Limette
30 ml Holunderblütensirup
1 Stängel Minze
3 Eiswürfel

SORBETTO AL LIMONE
150 ml Prosecco
20 ml Holunderblütensirup
1 Kugel Zitronensorbet

HUGO ALKOHOLFREI
100 ml Ginger-Ale
120 ml kohlensäurehaltiges Mineralwasser
1 Bio-Limette
20 ml Holunderblütensirup
3 Eiswürfel
1 Stängel Minze

HUGO
Vorab den Prosecco und das Mineralwasser kalt stellen.

Die Bio-Limette waschen, eine Hälfte in Scheiben schneiden und die andere Hälfte auspressen.

Den Prosecco in ein 250-ml-Glas geben und mit Mineralwasser auffüllen.

Den Holunderblütensirup und den Limettensaft hinzufügen und umrühren. Mit 4 Minzblättern und 1 Limettenscheibe garnieren und Eiswürfel dazugeben – fertig.

SORBETTO AL LIMONE AFFOGATO NEL PROSECCO
Den Prosecco in ein langstieliges Weinglas geben, den Holunderblütensirup hinzufügen und umrühren. Die Kugel Zitronensorbet dazugeben und mit einem Löffel servieren.

HUGO ALKOHOLFREI
Vorab das Ginger-Ale und das Mineralwasser kalt stellen.

Die Bio-Limette waschen, eine Hälfte in Scheiben schneiden und die andere Hälfte auspressen.

Ginger-Ale, Holunderblütensirup und Limettensaft mischen, umrühren und mit dem gekühlten Mineralwasser auffüllen.

Die Eiswürfel in ein Glas geben und mit dem Hugo aufgießen, mit einer Limettenscheibe und dem Minzzweig garniert servieren.

JE 1 PORTION À 250 ML
ZUBEREITUNGSZEIT: JE 5 MINUTEN

Hollerküchle

12 Holunderblütendolden
500 ml Frittierfett

TEIG
200 g Mehl
100 ml Milch
150 ml Weißwein (lieblich)
2 Eier (Größe M)
1 Bio-Zitrone
1 gehäufter TL Zucker
Salz

GARNITUR
Puderzucker

Die Holunderblüten ausschütteln und von Insekten befreien. Wenn nötig, vorsichtig unter fließend kaltem Wasser waschen und gut abtropfen lassen.

Für den Teig in einer großen Schüssel das gesiebte Mehl mit Milch und Weißwein verrühren. Die Eier trennen, das Eiweiß in ein hohes Rührgefäß geben und das Eigelb beiseitestellen.

Die Zitrone heiß abwaschen und die Schale abreiben. Eigelbe, Zucker und Zitronenabrieb unter die Mehlmischung rühren. Eiweiße mit einer Prise Salz zu steifem Schnee schlagen und den Eischnee vorsichtig unter den Teig heben. Den Teig etwa 20 Minuten quellen lassen.

Das Fett in einem Topf auf ca. 160 °C erhitzen (Holzstäbchenprobe: Hält man ein Holzstäbchen in das Fett, sollten Blasen daran aufsteigen).

Die Holunderblüten am Stiel anfassen und in den Teig tauchen. Herausheben, etwas vom Teig ablaufen lassen und sofort im heißen Fett etwa 2 Minuten goldbraun ausbacken. Herausnehmen und abtropfen lassen.

Mit Puderzucker besieben und sofort servieren.

Mein Tipp:
Beim Sammeln der Holunderblüten darauf achten, den Stiel möglichst lang zu lassen. So verbrennt man sich die Finger nicht beim Ausbacken der Hollerküchle im heißen Fett.

12 STÜCK
ZUBEREITUNGSZEIT: 35 MINUTEN

Löwenzahnhonig

mit AGAVENDICKSAFT

80 g Löwenzahnblüten (etwa 3 Hände voll)
1 Bio-Zitrone
1 Vanilleschote
1 Zimtstange
2 Nelken
6 EL Agavendicksaft
15 g Apfelpektin

Zu Hause die Blüten noch einmal ausschütteln und mit einem Obstmesser die gelben Blüten von den grünen Blütenständen abschneiden. Der grüne Teil würde den Sirup bitter machen.

Die Zitrone waschen und mit einem Sparschäler die Schale dünn abschneiden. Darauf achten, die weiße Haut der Zitrone nicht mit abzuschneiden, da diese Bitterstoffe enthält. Die Zitrone auspressen und den Saft beiseitestellen. Die gelben Blüten, die Zitronenschale, den Zitronensaft, die Vanilleschote, die Zimtstange und die Nelken mit 500 ml Wasser einmal aufkochen und zugedeckt über Nacht ziehen lassen.

Anschließend die Masse durch ein Sieb streichen. Den Saft mit dem Agavendicksaft für 3 Minuten sprudelnd kochen lassen. Etwas von der heißen Flüssigkeit abschöpfen und mit dem Pektin verrühren. Unter Rühren zu dem Sirup geben und 1 Minute gut durchkochen lassen. Heiß in sterilisierte Marmeladengläser füllen und mit Schraubdeckeln fest verschließen.

Mein Tipp
Die Löwenzahnblüten an einem sonnigen Tag zur Mittagszeit pflücken. Bitte darauf achten, dass die Wiese nicht als Weide für Tiere oder als Hundeplatz genutzt wird. Am besten mit Einweghandschuhen sammeln, ansonsten werden die Finger gelb. Die Blüten vor Ort schon etwas ausschütteln, oftmals wohnen kleine Käfer darin.

WISSENSWERTES
Löwenzahnhonig schmeckt nicht nur gut zum Frühstück, er hat auch eine immunstärkende und antibakterielle Wirkung. Vorbeugend hilft er als Hustenblocker und ist die Erkältung schon da, gilt er als der ideale Hustenstiller.

FÜR 500 ML
ZUBEREITUNGSZEIT: CA. 12 STUNDEN

Lionell

oder KULTUR-LÖWENZAHN

800 g Kulturlöwenzahn
1 Prise Natron
1 rote Chili
2 Knoblauchzehen
4 EL natives Olivenöl
2 EL Sojasauce
Salz, Pfeffer
Weißbrot nach Belieben

Kultur-Löwenzahn gründlich waschen, die hellen Stängel abschneiden. Diese in reichlich Salzwasser mit einer Prise Natron für 5 Minuten blanchieren, dann die Blätter dazugeben und ebenfalls für 2 Minuten blanchieren. In ein Sieb gießen und mit eiskaltem Wasser abschrecken. Den Kultur-Löwenzahn gut ausdrücken und mit Küchenrolle abtupfen, sodass er so viel Wasser wie möglich verliert.

Die Chili längs aufschneiden, von Kernen befreien und fein hacken. Die Knoblauchzehen schälen und mit einem Messer im Ganzen leicht andrücken. In einer großen Pfanne das Olivenöl erhitzen, die angedrückten Knoblauchzehen und die Chili darin anbraten.

Den Kultur-Löwenzahn dazugeben und einige Minuten bei starker Hitze anbraten, mit der Sojasauce ablöschen.

Mit etwas Salz und frisch gemahlenem Pfeffer abschmecken und mit geröstetem Weißbrot servieren.

WISSENSWERTES
Sorten wie der *Früheste verbesserte Löwenzahn* oder *Lionell* schmecken kaum noch bitter und bilden hohe, aufrecht wachsende Blattschöpfe mit besonders milden gelben Herzblättern.

4 PERSONEN
ZUBEREITUNGSZEIT: 15 MINUTEN

Stiel- / Stängelgemüse

Veronika, der Lenz ist da,
Veronika, der Spargel wächst …
(Comedian Harmonists)

Der Frühling ist die Zeit des Stiel- und Stängelgemüses, zu dem Gemüse gehören, deren fleischige Blattstiele oder Sprossen verzehrt werden können. Spargel, Rhabarber und Co. sind daher unsere Frühlingsboten und werden von uns ab Ende März / Anfang April schon sehnsüchtig erwartet. Gibt es dann die ersten Spargelstangen auf dem Wochenmarkt zu kaufen, führt kein Weg daran vorbei. Da heißt es: früh aufstehen, um noch ein paar der heiß begehrten Stangen zu ergattern. Ist die Beute erst einmal zu Hause, gibt es bei uns traditionell „Spargel Mimosa", als Nachspeise New York Cheesecake mit Rhabarber-Topping und für die musikalische Begleitung: „Die Mädchen singen tralala. Die ganze Welt ist wie verhext. Veronika, der Spargel wächst …"

SPARGEL

Asparagus officinalis

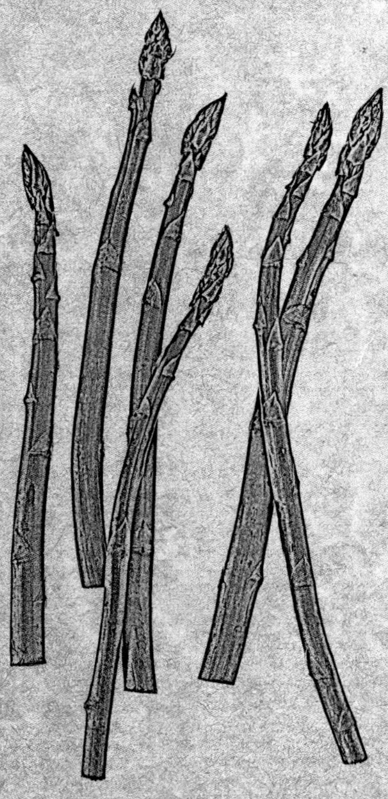

STECKBRIEF

Die zu den Spargelgewächsen gehörende Gattung Asparagus umfasst etwa 300 Arten. Sie kommt vom Mittelmeer bis Norwegen, von Spanien bis China wild wachsend vor. Unser weißer oder grüner Spargel wird heute ausschließlich kultiviert angebaut und mag eher trockene und leicht sandige Standorte. Besonders die tief- und weit verzweigten Wurzeln am Wurzelstock, die eine Länge von über 6 m erreichen können, sind ideale Wasser- und Nährstoffspeicher. Erwärmt sich der Boden im Frühjahr, treiben die Wurzelstöcke ihre weißen Sprossen aus, die in Richtung Erdoberfläche wachsen. Häufig beginnt die Spargelernte, wenn sich der Boden auf etwa 16 Grad Celsius erwärmt hat.

VERWENDUNG

Ob in Suppe, Salat, Nudelgericht, Risotto oder pur genossen, Spargel macht immer eine gute Figur. Zu über 90 Prozent besteht der Spargel aus Wasser (in 500 g Spargel stecken nur 85 Kilokalorien) und enthält jede Menge Vitamine, Mineral- und Ballaststoffe, die den Körper entgiften: z. B. Vitamin C (gut für das Immunsystem), Folsäure (für Schwangere und Stillende unentbehrlich), Asparaginsäure (regt die Nierenfunktion an und wirkt entwässernd), Kalium und Kalzium (gut fürs Herz und Nerven) und einen geringen Natriumwert (gut für den Blutdruck).

WISSENSWERTES

Die Spargelsaison endet traditionell am Johannistag, dem 24. Juni, damit der Spargel ausreichend Zeit hat, bis zum ersten Frost im Herbst (ca. 100 Tage) zu einem grünen Busch auszutreiben. Das Grün ermöglicht es der Spargelpflanze, Photosynthese betreiben zu können und genügend Nährstoffe für das nächste Jahr zu sammeln.

FENCHEL

Foeniculum vulgare

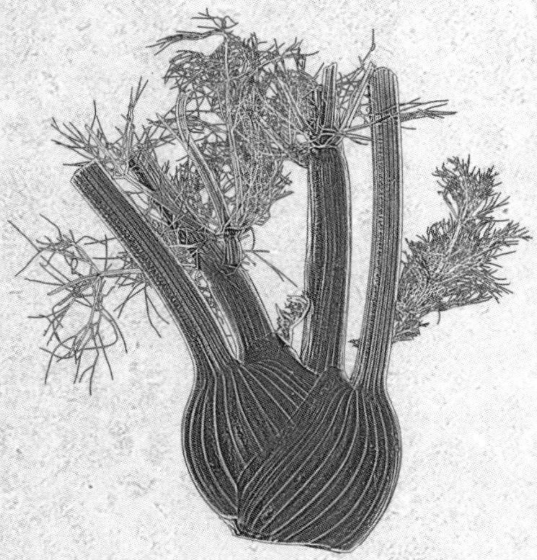

STECKBRIEF

Es gibt drei Hauptsorten von Fenchel, die zur Familie der Doldenblütler *(Apiaceae)* gehören: Knollenfenchel, Gewürzfenchel und wilder Fenchel. Während beim Knollenfenchel die Knolle als Gemüse verwendet wird, sind es bei Gewürzfenchel und wildem Fenchel die Blüten und Samen, die für die Herstellung von Tees und Gewürzen genutzt werden. Die Pflanze stammt ursprünglich aus dem Mittelmeerraum und wurde dort schon im Altertum wegen ihres Geschmacks und ihrer Heilkräfte angebaut. Mönche brachten den Fenchel in unsere Gefilde und kultivierten diesen als beliebte Heilpflanze in ihren Klostergärten.

VERWENDUNG

Fenchel kann roh, gekocht, gebraten, überbacken oder gegrillt zubereitet werden. Köche schätzen seine intensiven Aromen von Dill, Anis, Estragon und Lakritze. Am häufigsten wird Fenchel mit Tomaten, Gurken, Bohnen, Dill, Zitrusfrüchten, Äpfeln, Birnen, Oliven, Safran, Käse und Petersilie kombiniert. Getrocknete Fenchelsamen werden vor allem zur Linderung von Beschwerden des Magen-Darm-Trakts, Gicht, Augenkrankheiten, Nierensteinen oder Kurzatmigkeit eingesetzt.

WISSENSWERTES

Wild wachsender Fenchel kann leicht mit dem hochgiftigen Gefleckten Schierling verwechselt werden. Die einfachste Art, den Schierling zu erkennen, ist der Geruch: Wild wachsender Fenchel riecht nach Anis, der Schierling riecht zerrieben nach Mäuseurin.

MANGOLD

Beta vulgaris

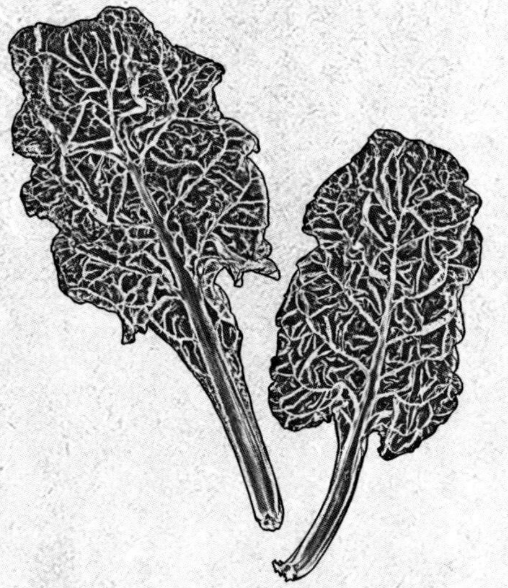

STECKBRIEF

Mangold ist ein Fuchsschwanzgewächs und gehört zu der Gattung der Rüben. Es gibt zwei Kulturformen des Mangolds: Stiel- bzw. Rippenmangold mit seinen auffallend dicken Mittelrippen und Schnitt- bzw. Blattmangold, der nach der Ernte der Blätter sofort wieder nachtreibt. Je nach Art sind die Blattstiele weiß, gelb oder rot. Mangold kann einjährig oder zweijährig angebaut werden. Einjährig gezogener Mangold kann je nach Region ab Ende März bis Anfang Mai ausgesät werden. Dieser Mangold ist frühestens Anfang Juni und spätestens Mitte/Ende Juli erntereif. Zweijährig gezogener Mangold wird von Juli bis Mitte August ausgebracht und kann dann ab Oktober bis in den späten Herbst geerntet werden. Die Pflanze verbleibt über den Winter im Beet, wird im Frühjahr erneut beerntet und fängt dann an zu blühen und Samen zu produzieren.

VERWENDUNG

Mangold ähnelt im Aussehen und in der Zubereitung dem Spinat. Wegen seines hohen Oxalsäuregehaltes, der sich erst beim Kochen reduziert, sollte Mangold nicht roh gegessen werden. Mangold besitzt reichlich Vitamin K, ansonsten die Vitamine A und E sowie Magnesium, Kalium, Eisen und Natrium.

WISSENSWERTES

Mangold ist frisch nicht sehr lange haltbar, daher sollte er kurz vor der Verarbeitung an einem sonnigen Tag nachmittags geschnitten werden. So ist der Oxalsäuregehalt am niedrigsten.

RHABARBER

Rheum rhabarbarum

STECKBRIEF

Rhabarber ist eine sommergrüne, krautige Pflanze, wird bis zu 2 m hoch und stammt aus der Familie der Knöterichgewächse *(Polygonaceae)*. Seinen Ursprung hat der Rhabarber in Asien. Von dort aus begann seine weltweite Verbreitung bereits im 11. Jahrhundert.

VERWENDUNG

Beim Gartenrhabarber, der vom Frühjahr bis zum Johannistag am 24. Juni geerntet wird, werden die Stängel meist zu Kompott, Konfitüren, Kuchen und Saft verarbeitet. Rhabarber gibt es in Geschmacksrichtungen von extrem sauer über herb bis mild. Wer es nicht so sauer mag, sollte zu Beginn der Erntezeit zugreifen, dann schmeckt der Rhabarber milder. Auch haben rote Sorten ein süßeres Aroma als grüne. Rhabarber hat wenig Kalorien, ist reich an Vitamin C und Mineralstoffen wie z. B. Kalium, Eisen und Phosphor. Achtung: Die Blätter des Speiserhabarbers sind giftig und die Stängel enthalten grundsätzlich eine hohe Menge an Oxalsäure, die bei übermäßigem Verzehr Vergiftungserscheinungen auslösen kann.

WISSENSWERTES

Meine Tipps, um den Oxalsäuregehalt zu reduzieren: Grüne Stangen schälen, da in der Außenschale besonders viel Oxalsäure steckt. Milchprodukte oder mineralstoffreiche Lebensmittel wie Hirse, Sesam- oder Nussmus mit Rhabarber kombinieren, so wird die Oxalsäure gebunden. Beim Kochen oder Dünsten von Rhabarber das Kochwasser wegschütten. Eine Prise Natron beim Kochvorgang hinzufügen, so wird die Oxalsäure neutralisiert.

STANGENSELLERIE

Apium graveolens var. dulce

STECKBRIEF

Stangensellerie, auch Staudensellerie genannt, stammt wie auch der Knollensellerie vom Wildsellerie ab, der auf den kalk- und salzhaltigen Marschböden der europäischen Mittelmeer- und Atlantikküsten heimisch ist. Stangensellerie bildet aromatische, saftige Blattstängel aus, die aus dem Herz der Pflanze sprießen und bis zu 60 cm lang werden können. Seit der Antike wird allen Selleriesorten eine aphrodisierende Wirkung nachgesagt, zudem gelten die Inhaltsstoffe der Pflanze als entzündungshemmend, blutdrucksenkend und harntreibend. In der Naturheilkunde wird sie gegen rheumatische Beschwerden und gegen Nerven- oder Blasenleiden eingesetzt. Die wichtigsten Inhaltsstoffe sind Kalium, Kalzium, Vitamin C, Beta-Carotin und Polyphenole.

VERWENDUNG

Sellerie wird in der Küche oft als Rohkost oder zum Würzen verwendet. Die aromatischen Stängel eignen sich für eine Vielzahl von Salaten oder Suppen, als Fingerfood zum Dippen und sie sind eine wichtige Zutat für Sauce Bolognese und Waldorfsalat. Besonders hip: Selleriesaft als Schönheits-Elixier.

WISSENSWERTES

Stangensellerie zählt zu den Starkzehrern. Brennnesseljauche, verdünnt im Verhältnis 1:10, ist die ideale Quelle für seinen Stickstoff- und Mineralienbedarf. Als ehemaliger Küstenbewohner wird Sellerie außerdem gerne gelegentlich mit abgestandenem, salzigem Kochwasser versorgt, am besten mit abgegossenem Kartoffelwasser.

Spargelsuppe

mit CHILI-POPCORN und SCHNITTLAUCH-ÖL

SPARGELBRÜHE
500 g weißer Spargel
Salz, Zucker
200 g Schmand
Apfelessig
Salz, Zucker

MEHLBUTTER
2 EL Butter
2 ½ EL Mehl
80 ml Weißwein

GARNITUR
Rapsöl
Schnittlauchblüten

SCHNITTLAUCH-ÖL
1 Bund Schnittlauch
4 EL Olivenöl

CHILI-POPCORN
1 EL Rapsöl
75 g Popcorn-Mais
1 TL Chilipulver
1 TL Currypulver
1 TL Salz
2 EL Butter

Den weißen Spargel schälen und die Enden abschneiden. Endstücke und Schalen mit 1 Liter Wasser aufkochen. 1 Prise Salz und Zucker dazugeben und 20 Minuten köcheln lassen. Danach die Flüssigkeit in einen Topf abseihen, Schalen und Abschnitte wegwerfen.

Bei 4 Stangen die Spargelköpfe mit einem Hobel in Streifen schneiden und zur Seite stellen. Die restlichen Spargelstangen grob in Stücke schneiden. In der Spargelbrühe die Spargelstücke etwa 8 Minuten garen, bis sie weich sind. Anschließend im Mixer pürieren.

Für die Mehlbutter die Butter schmelzen lassen und mit dem Mehl glatt rühren. Den kalten Weißwein angießen und weiterrühren, bis die Flüssigkeit gebunden ist. Die gemixte Spargelbrühe unter ständigem Rühren langsam in die Mehlbutter geben und 10 Minuten weiterköcheln lassen. Den Schmand unterrühren und mit Apfelessig, Salz und 1 Prise Zucker abschmecken.

In einer kleinen Pfanne etwas Rapsöl erhitzen und die gehobelten Spargelköpfe kurz anrösten. Leicht salzen.

Für das Schnittlauch-Öl den Schnittlauch mit dem Öl eine Minute auf höchster Geschwindigkeit im Mixer pürieren. Die Masse mit einem Löffel durch ein feines Sieb streichen.

Für das Chili-Popcorn Rapsöl in einen Topf geben, Popcorn-Mais zugeben und auf den Herd stellen. Bei mittlerer Hitze unter ständigem Rütteln zugedeckt erhitzen, bis alle Körner aufgeplatzt sind. Chilipulver und Currypulver mit Salz mischen. Die Butter und das Gewürzsalz zugeben und alles mit dem Popcorn vermischen.

Die Suppe in die Schüsseln füllen, die gehobelten Spargelköpfe dazugeben, das Schnittlauch-Öl darüber träufeln und mit den Schnittlauchblüten und dem Chili-Popcorn verzieren.

2 PERSONEN
ZUBEREITUNGSZEIT: 35 MINUTEN

Spargel Mimosa

mit ESTRAGON-REMOULADE, EIERN und KAPERN

GARNITUR
2 Eier (Größe M)
2 TL kleine Kapern

ESTRAGON-REMOULADE
1 TL Senf
1 EL kleine Kapern
1 EL Zitronensaft
Salz, Pfeffer
1 Stängel Estragon
1 Ei (Größe M)
200 ml Raps- oder Sonnenblumenöl

SPARGEL MIMOSA
500 g grüner Spargel
Olivenöl
Salz

Wasser in einem Topf sprudelnd aufkochen. Die Eier sollten Kühlschranktemperatur haben, bevor sie mithilfe eines Esslöffels vorsichtig ins Wasser gegeben werden. Die Eier 10 Minuten kochen und dann abkühlen lassen, anschließend schälen und klein hacken.

Für die Estragon-Remoulade sollten alle Zutaten auf Zimmertemperatur verarbeitet werden. Den Senf, die Kapern, den Zitronensaft, Salz, Pfeffer und die Estragonblätter in ein schmales Rührgefäß geben, in das der Stabmixer genau hineinpasst (wichtig!). Zum Schluss das Ei obenauf setzen. Das Öl in den Behälter gießen. Den ausgeschalteten Stabmixer auf das Ei setzen. Den Stabmixer einschalten und vom Boden des Mixbehälters beginnend langsam in die Höhe ziehen. Fertig ist die Remoulade.

Die Remoulade kühl stellen.

Den grünen Spargel abspülen, das untere Drittel der Stangen schälen und die Enden abschneiden. Den Spargel trocken tupfen. Spargelstangen mit Olivenöl bestreichen, mit etwas Salz würzen und etwa 5–6 Minuten pro Seite grillen oder alternativ in einer Grillpfanne anbraten.

Mein Tipp
Unter die Spargelspitzen einen Streifen Alufolie auf den Grill legen, damit diese nicht schwarz werden.

Den gegrillten Spargel auf zwei Tellern anrichten, die Estragon-Remoulade darübergeben und mit den klein gehackten Eiern und den Kapern garnieren.

2 PERSONEN
ZUBEREITUNGSZEIT: 20 MINUTEN

Grüner Spargeldip

mit KÜRBISKERNEN und PETERSILIE

120 g grüner Spargel
3 Stängel Petersilie
1 Bio-Zitrone
1 Frühlingszwiebel
50 g Kürbiskerne
1 TL Rapsöl
1 TL Zitronensaft
Salz, Pfeffer
1 EL Mayonnaise

Den Spargel waschen, im unteren Drittel schälen und die Enden abschneiden. Den Spargel im Dampfgarer oder einem Topf mit Dämpfeinsatz über kochendem Wasser 5 Minuten dämpfen. Herausnehmen, die Spargelköpfe abschneiden und zur Seite legen.

2 Spargelstangen in feine Ringe schneiden, die restlichen Stangen in grobe Stücke schneiden.

Die Petersilie waschen, trocken schütteln und die Blättchen von den Stängeln zupfen. Die Zitrone heiß abwaschen, trocknen und ein Viertel der Schale abreiben. Die Frühlingszwiebel mitsamt dem Grün in sehr feine Ringe schneiden. Die Kürbiskerne in einer Pfanne ohne Öl anrösten, bis sie anfangen zu knacken, dann die Frühlingszwiebel und das Öl dazugeben und kurz dünsten.

Die groben Spargelstücke, Petersilie, Zitronenschale und einen Spritzer Zitronensaft im Mixer zu einer Paste pürieren.

Den Dip mit den Kürbiskernen, den Spargel- und den Frühlingszwiebelringen vermischen und mit Salz, Pfeffer und 1 EL Mayonnaise abschmecken. Den Dip 2 Stunden im Kühlschrank durchziehen lassen.

FÜR 200 ML
ZUBEREITUNGSZEIT: 15 MINUTEN
+ 2 STUNDEN KÜHLUNG

Spargel-Pommes

mit PARMESAN und PETERSILIEN-REMOULADE

SPARGEL-POMMES
800 g grüner Spargel
3 Eier (Größe M)
1 TL Meersalz
½ TL frisch gemahlener Pfeffer
3 Stängel Petersilie
100 g Pankomehl (alternativ Paniermehl)
60 g geriebener Parmesan

PETERSILIEN-REMOULADE
2 Stängel Petersilie
1 TL Senf
1 EL Zitronensaft
Salz, Pfeffer
1 Ei (Größe M)
200 ml neutrales Öl

Backofen auf 200 °C (Umluft) vorheizen. Die Zutaten für die Remoulade aus dem Kühlschrank nehmen.

Den Spargel abspülen, das untere Drittel der Stangen schälen und die Enden abschneiden.

Auf einem flachen Teller die Eier verquirlen, salzen und pfeffern. Die Petersilie waschen, trocken schütteln, die Blättchen abzupfen und grob hacken. Pankomehl mit dem Parmesan und der grob gehackten Petersilie auf einem weiteren Teller vermengen. Den Spargel zuerst in der Eimasse, anschließend in der Parmesanmasse wenden. Den panierten Spargel auf ein mit Öl bepinseltes Backblech legen und für 20–25 Minuten im Ofen goldbraun backen.

In der Zwischenzeit für die Petersilien-Remoulade die Petersilie waschen, trocken schütteln, die Blätter von den Stängeln zupfen und zusammen mit dem Senf, dem Zitronensaft, Salz und Pfeffer in ein schmales Rührgefäß geben, in das der Stabmixer genau hineinpasst (wichtig!). Zum Schluss das Ei obenauf setzen. Das Öl in den Behälter gießen. Den ausgeschalteten Stabmixer auf das Ei setzen. Den Stabmixer einschalten und vom Boden des Mixbehälters beginnend langsam in die Höhe ziehen. Fertig ist die Remoulade.

Die Spargel-Pommes sofort mit der Petersilien-Remoulade heiß servieren.

4 PERSONEN (BEILAGE/VORSPEISE)
ZUBEREITUNGSZEIT: 30 MINUTEN

Fenchel-Apfel-Salat

mit BURRATA

1 Bio-Zitrone
1 Jonagold-Apfel
1 mittelgroße Fenchelknolle
10 schwarze Oliven (entsteint)
1 TL Fenchelsaat
1 TL Honig
4 EL Olivenöl
Salz, Pfeffer
2 kleine Kugeln Burrata
Olivenöl zum Beträufeln
1 Zweig Estragon

Die Zitrone heiß abwaschen, die Schale abreiben und Zitrone auspressen. Den Apfel waschen, halbieren, putzen und die Hälften in feine Streifen schneiden. Sofort mit etwas Zitronensaft beträufeln.

Den Strunkansatz der Fenchelknolle etwas zurückschneiden und die Stängelansätze entfernen. Fenchelgrün grob hacken. Den Fenchel mit einem Gemüsehobel in hauchdünne Scheiben hobeln.

Die Oliven in grobe Ringe schneiden. Die Fenchelsaat in einer Pfanne ohne Öl anrösten und im Mörser grob mahlen. Den Honig, den Zitronenabrieb, den restlichen Zitronensaft, das Olivenöl, die Fenchelsaat sowie Salz und Pfeffer mit dem Quirl zu einer Sauce schlagen. Den Fenchel, das gehackte Grün, die Oliven sowie die Apfelschnitze zur Sauce geben und alles sorgfältig mischen.

Den Fenchel-Apfel-Salat auf zwei Tellern anrichten. Die Burratakugeln vorsichtig abtropfen lassen und mit etwas Küchenpapier trocken tupfen. Im Ganzen auf den Salat setzen, mit etwas Olivenöl beträufeln, mit gezupftem Estragon garnieren und ein wenig Pfeffer darübermahlen.

2 PERSONEN
ZUBEREITUNGSZEIT: 15 MINUTEN

Fenchelgratin

mit RISPENTOMATEN

3 Fenchelknollen
2 Rispen Kirschtomaten
2 Knoblauchzehen

1 Kugel Mozzarella
1 EL Fenchelsaat
Olivenöl

Salz, Pfeffer
½ Bio-Zitrone
50 g weiche Butter

2 EL Semmelbrösel
65 g frisch geriebener Parmesan

Den Fenchel waschen, putzen (das Grün beiseitelegen) und längs vierteln oder je nach Größe auch achteln. Die Rispentomaten waschen und am Strunk lassen. Die Knoblauchzehen schälen und etwas andrücken. Den Mozzarella klein würfeln. Die Fenchelsaat in einer Pfanne ohne Öl anrösten und anschließend im Mörser grob mahlen.

Den Backofen auf 200 °C (Ober-/Unterhitze) vorheizen.

In einer ofenfesten Pfanne den Fenchel in etwas Olivenöl von allen Seiten für 5 Minuten anbraten. Die Tomatenrispen und die Knoblauchzehen dazulegen, in die Zwischenräume den gewürfelten Mozzarella und die Fenchelsaat streuen. Salzen und pfeffern. Das Gratin für 20 Minuten auf der mittleren Schiene in den heißen Ofen geben.

In der Zwischenzeit das Fenchelgrün fein hacken. Die halbe Zitrone heiß abwaschen, trocknen und die Schale abreiben. Fenchelgrün und Zitronenschalenabrieb mit der Butter, den Semmelbröseln und dem Parmesan verkneten. Die Mischung in Flöckchen über das Gratin verteilen und im Backofen für weitere 10 Minuten überbacken.

Gratin aus dem Ofen nehmen und sofort servieren. Dazu passt ein Pane Pugliese oder, wer es herzhafter mag, ein Walnussbrot.

2 PERSONEN
ZUBEREITUNGSZEIT: 40 MINUTEN

Mangold-Curry

mit ZITRONENREIS und MANGO-CHUTNEY

MANGOLD-CURRY
1 gelbe Paprika
240 g Mangold
1 Zwiebel
1 cm frischer Ingwer
1 Chillischote
1 Mango
2 TL Senfkörner
1 TL Koriander
1 TL Kreuzkümmel
Rapsöl
2 TL gemahlener Kurkuma
1 TL Currypulver
2 EL Tomatenmark
1 EL Erdnussmus
400 ml Kokosmilch
300 g Kichererbsen (gekocht)
1 Spritzer Zitronensaft
Salz
1 EL Agavendicksaft

ZITRONENREIS
1 EL Rapsöl
1 TL schwarze Senfkörner
1 TL gespaltene schwarze Linsen (alternativ Belugalinsen)
1 TL gespaltene Kichererbsen
2 getrocknete rote Chilischoten
1 TL Salz
1 TL gemahlener Kurkuma
300 g Basmatireis
½ Bio-Zitrone
1 EL Zitronensaft
Mango-Chutney (siehe S. 348)

GARNITUR
3 Stängel Koriander
3 EL geröstete Erdnüsse

Paprika waschen und fein würfeln. Mangold waschen, die Blätter von den Stielen trennen. Die Stiele in 1,5 cm breite Stücke schneiden, große Blätter halbieren oder vierteln. Zwiebel, Ingwer und Chilischote fein hacken. Eine Hälfte der Mango in Stücke schneiden, die andere Hälfte pürieren.

In einer Pfanne ohne Öl die Senfkörner, den Koriander und den Kreuzkümmel anrösten. Abkühlen lassen, grob mörsern und zur Seite stellen.

Nun die Mangoldstielstücke in eine Pfanne mit Öl geben und andünsten, dann die Blätter dazugeben und ebenfalls dünsten. Aus der Pfanne nehmen und zur Seite stellen.

Zwiebel, Ingwer und Chilischote in der Pfanne in etwas Öl glasig dünsten, die Paprikawürfel dazugeben und anbraten, dann Kurkuma, das Currypulver und das Tomatenmark hinzufügen, kurz anrösten, mit dem Erdnussmus vermengen und mit Kokosmilch ablöschen. Die Kichererbsen und das Mangopüree hinzugeben und mit Zitronensaft, Salz, Agavendicksaft und den gemörserten Gewürzen abschmecken, 10 Minuten köcheln lassen.

Anschließend die Mangostücke und den Mangold hinzugeben, vorsichtig unterrühren und weitere 5 Minuten köcheln lassen.

Für den Zitronenreis das Öl in einem Topf erhitzen und die Senfkörner, die Linsen, die Kichererbsen und die getrockneten Chilis darin bei mittlerer Temperatur anrösten, bis alles anfängt zu hüpfen und zu duften. Dann Salz und Kurkuma unterrühren und anschließend den Reis zugeben. Alles zusammen gründlich vermischen. 450 ml Wasser unterrühren, einmal aufkochen lassen und dann bei geschlossenem Deckel und ausgeschalteter Herdplatte 12 Minuten ziehen lassen, bis der Reis gar ist. Währenddessen von der halben Zitrone die Schale abreiben, Saft auspressen. Wenn der Reis gar ist, den Zitronensaft und den Zitronenabrieb unterrühren.

Den Koriander waschen, trocken schütteln und die Blätter von den Stängeln zupfen. Die gerösteten Erdnüsse grob hacken. Das Mangold-Curry mit Koriander und Erdnüssen bestreuen und mit dem Zitronenreis und dem Mango-Chutney servieren.

4 PERSONEN
ZUBEREITUNGSZEIT: 60 MINUTEN

Mangold-Shakshuka

mit SPINAT und MINZE

100 g TK-Erbsen
250 g neue Kartoffeln
Salz
250 g Mangold
100 g Baby-Spinat
3 Stängel Petersilie
Natron
2 Stängel Minze
100 g Sahne
Pfeffer
geriebene Muskatnuss
2 Frühlingszwiebeln
3 EL Rapsöl
50 g Kaschkawal (alternativ Butterkäse)
20 g Parmesan (ggf. etwas mehr zum Garnieren)
2 Bio-Eier (Größe M)

Die Erbsen zum Auftauen aus dem Gefrierschrank nehmen.

Die Kartoffeln waschen und mit Schale in Salzwasser gar kochen bzw. dämpfen. Etwas ausdampfen lassen. Alternativ gegarte Kartoffeln vom Vortag verwenden.

Mangold und Spinat waschen und trocken schütteln. Mangoldblätter in grobe Streifen schneiden. Die Stiele in 2 cm breite Stücke schneiden.

Mangoldblätter, Spinat und Petersilienstängel 1 Minute in kochendem Salzwasser mit 1 Prise Natron blanchieren, abseihen und sofort mit eiskaltem Wasser abschrecken. Anschließend sorgfältig ausdrücken.

Die Minze waschen, trocken schütteln und die Blätter von ihren Stängeln zupfen. Die Mangold-Spinat-Petersilien-Masse und die Minzblätter mit dem Stab- oder im Standmixer cremig pürieren, die Sahne dazugeben und noch einmal kurz mixen. Mit Salz, frisch gemahlenem schwarzen Pfeffer und 1 Prise Muskatnuss abschmecken.

Frühlingszwiebeln putzen und in grobe Ringe schneiden.

Das Rapsöl in einer großen und tiefen Pfanne erhitzen. Die halbierten Kartoffeln rundherum goldbraun anrösten, aus der Pfanne nehmen und zur Seite stellen. Die Temperatur etwas zurückschalten und die Mangoldstücke für ca. 5 Minuten anbraten, dann die Frühlingszwiebeln und die Erbsen dazugeben und ebenfalls für 3 Minuten dünsten. Die Mangold-Spinat-Petersilien-Masse in die Pfanne gießen und die Kartoffeln darin dekorativ verteilen. Den Kaschkawal bzw. Butterkäse und den Parmesan grob reiben und über das Gemüse streuen.

Mit einem Löffel zwei Mulden formen, in jede Mulde ein Ei schlagen und das Eigelb salzen. Deckel auf die Pfanne legen und die Eier 4–5 Minuten garen, bis das Eiweiß fest wird, das Eigelb jedoch noch flüssig ist (wie bei einem pochierten Ei).

Weiteren Parmesan über die Eier reiben und mit frischem Brot servieren.

2 PERSONEN
ZUBEREITUNGSZEIT: 35 MINUTEN

New York Cheesecake

mit RHABARBER-TOPPING

RHABARBER-TOPPING
800 g Rhabarber
1 EL Zitronensaft
5 cm abgezogene Zitronenschale
200 g Zucker
Natron
½ Vanilleschote
2 ½ EL Apfelpektin

BODEN
13 Vollkornkekse (z. B. Hobbits von Brandt, ca. 150 g)
75 g Butter
gemahlener Zimt
Fleur de Sel

FÜLLUNG
½ Bio-Zitrone
400 g Frischkäse
400 g saure Sahne
3 Eier (Größe M)
150 g Zucker
25 g Speisestärke
Mark einer Vanilleschote
200 g Crème fraîche

Den Rhabarber waschen und die Endstücke abschneiden. Den Rhabarber in ca. 4 cm große Stücke schneiden. In einen Topf 1 EL Zitronensaft, die Zitronenschale, 200 g Zucker, 1 Prise Natron und die Rhabarberstücke geben, durchmischen und so lange ziehen lassen, bis der Rhabarber Wasser gezogen hat. Anschließend die Vanilleschote dazugeben und den Rhabarber sanft erwärmen. Das Apfelpektin in wenig heißem Wasser auflösen, zum Rhabarber geben und für 1 Minute aufkochen lassen. Abkühlen lassen.

Den Dampfgarer auf 160 °C (Heißluft) vorheizen. Falls kein Dampfgarer vorhanden ist, gibt es weiter unten noch Hinweise zur Zubereitung im Ofen.

Die Kekse im Blitzhacker zerkleinern, Butter schmelzen und mit den Kekskrümeln und 1 Prise Zimt verrühren. Die Masse auf dem Boden einer Springform verteilen, mit einem Löffelrücken festdrücken und zum Schluss 1 Prise Fleur de Sel darüberstreuen. Für 10 Minuten backen. Anschließend aus dem Ofen nehmen.

Von der halben Zitrone die Schale abreiben, anschließend auspressen. Den Frischkäse, die saure Sahne, den Zitronensaft und die abgeriebene Zitronenschale in einer Schüssel mit dem Schneebesen verrühren. Die Eier mit dem Zucker in der Küchenmaschine auf mittlerer Stufe verrühren. Die Speisestärke und das Vanillemark dazugeben und erneut kurz unterrühren. Die Frischkäse-saure-Sahne-Mischung mithilfe eines Schneebesens mit der Zucker-Ei-Mischung vermischen. Die Creme auf dem etwas abgekühlten Keksboden verteilen und die Backform einmal auf die Arbeitsfläche klopfen, damit die durchs Rühren entstandenen Luftbläschen sich wieder verdichten.

Den Cheesecake auf die untere Schiene im Dampfgarer stellen und 50 Minuten bei 150 °C Programmeinstellung Heißluft/Dampf backen. Den Kuchen herausnehmen und die Crème fraîche in Klecksen auf den Cheesecake auftragen und leicht verstreichen. Für weitere 10 Minuten bei 160 °C (Heißluft) fertig backen.

Den Kuchen anschließend 1 Stunde im ausgeschalteten Ofen ruhen lassen. Aus dem Ofen nehmen, auskühlen lassen und für mindestens 8 Stunden vor dem Servieren in den Kühlschrank stellen, besser über Nacht.

Eine halbe Stunde vor dem Servieren aus dem Kühlschrank holen, damit sich das Aroma entwickeln kann, alternativ in der Mikrowelle für 30 Sekunden bei 800 Watt erwärmen. So schmeckt der Cheesecake herrlich cremig.

Wer keinen Dampfgarer sein Eigen nennt, kann den Cheesecake natürlich auch im Backofen backen. Den Backofen auf 160 °C (Umluft) vorheizen und den Keksboden wie oben beschrieben für 10 Minuten backen, herausnehmen und abkühlen lassen. Anschließend ein tiefes Backblech mit Wasser füllen und in die unterste Schiene des Backofens schieben. Der Cheesecake kommt dann auf die mittlere Schiene und wird bei 150 °C (Umluft) für 50 Minuten gebacken. Dann die Crème fraîche aufstreichen und den Kuchen für weitere 10 Minuten bei 160 °C (Umluft) fertig backen. Den Cheesecake wie oben beschrieben im Backofen auskühlen lassen und dann kalt stellen.

KUCHENFORM Ø 24 CM
ZUBEREITUNGSZEIT: 25 MINUTEN
BACKZEIT: 60 MINUTEN + 9 STUNDEN AUSKÜHLEN

Rhabarber-Flammkuchen

mit ROTEN ZWIEBELN und HASELNÜSSEN

FLAMMKUCHENTEIG
15 g frische Hefe
Zucker, Salz
300 g Mehl plus etwas zum Ausrollen
2 EL Raps- oder Sonnenblumenöl
Alternativ: 1 Packung Flammkuchen-Fertigteig

TOPPING
2 Stangen Rhabarber
1 EL Zucker
2 rote Zwiebeln
100 g Haselnusskerne
150 g Ziegenfrischkäse
250 g Crème fraîche
Salz, Pfeffer
Honig
3 Zweige Thymian
Olivenöl

Die Hefe zerbröseln, mit 1 Prise Zucker und 1 EL lauwarmem Wasser glatt rühren. Mit 1 Prise Salz, dem Mehl, ca. 175 ml lauwarmem Wasser und dem Öl zu einem glatten Teig verkneten. Den Flammkuchenteig zu einer Kugel formen und mit einem Küchentuch abgedeckt 1 Stunde gehen lassen.

Backofen vorheizen (Ober-/Unterhitze 220 °C / Umluft 200 °C). Ein Backblech mit Backpapier auslegen.

Inzwischen den Rhabarber waschen, schälen und die holzigen Enden abschneiden. Den Rhabarber schräg in Scheiben hobeln. 1 EL Zucker in einer Pfanne leicht karamellisieren lassen, Rhabarberstücke dazugeben, mit wenig Wasser ablöschen und Wasser verdampfen lassen. Rhabarber aus der Pfanne nehmen und zur Seite stellen.

Die roten Zwiebeln schälen und ebenfalls in feine Scheiben hobeln.

Die Haselnusskerne grob hacken. Zwei Drittel davon mit dem Ziegenfrischkäse und der Crème fraîche verrühren. Mit Salz und frisch gemahlenem Pfeffer abschmecken.

Den Teig auf einer bemehlten Arbeitsfläche sehr dünn ausziehen oder ausrollen. Anschließend auf das Backblech legen und mit der Käse-Nuss-Mischung bestreichen. Mit Zwiebelringen und Rhabarberscheiben belegen. Den Honig darüberträufeln und mit den übrigen Haselnüssen bestreuen. Im heißen Ofen auf unterster Schiene 12–15 Minuten backen. Währenddessen den Thymian waschen, trocken schütteln und von den Stängeln befreien.

Den Flammkuchen herausnehmen, Thymian darauf verteilen und mit etwas Olivenöl besprenkeln.

Meine Teig-Tipps

- *Die Flüssigkeit beim Verkneten erst nach und nach zugießen, bis ein elastischer Teig entstanden ist. Wenn er nämlich zu feucht ist, wird er nicht knusprig, sondern erhält eine gummiartige Konsistenz.*
- *Den fertig gegangenen Teig gerne in zwei Hälften teilen – erst rund, dann oval formen und möglichst dünn ausziehen oder ausrollen.*
- *Auf einem Pizzastein wird der Flammkuchen noch krosser!*

4 PERSONEN
ZUBEREITUNGSZEIT: 90 MINUTEN

Chorba Frik

mit KARTOFFELN

100 g Frik (Weizenschrot)
4 Stangen Sellerie
800 g mehligkochende Kartoffeln
2 Zwiebeln
2 Knoblauchzehen
1 Dose geschälte ganze Tomaten (San Marzano, Füllgewicht 400 g)
2 EL Olivenöl
2 TL Ras el Hanout (siehe Tipp S. 70)
½ TL gemahlener Zimt
1 TL Paprikapulver
1 TL Harissapaste
800 ml Gemüsebrühe (siehe S. 340)
2 Lorbeerblätter
Salz, Pfeffer

GARNITUR
½ Bund Koriander
3 Stängel frische Minze
1 Limette

Frik 15 Minuten in heißem Wasser einweichen, anschließend mit kaltem Wasser abwaschen. Die Selleriestangen waschen, das untere Ende abschneiden, entfädeln und in 1 cm breite Stücke schneiden. Die Kartoffeln waschen, schälen und in Würfel schneiden. Die Zwiebeln und den Knoblauch schälen und fein würfeln. Die Dosentomaten mit den Händen grob zerpflücken.

In einem Topf Zwiebeln und Knoblauch in Olivenöl leicht anschwitzen, die Selleriewürfel, die Kartoffeln und das Frik dazugeben und ebenfalls etwas anschwitzen. Ras el Hanout, Zimt, Paprika und Harissapaste in den Topf geben und kurz rösten. Dann mit den Tomaten und der Gemüsebrühe ablöschen, die Lorbeerblätter dazugeben. Die Suppe 30 Minuten köcheln lassen und mit Salz und Pfeffer abschmecken. Den Koriander und die Minze waschen, trocken tupfen und die Blätter abzupfen. Die Minze fein schneiden und die Limette vierteln.

Die Chorba Frik mit Minz- und Korianderblättchen garnieren und mit der Limette servieren.

Mein Tipp
Gut dazu passt frisches Fladenbrot. Frik bekommen Sie in türkischen, tunesischen, algerischen, syrischen oder ägyptischen Supermärkten.

4 PERSONEN
ZUBEREITUNGSZEIT: 90 MINUTEN

Waldorf-Salat-Bowl

mit ROTEN TRAUBEN und GRANATAPFELKERNEN

DRESSING
250 g saure Sahne
2 EL Mayonnaise (siehe S. 348)
1 EL Weißweinessig
1 EL Dijon-Senf
1½ TL Honig
Salz, Pfeffer

WALDORF-SALAT
1 Romanasalatherz
½ kleiner Kopf roter Romanasalat
2 Stangen Sellerie
1 Granny-Smith-Apfel
300 g kernlose lila Trauben
80 g Walnusskerne
25 g Granatapfelkerne

Saure Sahne, Mayonnaise, Essig, Senf und Honig in einer Schüssel verquirlen. Mit Salz und Pfeffer würzen.

Die Salate waschen und trocken schleudern. Sellerie, Granny-Smith und Trauben ebenfalls waschen.

Vom Sellerie die harten Fasern auf der Außenhaut mit einem Messer entfernen. Dazu mit dem Messer ca. 1 mm in das untere Ende vom Stiel hineinschneiden und den Faden zwischen Messer und Daumen nach oben abziehen (ähnlich wie beim Rhabarberschälen). Die Selleriestangen in dünne Scheiben schneiden oder hobeln. Den Apfel halbieren, putzen und in feine Scheiben schneiden. Die Trauben halbieren. Die Walnüsse in einer Pfanne ohne Öl kurz anrösten, bis sie duften. Anschließend grob hacken.

Die Hälfte der Zutaten mit etwas Dressing vermischen und auf die Bowls verteilen. Die andere Hälfte vom Salat, Sellerie, Apfel, Trauben, Walnüsse und Granatapfelkerne dekorativ in die Bowls schichten. Mit dem Rest des Dressings beträufeln.

2 BOWLS
ZUBEREITUNGSZEIT: 20 MINUTEN

Bloody Mary

Selleriesalz für den Glasrand
½ Zitrone
30 ml Zitronensaft
60 ml Wodka
120 ml Tomatensaft
2 Tropfen Worcestershire-sauce
2 Tropfen Tabasco
½ TL Wasabipaste
Eiswürfel

GARNITUR
1 Stange Sellerie
1 grüne Olive
1 Kirschtomate
1 Limettenscheibe

Etwas Selleriesalz auf einen Teller geben. Den Rand vom Longdrinkglas mit der Zitronenhälfte einreiben. Dann den Glasrand in das Selleriesalz tauchen und das Glas hin und her drehen, bis der Rand vollkommen mit dem Selleriesalz bedeckt ist.

Den Zitronensaft, Wodka und Tomatensaft in ein hohes Glas gießen und mit 1 Prise Selleriesalz, der Worcestershiresauce, dem Tabasco und der Wasabipaste würzen. Das Glas mit reichlich Eiswürfeln auffüllen. Jetzt heißt es rühren, rühren, rühren.

Das Longdrinkglas mit der Bloody Mary befüllen, dabei die Eiswürfel zurückhalten.

Die Fäden von der Selleriestange entfernen. 1–2 Eiswürfel zur Bloody Mary geben und das Glas mit einer Selleriestange und einem Spieß aus Olive, Kirschtomate und Limettenscheibe garniert servieren.

1 GLAS À 250 ML
ZUBEREITUNGSZEIT: 10 MINUTEN

Blattgemüse

Alles neu macht der Mai,
macht die Seele frisch und frei …
(Hermann Adam von Kamp)

Der Wonnemonat Mai hält nicht nur wärmende Sonnenstrahlen, blauen Himmel und Blumenduft für uns bereit, sondern bringt auch jede Menge frisches Blattgemüse auf den Tisch. Genau der richtige Zeitpunkt, um meinen Salathunger zu stillen, denn die regionale Freilandproduktion von Gemüse läuft auf Hochtouren. Im Mai gibt es Spinat, Feldsalat, diverse Kopfsalate, Rucola, Mangold, Radieschen, Rübchen, Erbsen und vieles mehr – paradiesische Zustände für alle Rohkost-Liebhaber. Rohes Gemüse enthält einen besonders hohen Anteil an Nährstoffen, zum Beispiel Vitamine, Mineralstoffe, Ballaststoffe und gesundheitsfördernde sekundäre Pflanzenstoffe wie Farb-, Duft- und Aromastoffe. Diesen Benefit nehmen wir doch gerne mit, besonders, da das Frühlingsgemüse so knackig und unwiderstehlich daherkommt.

KOPFSALAT

Lactuca sativa var. capitata

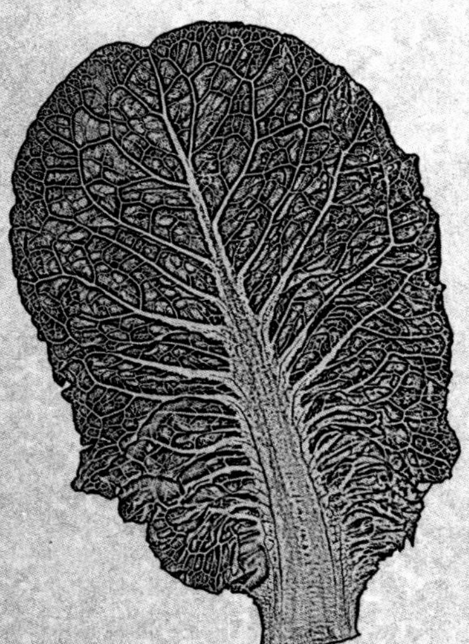

STECKBRIEF

Seinen Namen verdankt der Kopfsalat der Wuchsweise der Blätter. Sie schmiegen sich eng an die kurze Sprossachse und verleihen ihm so seine charakteristische runde Form. Die großen und zarten Blätter sind meistens grün und glatt, können aber auch gelb oder rötlich gefärbt sein. Auch Eisberg-, Batavia- und Romanasalat zählen zu den Kopfsalatsorten. Die Ansprüche von Kopfsalat an den Boden sind nicht hoch, der Standort sollte aber sonnig sein. Schon nach wenigen Wochen sind die Salate erntereif.

VERWENDUNG

Knackig und frisch, als Beilage oder Hauptspeise: Der Kopfsalat bringt Farbe auf den Teller! Wegen seines milden Eigengeschmacks lässt sich Kopfsalat mit vielen Gemüse- und Obstsorten ebenso kombinieren wie mit Hülsenfrüchten und Käse. Lust auf Neues? Kopfsalat grillen und danach mit einer leichten Vinaigrette servieren. Wie alle Blattsalate ist Kopfsalat kalorienarm (er besteht zu 95 Prozent aus Wasser), er enthält Folsäure, Kalium, Eisen sowie viele Vitamine und Mineralstoffe.

WISSENSWERTES

Innerhalb der Familie der Korbblütler gehört Kopfsalat zu den Lattichen. Mit dem bitteren milchigen Saft am Ansatz (Lactuca) hält er Parasiten von sich fern.

FELDSALAT

Valerianella locusta

STECKBRIEF

Feldsalat (Ackersalat) zählt zur Familie der Baldriangewächse und ist auch als Wintersalat bekannt. Die einjährige Pflanze erreicht eine Wuchshöhe von bis zu 15 cm. Die länglichen, rund zulaufenden grünen Blätter wachsen an Rosetten. Im Freilandanbau benötigt der ansonsten recht anspruchslose Feldsalat einen kalkhaltigen, sandigen Boden und viel Sonne. Da die Wurzeln daher oftmals sehr sandig sind, muss der Feldsalat vor dem Verarbeiten gründlich gewaschen werden, ansonsten „knirscht" es beim Essen zwischen den Zähnen.

VERWENDUNG

Nüsse und Feldsalat sind das absolute Dreamteam. Auch in einem Pesto entfalten die Blätter ihren vollen Geschmack. Sie harmonieren gut mit Käse, Hülsenfrüchten, Roter Bete, Fenchel, Orangen, Äpfeln, Birnen und Beeren.

WISSENSWERTES

Carotin, Eisen, Folsäure, Magnesium, Kalium, Vitamin C: Feldsalat versorgt den Körper mit lebenswichtigen Nährstoffen und Mineralien. Galt er in vergangenen Zeiten noch als Unkraut, hat Feldsalat sich in den letzten Jahrzehnten zu einem richtigen Superfood entwickelt. Für Schwangere ist Feldsalat besonders wertvoll, da bereits 200 Gramm den Tagesbedarf an Folsäure decken. Nicht ohne Hintergrund geht der Name des Mädchens „Rapunzel" aus dem gleichnamigen Märchen wohl auf Feldsalat zurück.

GARTENMELDE

Atriplex hortensis

STECKBRIEF

Schon in der Antike wurde die Gartenmelde (auch Spanischer Salat) aus der Familie der Gänsefußgewächse als Nutz- und Heilpflanze angebaut. Lange vergessen, erlebt die spinatähnliche Pflanze mittlerweile eine Renaissance. Die Gartenmelde ist genügsam und passt sich rasch ihrer Umgebung an. Ihre Aussaat an einem sonnigen bis halbschattigen Standort beginnt im März. Der Boden sollte regelmäßig durch Hacken gelockert und Unkraut entfernt werden. Ist die Gartenmelde etwa 15 cm hoch, lassen sich die jungen Triebe ernten.

VERWENDUNG

Die Gartenmelde lässt sich fast vollständig verwerten. Junge Blätter schmecken roh und in Salaten. Ähnlich wie Spinat lassen sich die reiferen Blätter für Suppen, Aufläufe und Quiches verwenden. Wegen ihres milden Geschmacks ist Gartenmelde auch bei Kindern beliebt.

WISSENSWERTES

Je jünger die Pflanzentriebe, desto höher ist ihr Gehalt an Magnesium, Vitamin A, B und C, Phosphor, Kalium und Kalzium. Gartenmelde schmeckt milder als Spinat und enthält weniger Oxalsäure. Bilden sich Blüten, schmecken die Blätter bitter. Im Mittelalter wurde aus den Samen der Gartenmelde Farbstoff gewonnen, um Kleidung blau zu färben.

RUCOLA

Eruca sativa

STECKBRIEF

Rucola (auch Gartenrauke oder Rauke) gehört zur Familie der Kreuzblütengewächse und kommt ursprünglich aus dem mediterranen Raum. In der Römerzeit wurde der nussig-scharfen Salatpflanze eine aphrodisierende Wirkung nachgesagt. Verantwortlich für das unverwechselbare Aroma der Blätter sind ihre Senföle. Sie regen die Verdauung an und unterstützen das Herz-Kreislauf-System. Zum Verzehr sind vor allem die jungen, etwa 15 cm langen Blätter geeignet. Die Freilandsaison der Rauke beginnt im April.

VERWENDUNG

Bei der Zubereitung von Rucola sind der Fantasie keine Grenzen gesetzt: Rauke schmeckt mit anderen Salatsorten, in Nudelgerichten und auf Pizza, als Dip und Pesto und in Smoothies. Um den würzigen Geschmack der Blätter abzumildern, ist die Kombi mit süßen Früchten ideal. Rucola und Erdbeeren sind einfach ein absolutes Dreamteam.

WISSENSWERTES

In ein feuchtes Geschirrtuch gewickelt, hält Rucola sich einige Tage im Kühlschrank. Wie Spinat, Rote Bete oder Kohlrabi nimmt Rucola Nitrat aus dem Boden auf, das sich im Körper in Nitrit verwandelt und nicht abgebaut werden kann. Deshalb sollten beim Verarbeiten am besten die Blattstiele abgeschnitten werden.

SPINAT

Spinacia oleracea

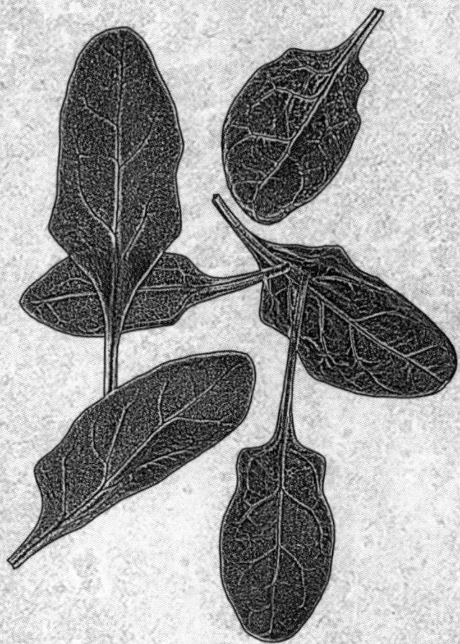

STECKBRIEF

Spinat (auch Echter Spinat) wächst im Garten und auf dem Balkon. Die einjährige Pflanze bevorzugt einen sonnigen Standort und feuchten Boden. Bereits nach wenigen Wochen lassen sich die ersten jungen Blätter ernten. Am besten schmeckt Spinat, der zur Familie der Fuchsschwanzgewächse gehört, wenn er direkt nach dem Pflücken zubereitet wird.

VERWENDUNG

Beta-Carotin, Folsäure, Eisen, Zink, Vitamin C: Spinat ist ein Kraftpaket, das vor gesunden Nährstoffen und Antioxidantien nur so strotzt. Da er größtenteils aus Wasser besteht, ist Spinat besonders kalorienarm. Vor der Verarbeitung sollte Spinat gründlich gewaschen und abgetrocknet, welke Blätter und Stiele entfernt werden. Der junge Spinat mit kleinen Blättern (Baby-Spinat) schmeckt roh auch in Salaten. Größere Blätter passen zu Salaten und Suppen, Quiches, würzigen Muffins und Smoothies. Kalziumhaltige Nahrungsmittel wie Sahne, Joghurt, Käse oder Milch sind die perfekten Begleiter für Spinat. Toller Nebeneffekt: Sie binden die in ihm enthaltene Oxalsäure.

WISSENSWERTES

Vor dem Einfrieren sollte Spinat blanchiert werden. Danach die Blätter kurz in Eiswasser legen und gut abtrocknen. Eingefroren ist Spinat mehrere Monate haltbar.

Grüne Gazpacho

mit SAURER SAHNE und KRESSE

SUPPE
1 Kopfsalat
1 Salatgurke
1 Frühlingszwiebel
100 g Baby-Spinat
1 Knoblauchzehe
1 Bund Koriander
100 g saure Sahne
3 EL Aceto balsamico bianco
1 EL grüner Tabasco
1 EL Ahornsirup
1–2 Handvoll Eiswürfel
Meersalz
schwarzer Pfeffer

GARNITUR
200 g saure Sahne
1 Kästchen Kresse
6 Scheiben geröstetes Weißbrot

Den Kopfsalat waschen und grob zerrupfen. Die Gurke und die Frühlingszwiebel waschen und in grobe Stücke schneiden. Den Baby-Spinat waschen und die Knoblauchzehe schälen. Das Gemüse mit allen anderen Zutaten für die Suppe in einen Mixer geben und etwa 8 Minuten lang auf höchster Stufe mixen, bis eine sämige Gazpacho entstanden ist. Mit Meersalz und Pfeffer kräftig abschmecken. Bis zum Servieren kühl stellen.

Die Suppe auf Schüsseln verteilen. Mit je einem Klecks saurer Sahne und Kresse garnieren. Mit geröstetem Weißbrot servieren.

6 PERSONEN (CA. 1400 ML)
ZUBEREITUNGSZEIT: 20 MINUTEN

Salade Niçoise

mit KARTOFFELN und BOHNEN

SALAT
500 g Kartoffeln
200 g grüne Bohnen
Natron
2 EL Olivenöl
2 Salatherzen

DRESSING
1 Knoblauchzehe
grobes Meersalz
3 EL Olivenöl
1 EL Apfelessig
1 TL Dijon-Senf
Salz, Pfeffer
1 TL Zucker

GARNITUR
4 Eier (Größe L)
1 Handvoll schwarze Oliven
12 große Basilikumblätter

Bei der Auswahl der Kartoffeln darauf achten, dass sie ungefähr die gleiche Größe haben, damit sie beim Kochen gleichzeitig fertig gegart sind. Die Kartoffeln waschen, weich kochen, etwas auskühlen lassen, schälen und vierteln. Die Bohnen waschen und das harte Stielende abschneiden. Anschließend mit 1 Prise Natron bissfest kochen, abseihen und kalt abschrecken. Die Kartoffeln in einer Pfanne mit 2 EL Olivenöl kurz anrösten, die Bohnen hinzufügen und ebenfalls kurz durchschwenken, zur Seite stellen.

Die Eier für die Garnitur 7 Minuten kochen. Die Eierschale rundum leicht eindrücken und die Eier 1–2 Minuten unter fließendem kaltem Wasser abschrecken. Abkühlen lassen, dann schälen und vierteln.

Für das Dressing die Knoblauchzehe zusammen mit etwas grobem Meersalz zerdrücken, das Olivenöl, Apfelessig und Dijonsenf in ein Schraubglas geben, mit Salz, Pfeffer und Zucker würzen und gut durchschütteln.

Etwas Dressing über die Kartoffeln und Bohnen geben und vorsichtig vermischen.

Die Salatblätter vom Kopf lösen, waschen, trocken tupfen und in einer Schüssel mit etwas Dressing mischen.

Salat, Kartoffeln und Bohnen auf einer Servierplatte oder auf Tellern anrichten, die Oliven und Eier darauf verteilen. Die Basilikumblätter grob klein rupfen und über den Salat geben. Mit dem restlichen Dressing beträufeln und etwas Pfeffer darübermahlen.

4 PERSONEN
ZUBEREITUNGSZEIT: 40 MINUTEN

Club-Sandwich

mit TOFU

MARINADE TOFU
½ Bio-Zitrone
1 EL mittelscharfer Senf
1 TL Zucker
5 EL Olivenöl plus etwas zum Anbraten
Salz, Pfeffer
400 g Naturtofu

TOAST
1 rote Zwiebel
4 Eier (Größe M)
4 Blätter Kopfsalat
12 Basilikumblätter
2 Tomaten
12 Scheiben Toastbrot
4 Scheiben Cheddar
4 EL Mayonnaise
4 EL Tomatenketchup

Die Zitrone heiß abwaschen, abtrocknen und die Schale fein abreiben. Die Zitrone auspressen. Senf, Zitronensaft und -schale, Zucker und Öl verrühren. Mit Salz und Pfeffer würzen. Tofu abtropfen lassen und in 8 Scheiben schneiden. Tofu in einer flachen Schale mit der Marinade mischen. Abgedeckt 1 Stunde marinieren.

Tofu aus der Marinade nehmen und abtropfen lassen. Die Marinade aufbewahren. Etwas Öl in einer großen beschichteten Pfanne erhitzen. Tofu bei mittlerer Hitze 5 Minuten auf jeder Seite anbraten, aus der Pfanne nehmen und zur Seite stellen.

Die rote Zwiebel schälen und in Scheiben hobeln. In der Tofu-Pfanne die Zwiebelscheiben kurz anrösten, aus der Pfanne nehmen und zur Seite stellen.

Erneut etwas Öl in der Pfanne erhitzen. Eier nacheinander in die Pfanne schlagen. Die Spiegeleier bei mittlerer Hitze 3–4 Minuten braten.

In der Zwischenzeit die Kopfsalatblätter und die Basilikumblätter waschen und trocken tupfen. Die Tomaten waschen und in feine Scheiben schneiden. Alle 12 Toastscheiben im Toaster oder in der Pfanne rösten (pro Sandwich werden 3 Toastscheiben benötigt).

Auf 4 der noch warmen Toastscheiben jeweils eine Scheibe Cheddar legen. Anschließend die Spiegeleier auf die 4 Toastscheiben verteilen. Mit Tomaten und Basilikum belegen.

Vier Toastscheiben mit Mayo und Ketchup bestreichen und jeweils auf die Tomaten legen, mit zwei Scheiben Tofu, Zwiebeln und Salat belegen und mit 1 EL Marinade beträufeln. Restliche Toastscheiben wieder mit Mayonnaise und Ketchup bestreichen und abschließend auf die Sandwiches setzen.

Das Tofu-Club-Sandwich diagonal durchschneiden und warm servieren.

4 SANDWICHES
ZUBEREITUNGSZEIT: 80 MINUTEN

Frühlingssalat

mit HALLOUMI und BEEREN

250 g Halloumi
2 EL Olivenöl

DRESSING
2 EL Himbeeressig
1 TL Djion-Senf
4 EL Olivenöl
1 EL Blütenhonig
Salz, Pfeffer

SALAT
2 Stängel Minze
100 g Feldsalat
200 g Erdbeeren
100 g Blaubeeren
2 EL Granatapfelkerne

Den Halloumi in dünne Scheiben schneiden. Das Öl in einer beschichteten Grillpfanne erhitzen. Den Halloumi darin von jeder Seite 2–3 Minuten knusprig anbraten. Himbeeressig, Senf, Olivenöl, Honig, Salz und Pfeffer zu einem Dressing verrühren.

Die Minze waschen, die Blätter abzupfen und bis auf ein paar Blätter für die Garnitur in feine Streifen schneiden.

Den Feldsalat gründlich waschen und trocken schleudern. Die Erdbeeren und Blaubeeren ebenfalls waschen, trocken tupfen und die Erdbeeren in Viertel schneiden.

Den Halloumi, die Minze und den Feldsalat in eine Schüssel geben, mit Beeren und den Granatapfelkernen garnieren. Erst kurz vor dem Servieren das Dressing darübergeben, damit der Feldsalat nicht zusammenfällt.

4 PERSONEN
ZUBEREITUNGSZEIT: 20 MINUTEN

Feldsalat

mit KARTOFFELDRESSING und RÄUCHERTOFU

200 g Räuchertofu
2 EL Rapsöl
4 Schalotten

300 g mehligkochende Kartoffeln
100 ml Weißweinessig
500 ml Gemüsebrühe

3 Zweige Majoran
130 ml Rapsöl
20 ml Walnussöl

Salz, Pfeffer
4 Handvoll Feldsalat
1 Handvoll Walnüsse

Den Räuchertofu in kleine Würfel schneiden. Das Rapsöl in einer beschichteten Pfanne erhitzen und den Räuchertofu darin knusprig anbraten, aus der Pfanne nehmen und zur Seite stellen.

Die Schalotten schälen und in feine Würfel schneiden. Die Kartoffeln waschen, schälen und in 5 mm dünne Scheiben schneiden. Die Schalotten in der Pfanne anschwitzen, dann mit dem Weißweinessig ablöschen und mit der heißen Gemüsebrühe auffüllen. Die Kartoffelscheiben und die Majoranzweige in den Schalottenfond geben und zugedeckt 9 Minuten köcheln lassen.

Die Kartoffel-Schalotten-Brühe in eine Schüssel umfüllen und auf Zimmertemperatur abkühlen lassen.

Die Majoranzweige aus der Brühe nehmen und anschließend die Brühe mit dem Stabmixer sämig mixen, dabei das Rapsöl und das Walnussöl langsam hineinfließen lassen. Das Kartoffeldressing mit Salz, Pfeffer und evtl. noch etwas Weißweinessig abschmecken und im Kühlschrank erkalten lassen.

Den Feldsalat am Strunk in kaltem Wasser gründlich waschen, wenn nötig, zwei- bis dreimal wiederholen, bis aller Sand ausgeschwemmt ist. Den gewaschenen Feldsalat auf einem Küchentuch ausbreiten und abtropfen lassen oder in der Salatschleuder trocknen.

Die Walnüsse in einer Pfanne ohne Öl anrösten, auskühlen lassen und grob hacken.

Den Feldsalat erst kurz vor dem Servieren vorsichtig mit dem Dressing, den Räuchertofuwürfeln und den gehackten Walnüssen vermischen, ansonsten fällt er schnell zusammen.

4 PERSONEN (BEILAGE/VORSPEISE)
ZUBEREITUNGSZEIT: 30 MINUTEN

Feldsalat

mit BIRNE und GORGONZOLA-CROUTONS

DRESSING
1 Schalotte
3 EL Apfelessig
4 EL Olivenöl
1 TL Honig
1 TL Djion-Senf
Salz, Pfeffer

SALAT
1 feste Birne (z. B. Williams Christ)
4 Handvoll Feldsalat
1 Handvoll Paranusskerne
4 EL Granatapfelkerne

CROUTONS
4 dicke Scheiben Weißbrot
200 g Gorgonzola mit Mascarpone

Die Schalotte schälen und fein würfeln. Essig, Olivenöl, Honig und Senf zu einer Vinaigrette verrühren, mit Salz und Pfeffer würzen.

Die Williamschristbirne waschen, vierteln, das Kerngehäuse entfernen und in 12 Spalten schneiden.

Den Feldsalat am Strunk in kaltem Wasser gründlich waschen, wenn nötig, zwei- bis dreimal wiederholen, bis aller Sand ausgeschwemmt ist. Den gewaschenen Feldsalat in der Salatschleuder trocken schleudern.

Weißbrotscheiben entrinden, mit dem Gorgonzola bestreichen und auf ein mit Backpapier ausgelegtes Blech legen. Unter dem heißen Backofengrill auf der zweiten Schiene von oben 3–4 Minuten gratinieren. Die Weißbrotscheiben auskühlen lassen und anschließend in 2 × 2 cm große Croutons schneiden.

Die Paranusskerne grob hacken. Feldsalat und Birnenspalten auf Tellern verteilen, mit der Vinaigrette beträufeln. Die Gorgonzola-Croutons darüberstreuen und mit den Paranüssen und Granatapfelkernen garnieren.

4 PERSONEN
ZUBEREITUNGSZEIT: 20 MINUTEN.

Fingerfood-Pide

mit MINZE und PETERSILIE

HEFETEIG
1 TL Zucker
½ Hefewürfel (21 g)
500 g Mehl
1 TL Salz
200 ml Milch
60 ml Olivenöl plus etwas zum Bestreichen

FÜLLUNG
1 EL Rapsöl
2 Schalotten
2 Stängel Minze
1 Bund glatte Petersilie
200 g Gartenmelde
200 g junger Spinat
100 g saure Sahne
Salz, Pfeffer
geriebene Muskatnuss
200 g Schafskäse
100 g gelber Cheddar

ZUM BESTREICHEN
1 frisches Eigelb (Größe M)
2 EL Olivenöl
je 1 EL heller und schwarzer Sesam

TOPPING
Pul Biber (türkisches Paprikapulver)

50 ml Wasser mit Zimmertemperatur in eine Schüssel geben, den Zucker untermischen und die Hefe hineinbröseln. Ca. 5 Minuten gehen lassen, bis die Hefe aktiv wird und leicht zu schäumen beginnt.

Anschließend Mehl, Salz, Milch und Olivenöl hinzugeben. Alle Zutaten sollten Zimmertemperatur haben. Alles entweder mit einer Küchenmaschine (10 Minuten) oder mit den Händen (20 Minuten) zu einem geschmeidigen Teig verkneten. Den Pideteig anschließend auf einer bemehlten Arbeitsfläche zweimal falten und von außen nach innen einschlagen, sodass eine Kugel entsteht.

Den Teig abgedeckt an einem warmen Ort mindestens 1 Stunde gehen lassen.

Den Teig abwiegen und die Menge durch 30 teilen. Bei mir ergab sich ein Wert von 28 g. Den Teig mit einer Teigkarte in Stücke mit 28 g Gewicht unterteilen und jeweils erneut durch Falten von außen nach innen zu runden Kugeln formen. Ein Backblech mit Backpapier belegen, die Kugeln daraufsetzen, mit etwas Olivenöl bestreichen, mit einem feuchten Küchentuch oder einer Frischhaltefolie abdecken und erneut mindestens eine Stunde gehen lassen.

Mein Tipp
Der Teig ist nach dem Gehen eher klebrig, daher geben Sie immer etwas Mehl auf die Hände und die Arbeitsfläche.

Bekömmlicher wird der Pideteig, wenn man ihn bereits am Vortag zubereitet. Dazu den Teig mindestens über Nacht im Kühlschrank abgedeckt gehen lassen (am besten 24 Stunden), Kugeln à 28 g daraus formen, mit etwas Olivenöl bestreichen, mit einem feuchten Küchentuch oder Frischhaltefolie abdecken und für 4 Stunden bei Raumtemperatur gehen lassen.

Den Backofen auf 230 °C (Ober-/Unterhitze) vorheizen. Die aufgegangenen Pideteigkugeln auf eine bemehlte Arbeitsfläche legen, etwas platt drücken, wenden, wieder etwas platt drücken, erneut wenden. Anschließend dünn zu länglichen Rechtecken ausrollen.

Für die Füllung das Rapsöl in einer Pfanne erhitzen, Schalotten schälen, würfeln und darin glasig dünsten. Minze und Petersilie waschen und in feine Streifen schneiden, beiseitestellen. Die Gartenmelde und den Spinat waschen, putzen und zu den Schalotten geben. Alles zusammenfallen lassen und kurz andünsten. Das Gemüse aus der Pfanne nehmen und etwas auskühlen lassen. Die saure Sahne, die Minze und die Petersilie unterrühren. Mit Salz, Pfeffer und 1 Prise Muskat würzen.

Den Schafskäse zerkrümeln und den Cheddar grob reiben. In einer Tasse das Eigelb mit 2 EL Olivenöl mischen.

Die Füllung auf der Mitte der Teigrechtecke verteilen, dabei einen 4 cm breiten Rand frei lassen. Den zerkrümelten Schafskäse und den grob geriebenen Cheddar auf dem Gartenmelde-Spinat-Mix verteilen. Den Teigrand an den Längsseiten nach innen über die Füllung schlagen. Die kurzen Seiten jeweils zu Spitzen zusammendrehen, mit der Eigelb-Olivenöl-Mischung bestreichen und mit hellem und schwarzem Sesam bestreuen. Im heißen Ofen ca. 20 Minuten knusprig backen.

Herausnehmen und vor dem Servieren nach Belieben mit Pul Biber bestreuen.

Mein Tipp
Die Fingerfood-Pide lassen sich auch super mit vorgefertigtem Blätterteig oder Pizzateig zubereiten.

CA. 30 STÜCK
ZUBEREITUNGSZEIT: 150 MINUTEN

Rucolasalat

mit PILZ-TOFU-SPIESSEN

CASHEW-SAMBAL
2 Knoblauchzehen
2 grüne Chilischoten
200 g Cashewkerne
1½ Bio-Limetten
4 TL feiner Zucker
10 EL Sojasauce
150 ml Kokosmilch

PILZ-TOFU-SPIESSE
8 Bambus- oder Holzspieße
200 g Naturtofu
200 g braune Champignons
1 Bund Rucola

MARINADE
1 TL Koriandersamen
½ TL gemahlener Kreuzkümmel
2 cm frischer Ingwer
2 Knoblauchzehen
1 Bio-Limette
1 TL feiner Zucker
Salz
4 EL Sojasauce

Für das Sambal den Knoblauch und die Chilischoten fein hacken und im Mörser zerstampfen. Cashewkerne mit dem Wiegemesser oder im Mixer klein hacken. Darauf achten, dass auch noch einige grobe Stücke erhalten bleiben. Die Limetten heiß abwaschen und trocknen. Von der ganzen Limette die Schale abreiben und beide Limetten anschließend auspressen. Knoblauch, Chili, Cashewkerne, Limettensaft und –abrieb mit Zucker, Sojasauce und dem cremigen Teil der Kokosmilch vermengen, abschmecken und unbedingt vor dem Servieren für 1 Stunde kühl stellen. Das Sambal zieht dabei noch an und wird etwas fester.

Für die Spieße zunächst die Holzspieße in kaltes Wasser legen, sodass sie mindestens 30 Minuten ziehen können.

Den Tofu längs in 4 gleich große Scheiben schneiden und anschließend die Streifen in 6 flache Stücke schneiden (sodass sich 24 Stücke ergeben). Die Pilze putzen und in ebenso dicke Scheiben schneiden.

Koriandersamen und Kreuzkümmel in einer Pfanne ohne Öl anrösten, bis sie zu duften beginnen. Anschließend im Mörser zermahlen. Ingwer und Knoblauch schälen und fein schneiden. Die Limette heiß abwaschen, trocknen, die Schale abreiben und die Limette anschließend auspressen. Koriandersamen, Kreuzkümmel, Ingwer, Knoblauch, Limettensaft und -abrieb, Zucker, ½ TL Salz und Sojasauce miteinander vermischen.

Immer abwechselnd eine Pilzscheibe und ein Tofustück auf die Spieße aufstecken und mit der Gewürzmischung einreiben. In eine flache Schüssel geben und im Kühlschrank für 30 Minuten marinieren lassen.

Auf dem heißen Grill oder in einer Grillpfanne die Spieße anbraten. In der Zwischenzeit den Rucola waschen, trocken schleudern und auf einer großen Platte anrichten.

Die Spieße auf das Rucolabett geben und mit der restlichen Marinade beträufeln. Dazu das Cashew-Sambal reichen.

Mein Tipp
Der Trick, um gut schmeckenden Tofu zu erhalten, ist das Einfrieren. Nach dem Auftauen des Tofus kann man den Tofu super ausdrücken, sodass dieser die Möglichkeit hat, durch Einlegen in einer Würzmarinade die Geschmacksstoffe aufzunehmen (Prinzip der Osmose).

8 SPIESSE
ZUBEREITUNGSZEIT: 45 MINUTEN

Rucolapesto

mit RICOTTARAVIOLI

RUCOLAPESTO
60 g Rucolablätter
10 g Basilikum
40 g Pinienkerne
50 g Parmesan
4 EL Olivenöl
½ TL Meersalz
Pfeffer

RICOTTARAVIOLI
32 Blätter TK-Wan-Tan-Teig (10 × 10 cm)
100 g Parmesan
½ Bio-Zitrone
20 g Basilikum
200 g Ricotta
Salz, Pfeffer

RUCOLAPESTO
Für das Pesto die Rucola- und die Basilikumblätter waschen und hacken. Die Pinienkerne in einer Pfanne ohne Öl rösten. Den Parmesan grob zerkleinern.

Alle Zutaten außer dem Öl in einem Mörser fein zerreiben. Dann langsam das Öl hinzufügen, bis eine sämige Paste entsteht, die aber gerne noch kleine Stücke aufweisen darf.

Mein Tipp
Den Mörser nicht zu voll machen, besser in mehreren Schritten arbeiten.

RICOTTARAVIOLI
Die Teigblätter etwas auftauen lassen. Nacheinander abziehen und auf feuchten Küchentüchern auslegen. Den Parmesan reiben, die Zitrone heiß abwaschen, trocknen und die Schale abreiben. Basilikum waschen und hacken.

Ricotta, Parmesan, Zitronenschale und Basilikum vermengen. Einen Teelöffel der Masse in die Mitte der Teigplatte setzen, den Rand mit etwas Wasser bestreichen und mit einem zweiten Teigblatt bedecken. Die Ränder fest zusammendrücken und mit einem Ausstechring zu Ravioli ausstechen. Die Ravioli in siedendem Salzwasser 3–4 Minuten garen.

Tropfnass auf Tellern anrichten und mit dem Rucolapesto servieren.

4 PERSONEN
ZUBEREITUNGSZEIT: 30 MINUTEN

Rucolamayo

mit KARTOFFEL-WEDGES

RUCOLAMAYO
30 g Rucola
1 Bio-Zitrone
1 EL Dijon-Senf
1 TL Zucker
1 TL Salz
Pfeffer
1 Ei (Größe M)
200 ml Rapsöl

KARTOFFEL-WEDGES AUS DEM OFEN
1,5 kg festkochende Frühkartoffeln
Natron
1 TL Paprikapulver
½ TL gemahlene Kurkuma
1 TL feines Meersalz
3 EL Olivenöl

Den Rucola waschen und in feine Streifen schneiden. Die Zitrone halbieren und von einem Viertel die Schale abreiben, alle Teile auspressen.

Ein hohes Rührgefäß oder Glas mit dem Durchmesser des Stabmixers ist die Voraussetzung für das Gelingen der Blitz-Mayo. Den Senf, Zitronenabrieb, Zitronensaft, Zucker, Salz und Pfeffer in das Gefäß geben, das Ei obenauf setzen. Das Öl in den Behälter gießen. Den ausgeschalteten Stabmixer auf das Ei setzen. Den Stabmixer einschalten und vom Boden des Behälters beginnend langsam in die Höhe ziehen. Und siehe da, fertig ist die Blitz-Mayo. Jetzt noch den Rucola unterrühren und aus der Blitz-Mayo wird die Rucolamayo.

Mein Tipp
Die Zutaten für die Blitz-Mayo sollten die gleiche Temperatur haben, daher daran denken, das Ei und den Senf eine Weile vorher aus dem Kühlschrank zu nehmen.

Für die Wedges möglichst Kartoffeln mit etwa gleicher Größe auswählen. Die Kartoffeln waschen und mit Schale in gleich große Viertel (Wedges) schneiden.

Wedges in eine große Schüssel geben und mit kochendem Wasser und 1 Prise Natron übergießen. 15 Minuten einweichen. Anschließend abgießen.

Backofen und Backblech auf 240 °C (Ober-/Unterhitze) vorheizen.

Wedges mit einem sauberen Küchentuch oder Küchenkrepp trocken tupfen. Das heiße Backblech mit Backpapier belegen, Wedges darauf verteilen, für 15 Minuten in den Ofen geben und ab und zu wenden.

Nach 15 Minuten Gewürze und Öl darübergeben und weitere 15 Minuten backen. In den letzten 5 Minuten den Backofengrill dazuschalten.

Die noch heißen Wedges zusammen mit der Rucolamayo servieren.

4 PERSONEN
ZUBEREITUNGSZEIT: 50 MINUTEN

Horenso No Goma-Ae

500 g Blattspinat mit Stielen
Natron
Küchengarn

SESAMSAUCE
4 EL heller Sesam
3 EL Tahin
1 EL brauner Zucker
2 EL Reisessig
3 EL Sojasauce

Spinat gründlich waschen. Die Stielansätze bündeln und mit Küchengarn zu 4 Sträußen binden. Eine Schüssel mit Eiswasser vorbereiten. Einen Topf Wasser mit 1 Prise Natron zum Kochen bringen, die Spinatsträußchen mit den Stielen nach unten hineingeben, 1 Minute blanchieren, rausnehmen und sofort ins eiskalte Wasser legen. Kurz im Wasser liegen lassen, dann rausnehmen und die Flüssigkeit gründlich aus den Blättern drücken. Das Küchengarn entfernen und die einzelnen Spinatblätter eines Sträußchens im Rund auf einem Teller drapieren. Für die weiteren 3 Sträußchen Vorgang wiederholen.

Den Sesam bei mittlerer Hitze unter ständigem Rühren in einer gusseisernen Pfanne hellbraun rösten. Unbedingt darauf achten, dass sie nicht zu dunkel werden, ansonsten werden sie bitter. Den richtigen Zeitpunkt erkennt man daran, dass ein vertrauter Geruch nach Jahrmarkt durch die Wohnung zieht. 1 EL Sesam zum Garnieren beiseitelegen. Anschließend in einem Mörser den gerösteten Sesam zu einer groben Paste zerreiben, hierfür benötigt man keinerlei Flüssigkeitszugabe – nach genügender Reibung entsteht eine pastöse Masse. Tahin, Zucker, Reisessig, Sojasauce und 1–2 EL heißes Wasser hinzufügen und gut verrühren. Eventuell mit ein wenig Sojasauce abschmecken – die Masse sollte eine süßlich-würzige Note und eine dicke Konsistenz haben. Über den Spinat träufeln, mit geröstetem Sesam garnieren und servieren.

4 PERSONEN (BEILAGE/VORSPEISE)
ZUBEREITUNGSZEIT: 20 MINUTEN

Spinatknödel

mit BRAUNER BUTTER und PARMESANSPÄNEN

SPINATKNÖDEL
160 g Butter
250 ml Milch
450 g Spinat
500 g Knödelbrot
240 g Zwiebeln
2 Knoblauchzehen
Ghee (siehe S. 342)
1 Bio-Zitrone
2 cm frischer Bio-Ingwer
4 Eier (Größe M)
Salz, Pfeffer
geriebene Muskatnuss
Zucker
100 g Parmesan

GARNITUR
150 g Haselnusskerne
150 g Panko (alternativ Semmelbrösel)
Ghee (siehe S. 342)
Parmesanspäne

Butter mit Milch erwärmen, etwas abkühlen lassen. Spinat blanchieren oder in einer Pfanne kurz andünsten, Flüssigkeit gut ausdrücken, die Blätter klein schneiden und zum Knödelbrot geben.

Zwiebeln und Knoblauch schälen, in kleine Würfel schneiden, in etwas Ghee andünsten und ebenfalls zum Knödelbrot geben.

Die Zitrone heiß waschen und die Schale abreiben. Den Ingwer gründlich waschen und mit Schale ebenfalls fein reiben. Die Eier verrühren, die warme „Butter-Milch" dazugeben und mit Salz, Pfeffer, Muskatnuss, Zitronen- und Ingwerabrieb und 1 Prise Zucker abschmecken. Zu der Knödelmasse geben. Parmesan reiben und auch zur Knödelmasse geben.

Die Haselnusskerne hacken und mit dem Panko in Ghee anrösten. Die Hälfte davon zur Knödelmasse geben, die andere Hälfte fürs Servieren zur Seite stellen. Die Knödelmasse mit den Händen gut vermengen und 30 Minuten ruhen lassen.

Mit feuchten Händen 70 g schwere Knödel formen, diese fest zusammendrücken und im Dampfgarer bei 100 °C 20 Minuten in einer gebutterten, gelochten Form garen. Alternativ in einem großen Topf in siedendem Salzwasser 15 Minuten ziehen lassen.

Drei Spinatknödel in reichlich Ghee rundherum anbräunen. In einem tiefen Teller mit ein paar Löffeln von der braunen Butter (Ghee), Nuss-Panko-Topping und Parmesanspänen anrichten, dazu passt gut ein grüner Salat.

CA. 22 KNÖDEL
ZUBEREITUNGSZEIT: 70 MINUTEN

Detox-Smoothie

mit GRANNY SMITH und INGWER

1 Granny-Smith-Apfel
2 cm frischer Bio-Ingwer
½ Banane
100 g Baby-Spinat
85 ml ungesüßter Mandeldrink
1 TL Honig
6 Eiswürfel

Den Apfel waschen, vierteln und das Kerngehäuse entfernen. Den Ingwer waschen und mit einer Küchenbürste gut abbürsten, mit der Schale in Scheiben schneiden. Die Banane schälen. Den Baby-Spinat waschen und trocken schleudern.

Alle Zutaten in den Mixer geben und so lange mixen, bis der Smoothie schön cremig ist.

WISSENSWERTES
Weil für den Smoothie das Gemüse nicht gegart oder entsaftet, sondern frisch püriert wird, gehen keine Nährstoffe verloren und das köstliche Püree ist der perfekte Nährstoff-Lieferant, wenn es mal schnell gehen muss.

2 PERSONEN
ZUBEREITUNGSZEIT: 5 MINUTEN

Zwei-Farben-Smoothie

mit GRÜNEM APFEL und JOGHURT

GRÜNER SMOOTHIE
2 Handvoll Baby-Spinat
½ grüner Apfel
1 Limette
100 ml Kokosmilch
3 Eiswürfel

JOGHURT-SMOOTHIE
½ grüner Apfel
125 g griechischer Joghurt
50 ml Kokosmilch
3 Eiswürfel

GRÜNER SMOOTHIE
Spinat waschen und trocken schleudern. Den Apfel waschen, das Kerngehäuse entfernen und grob würfeln. Die Limette halbieren und den Saft auspressen.

Alle Zutaten in einen Hochleistungsmixer geben und mixen. Smoothie in ein Glas füllen.

JOGHURT-SMOOTHIE
Den Apfel waschen, das Kerngehäuse entfernen und grob würfeln. Joghurt, Kokosmilch, Apfel und Eiswürfel in den Hochleistungsmixer geben, pürieren und auf den grünen Smoothie geben.

WISSENSWERTES
Apfelschale enthält unter anderem viel Vitamin C und wertvolle Ballaststoffe und ist damit gut für die Verdauung. Weil für den Zwei-Farben-Smoothie die Zutaten alle fein püriert werden, lohnt es sich also, den Apfel nicht zu schälen und stattdessen nur das Kerngehäuse zu entfernen.

2 PERSONEN
ZUBEREITUNGSZEIT: 8 MINUTEN

Sommer

VON ARTISCHOCKE BIS ZUCCHINI

Oh, geliebter Sommer. Lang, lang herbeigesehnt und in unseren Gefilden immer zu kurz. Was gibt es Schöneres, als barfuß durch den Garten zu gehen, hie und da eine Tomate oder Himbeere zu naschen und mit einem Korb voll frischem Gemüse zurück in die Küche zu kommen. Ich heize jetzt den Grill an und genieße die lauen Sommernächte mit Freunden.

Blütengemüse

Er liebt mich, er liebt mich nicht …

Blütengemüse = Essbare Blüten. Gemeint sind damit Knospen oder Blüten von Gemüsesorten, die verzehrt werden können. Die bekanntesten davon sind Artischocken, Blumenkohl, Brokkoli, Romanesco, aber auch Kapernknospen und Zucchiniblüten.

Bei den meisten Blütengemüsen, die verzehrt werden können, sind die Blüten noch nicht geöffnet. Fangen die Blütenknospen an zu blühen, dann ist das Blütengemüse zwar meist noch genießbar, verliert aber weitgehend seinen Geschmack. Bei den Artischocken muss man sich dagegen eindeutig entscheiden, ob sie zum Essen oder als Deko dienen sollen. Denn blühende Artischocken sind nicht mehr genießbar. Den richtigen Zeitpunkt für die Artischockenernte erkennt man daran, dass die Schuppen der Artischockenknospen dicht anliegen und die Blüten noch nicht geöffnet sind.

Auch die Knospen des Kapernstrauchs sind in der Küche eine Delikatesse. Ich verwende sie kurz frittiert, dann werden sie herrlich knusprig und sind das i-Tüpfelchen für ganz spezielle Gerichte. Ich denke dabei an unseren Kartoffelsalat mit Portobello-Schnitzel von Seite 256.

Für die Kapernernte werden die geschlossenen, unreifen Blütenknospen im Mai von Hand gepflückt. Rohe Kapernknospen sind anfänglich noch bitter, durch den sogenannten Welkvorgang verlieren sie jedoch über Nacht ihre Bitterstoffe. Anschließend legt man sie zur Konservierung in Salz, Essig oder Öl ein. Die geschmacksgebenden Stoffe in den Kapern sind Caprinsäure und ein Senfölglykosid. Da sich diese bei Wärme rasch verflüchtigen, gibt man Kapern warmen Gerichten erst zum Schluss zu. Eingesalzene Kapern, wie sie in der italienischen und spanischen Küche bevorzugt werden, müssen vor der Verwendung kurz abgespült werden.

ARTISCHOCKE

Cynara cardunculus subsp. scolymus

STECKBRIEF
Die Distelpflanze aus der Familie der Korbblütler ist vor allem im Mittelmeerraum heimisch. Seit Jahrtausenden ist die Artischocke als Heilpflanze berühmt und galt schon im alten Ägypten als Delikatesse. Die Pflanze erreicht eine Wuchshöhe von bis zu zwei Metern. Ihr volles Aroma entfaltet die Artischocke in ihrer Erntezeit von Juli bis Oktober. Die große Blüte leuchtet in einem wunderschönen Violett. Genießbar ist sie allerdings nicht.

VERWENDUNG
Die Artischocke ist ein Allroundgemüse und schmeckt eingelegt, gekocht, gegrillt und gebraten. Die Zubereitung ist ein wenig aufwendig, aber sie lohnt sich allemal! Beim Kauf unbedingt darauf achten, dass die Blätter knackig und die Knospen geschlossen sind. Bei der klassischen Verarbeitung werden Artischocken in Salzwasser gekocht, die weichen Blätter vorsichtig abgetrennt und in eine Vinaigrette getunkt. Weich und zart schmeckt das gekochte Artischockenherz hervorragend, nachdem es vom Heu befreit wurde.

WISSENSWERTES
In den Artischockenblättern stecken neben dem Bitterstoff Cynarin auch Flavonoide, die den Appetit anregen, die Gallenproduktion in Schwung bringen und den Cholesterinspiegel im Gleichgewicht halten.

BLUMENKOHL

Brassica oleracea var. botrytis

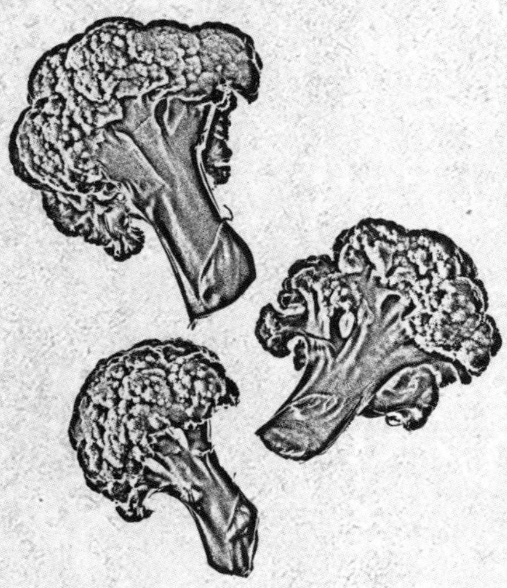

STECKBRIEF

Blumenkohl gehört zur Familie der Kreuzblütengewächse und fand mit den Kreuzzügen Verbreitung in Europa. Das Besondere an dieser Kohlsorte? Hier werden nicht die Blätter, sondern die Blüten verzehrt! Unzählige Blütensprossen drängen sich im Kohlkopf. Während des Wachstums verdecken die Blätter die Blüten und sorgen so für die typische helle Färbung im Inneren. Bekannt ist vor allem der weiße Blumenkohl. Es gibt aber auch rote, gelbe und violette Sorten. Die Erntezeit erstreckt sich von Juni bis Oktober.

VERWENDUNG

Roh, gekocht, gebraten: Blumenkohl hat einen leicht nussigen Eigengeschmack und lässt sich vielseitig zubereiten. Er ist ein wichtiger Bestandteil in der Low-Carb-Ernährung und dient als spannende Alternative zu Reis, Couscous oder Pizzateig. Blumenkohl ist eine geniale Beilage zu Currys, Wokgerichten oder Gemüsepfannen. Er enthält verschiedene B-Vitamine, Vitamin C und Vitamin K, das für die Blutgerinnung wichtig ist, außerdem Mineralstoffe wie Kalzium, Magnesium, Phosphor und Kalium.

WISSENSWERTES

Blumenkohl hat eine geschlossene Blume. Wird er nicht geerntet, entwickeln sich gelbe Blüten. Beim Kochen verhindern ein wenig Milch oder Zitrone, dass der Blumenkohl hässliche Verfärbungen bekommt. Übrigens: auch die Blätter des Blumenkohls können verarbeitet werden, beispielsweise in Suppen.

BROKKOLI

Brassica oleracea var. italica

STECKBRIEF

Brokkoli zählt zur Familie der Kreuzblütler. Die verzweigten Blütenknospen bilden den Kopf des Kohls. Wie auch beim Blumenkohl werden hier nicht die Blätter, sondern die nicht vollständig entwickelten Blüten samt Stängelansatz verzehrt. Brokkoli hat meist eine tiefgrüne bis blaugrüne Farbe; immer öfter findet man jetzt auch violette, gelbe und weiße Sorten auf den Wochenmärkten. Im Gartenanbau mag er nährstoffreiche, kalkhaltige Böden und einen sonnigen Standort.

VERWENDUNG

Ob im Auflauf, in der Suppe, als Beilage oder roh im Salat – Brokkoli lässt sich in vielen Formen zubereiten und kann vom Kopf bis zum Strunk verwendet werden. Seine gesunden Eigenschaften behält er aber vor allem, wenn er für kurze Zeit gedämpft wird. Auch als Keimsprossen ist Brokkoli ein leicht scharfes und würziges Topping. Im Sommer gönne ich mir total gerne in Sojasauce marinierten Brokkoli, direkt vom Grill mit einem gekühlten Singha Bier dazu.

WISSENSWERTES

Brokkoli gilt als einheimisches Superfood. Er punktet mit viel Vitamin C, Kalzium, Beta-Carotin und Senfölglykosiden. Diese wirken antioxidativ und immunstärkend. Zudem ist er für eine kalorienarme Ernährung ideal. Beim Kauf sollte der Brokkoli knackig grüne und geschlossene Blüten haben. Da die Röschen sehr empfindlich sind, darf Brokkoli nur kurz im Kühlschrank gelagert werden.

ROMANESCO

Brassica oleracea convar. botrytis var. botrytis

STECKBRIEF

Romanesco (auch Minarettkohl) ist ein kleines architektonisches Wunder. Wie sein naher Verwandter, der Blumenkohl, ist der Romanesco ein Korbblütler. Er wurde vor Jahrhunderten in Rom gezüchtet und war bald auch in anderen Ländern Europas beliebt. Das Fantastische am Romanesco ist der Blütenstand des Kohlkopfes mit seinen tannenförmigen Blüten in hellem Grün. Die Blätter sind dunkelgrün und schmiegen sich an den Kopf.

VERWENDUNG

Vom kleinsten Röschen bis hin zum Strunk lässt sich vom Romanesco alles verwenden. Die jungen Röschen schmecken auch roh. Romanesco ist nicht nur optisch ein Gewinn auf dem Esstisch, sondern punktet auch mit seinem unaufdringlichen Aroma. Romanesco gilt als besonders bekömmlich, da er kaum Stoffe enthält, welche die berüchtigten Blähungen verursachen. Dafür steckt er voller Vitamin C, Provitamin A, Carotin, Phosphor und Zink. Sein Geschmack erinnert an den von Blumenkohl und Brokkoli. Er kann ebenso gedämpft, gekocht, gebraten und gegrillt werden. Um seine schöne Farbe zu behalten, sollte beim Kochen ein wenig Zucker, Zitronensaft oder Natron beigefügt werden.

WISSENSWERTES

Romanesco am besten nach der Ernte so schnell wie möglich aufbrauchen. Im Gemüsefach des Kühlschranks hält er sich nur wenige Tage. Unbedingt die Kohlblätter dranlassen, die das empfindliche Innere vor Kälte schützen.

ZUCCHINIBLÜTE

Cucurbita pepo

STECKBRIEF

Von Juni bis Juli: Nur für kurze Zeit sind die gelben Zucchiniblüten verfügbar. Sie werden in der Regel sehr früh morgens geerntet, wenn sich die Blüten gerade öffnen. Die feinen Blüten sind eine Delikatesse und ein wunderbarer Sommersnack. Bei der Ernte oder beim Kauf unbedingt darauf achten, dass die Blüten frisch und knackig sind. Je nach Gericht werden kleinere oder größere Blüten verwendet. Haben die Zucchinifrüchte eine Länge von etwa 10 cm erreicht, tragen sie die essbaren Blüten.

VERWENDUNG

Zucchiniblüten schmecken angenehm nussig. Sie werden gegrillt, frittiert oder gefüllt. Dafür die empfindlichen Blüten vorsichtig gründlich waschen und mit einem Küchenpapier trocken tupfen. Dann leicht aufbiegen und die Blütenstempel entfernen. Jetzt lassen sich die Blüten entweder pur oder im Teigmantel frittieren. Herrlich cremig schmecken sie, wenn sie mit Ricotta gefüllt sind, fruchtig mit Gemüse. Auch roh sind die gelben Zucchiniblüten essbar und ein Highlight in jedem Sommersalat.

WISSENSWERTES

Zucchini ist ein genügsames Gemüse. Sie wächst sogar in einem großen Topf auf dem Balkon. Dafür muss man sie nur regelmäßig düngen, mit ausreichend Wasser versorgen und vor allem einen sonnigen Standort bieten. Dann dankt es einem die Zucchinipflanze mit reicher Ernte an essbaren Blüten und Zucchinis.

Artischockensalat

mit FENCHEL und TRAUBEN

1 Zitrone für das Artischockenwasser

DRESSING
1 Bio-Zitrone
1 TL brauner Zucker
Salz, Pfeffer
½ TL Dijon-Senf
4 EL Olivenöl

ARTISCHOCKENSALAT
4 Violetto di Romagna (kleine Artischocken mit violetten, länglichen Knospen)
1 kleine Fenchelknolle
4 Zweige Dill
4 Zweige Basilikum
300 g rote Trauben
50 g violette Oliven (entsteint)

Den Saft von der Zitrone auspressen und mit reichlich kaltem Wasser in eine große Schüssel geben.

Für die Salatsauce die Zitrone heiß waschen und die Schale zur Hälfte abreiben, anschließend den Saft auspressen. Abrieb und Saft in eine Schüssel geben, Zucker, Salz, Pfeffer, Senf und Olivenöl beifügen und alles gut mit dem Schneebesen verrühren.

Alle zähen äußeren Blätter der Artischocken abbrechen. Den Stiel auf etwa 5 cm kürzen, mit einem kleinen Messer schälen. Die obere Hälfte der Knospe abschneiden. Längs halbieren – falls im Inneren der Artischocke die faserigen Röhrenblüten schon deutlich zu sehen sind, einfach mit einem Teelöffel herauskratzen. Bei ganz jungen Artischocken ist das aber oft gar nicht nötig. Die Schnittflächen und auch die Finger (!) färben sich schnell schwarz, daher die Artischocken nach der Bearbeitung sofort in das Zitronenwasser legen und Handschuhe anziehen. Dann nach Belieben wie im Tipp vorgaren.

Nach der Garzeit die Artischockenhälften aus der Brühe nehmen und mit dem Dressing vermischen. Den Fenchel waschen und putzen, schönes Grün für die Garnitur beiseitelegen. Die Knollen längs halbieren. Den Fenchel auf einem Gemüsehobel in ganz feine Scheiben schneiden. Die Scheiben zu den Artischocken geben und ebenfalls mit der Salatsauce mischen. Dill und Basilikum grob hacken und ebenfalls unter den Salat mischen. Die Trauben waschen und halbieren.

Den Salat auf Tellern anrichten und Trauben, Oliven und Fenchelgrün darüber dekorativ verteilen.

Mein Tipp

Wir haben viel herumprobiert und sind zu dem Resultat gekommen: Artischocken schmecken, ob im Salat, paniert, frittiert oder gefüllt, am besten, wenn sie kurz vorgegart werden.

Salz
1 Zitrone
2 Knoblauchzehen
1 Thymianzweig
2 Lorbeerblätter
1 TL Wacholderbeeren
4 Pfefferkörner

Zuerst einen Kochsud für die Artischocken vorbereiten: Etwa 1 l Wasser mit Salz würzen, Zitrone vierteln und ins Wasser auspressen, die ausgepressten Stücke mit ins Wasser geben. Knoblauchzehen mit Schale leicht quetschen und mit Thymian, Lorbeer, Wacholder und Pfefferkörnern in den Topf geben, aufkochen, etwa 10 Minuten schwach köcheln lassen.

Die Artischocken wie beschrieben putzen und im Sud 5 Minuten köcheln, dann auf der ausgeschalteten Herdplatte noch 5 Minuten ziehen lassen (jetzt sind sie bissfest). Beachte: große Exemplare brauchen ca. 2 Minuten länger, sehr kleine 2 Minuten weniger Zeit.

4 PERSONEN
ZUBEREITUNGSZEIT: 30 MINUTEN

Gratinierte Artischocken

mit ZITRONEN-KAPERN-MAYO

1 Zitrone für das Artischockenwasser
12 Violetto di Romagna (kleine Artischocken mit violetten, länglichen Knospen)
Artischockenbrühe von Seite 152

ZITRONEN-KAPERN-MAYO (250 ML)
1 Bio-Zitrone
1 EL Dijon-Senf
1 EL Kapern
Zucker
Salz
1 Ei (Größe M)
200 ml Rapsöl

ARTISCHOCKEN-FÜLLUNG
3 Scheiben altbackenes Ciabattabrot
10 Stängel glatte Petersilie
1 große Knoblauchzehe
1 TL Meersalz, Pfeffer
50 ml Olivenöl
50 g geriebener Parmesan

Den Saft der Zitrone auspressen und mit reichlich kaltem Wasser in eine große Schüssel geben.

Alle zähen äußeren Blätter der Artischocken abbrechen. Den Stiel auf etwa 5 cm kürzen und den Stiel mit einem kleinen Messer schälen. Die obere Hälfte der Knospe abschneiden. Längs halbieren – falls im Inneren der Artischocke die faserigen Röhrenblüten schon deutlich zu sehen sind, einfach mit einem Teelöffel herauskratzen. Bei ganz jungen Artischocken ist das aber oft gar nicht nötig. Die Schnittflächen und auch die Finger (!) färben sich schnell schwarz. Um das zu verhindern, die Artischocken in das Zitronenwasser legen und Handschuhe anziehen. Die Artischocken schmecken besser, wenn man sie vor dem Gratinieren kurz vorgart. Dazu am besten die Brühe und Vorgehensweise von Seite 152 verwenden.

Für die Mayo die Zitrone halbieren, von einer Hälfte die Schale abreiben und beide Hälften auspressen. Senf, Zitronenabrieb und -saft, Kapern und je 1 TL Zucker und Salz in ein hohes Gefäß geben, das Ei obenauf setzen, dann das Öl hinzugeben. Nun den Stabmixer in den Mixbecher tauchen, sodass er am Boden des Bechers das Ei umschließt. Den Stabmixer jetzt erst einschalten und langsam nach oben ziehen. Und siehe da, fertig ist die Blitz-Mayo. Die Zitronen-Kapern-Mayo bis zum Servieren kühl stellen.

Mein Tipp
Die Zutaten für die Blitz-Mayo sollten die gleiche Temperatur haben, daher daran denken, Ei und Senf eine Weile vorher aus dem Kühlschrank zu nehmen.

Den Backofen auf 200 °C (Ober-/Unterhitze) vorheizen.

Für die Artischockenfüllung zunächst das Brot in 1×1 cm große Stücke schneiden, Petersilienblätter abzupfen und grob hacken und die Knoblauchzehe schälen und fein schneiden oder hacken.

Brot, Petersilie, Knoblauch, Salz, Pfeffer, Olivenöl und Parmesan miteinander vermengen und alles grob pürieren. Füllung auf die vorgegarten Artischocken verteilen und diese auf ein mit Backpapier ausgelegtes Backblech stellen. Mit Olivenöl besprenkeln und für 10 Minuten in den heißen Ofen (Mitte) geben. Zum Schluss für 5 Minuten den Backofengrill dazuschalten, aber die Artischocken dabei im Auge behalten. Die Parmesan-Brot-Füllung soll schön kross werden, aber nicht verbrennen.

Die gratinierten Artischockenhälften mit der Zitronen-Kapern-Mayo servieren.

4 PERSONEN
ZUBEREITUNGSZEIT: 35 MINUTEN

Artischockenpüree

mit PFIFFERLINGEN und FRITTIERTEN ARTISCHOCKEN

Artischockenbrühe von Seite 152
1 Zitrone für das Artischockenwasser

ARTISCHOCKENPÜREE
4 große Artischockenböden
2 Schalotten
1 Knoblauchzehe
1 EL Rapsöl
300 ml Gemüsefond
100 g Sahne
10 g Butter
1 Spritzer Zitronensaft
Salz, Pfeffer

GEBRATENE PFIFFERLINGE
300 g Pfifferlinge
2 Schalotten
1 EL Rapsöl
1 EL Sojasauce
20 g Butter
10 Stängel Petersilie

FRITTIERTE ARTISCHOCKEN
12 Violetto di Romagna (kleine Artischocken mit violetten, länglichen Knospen)
100 g Parmesan
2 Eier (Größe M)
50 g Sahne
Salz, Pfeffer
100 g Mehl
200 g Panko
300 ml Öl zum Frittieren

Für das Artischockenpüree die Artischockenböden putzen und in grobe Stücke schneiden. Dann die Schalotten und den Knoblauch schälen und grob würfeln, anschließend die Artischocken, Schalotten, Knoblauch zusammen in einem Topf mit Rapsöl anbraten. Mit Gemüsefond ablöschen und um zwei Drittel einkochen lassen. Sahne und Butter zugeben, um die Hälfte einkochen und alles zusammen in einem Mixer fein pürieren. Mit Zitronensaft, Salz und Pfeffer abschmecken.

Die Pfifferlinge putzen und je nach Größe halbieren oder vierteln. In einer heißen Pfanne ohne Öl scharf anbraten, auf einen Teller geben und zur Seite stellen. Die Schalotten schälen und fein würfeln. Öl in die Pfanne geben und die Schalotten zugeben, kurz anbraten. Jetzt die Pilze wieder dazugeben, erwärmen und mit Sojasauce ablöschen. Mit der kalten Butter die Sauce abbinden. Zum Schluss die Petersilie zupfen, die Blätter fein hacken und unterheben.

Die Artischocken vorbereiten: Etwa das obere Drittel der Artischockenblätter abschneiden. Alle äußeren harten Blätter entfernen, bis die Blätter zarter und heller werden. Den Stiel so kürzen, dass 3–5 cm stehen bleiben, ggf. harte Stellen abschneiden. Die Artischocken der Länge nach halbieren. Mit einem kleinen Löffel das Heu behutsam entfernen. Um die Farbe der Artischocken zu erhalten, das vorbereitete Gemüse in eine Schüssel mit kaltem Wasser und Zitronensaft geben. Die Artischocken schmecken besser, wenn man sie vor dem Frittieren kurz in Brühe vorgart, wie auf Seite 152 beschrieben.

Nun den Parmesan reiben. In einem flachen Teller die Eier aufschlagen, die Sahne hinzugeben und alles kräftig miteinander verquirlen. Salzen und pfeffern. Auf einen weiteren flachen Teller das Mehl geben und auf einem dritten Teller das Panko mit Parmesan mischen.

Zum Frittieren das Öl in einem Topf auf 160 °C erhitzen.

Dafür die vorgegarten Artischocken im Mehl wenden. Dann die Artischockenhälften durch die Ei-Sahne-Mischung ziehen, in den Panko-Parmesan-Bröseln wenden und portionsweise im heißen Öl ca. 2 Minuten ausbacken. Sie sollten goldgelb sein. Die frittierten Artischocken mit einer Schaumkelle aus dem Öl heben und auf Küchenpapier abtropfen lassen.

Zuerst das Artischockenpüree auf einem Teller anrichten, die Pfifferlinge dazugeben und die frittierten Artischockenböden auf das Püree setzen.

4 PERSONEN
ZUBEREITUNGSZEIT: 60 MINUTEN

Blumenkohlauflauf

mit KARTOFFELN und ZUCKERSCHOTEN

BLUMENKOHLAUFLAUF
1 Blumenkohl
400 g Kartoffeln
Salz
1 Prise Zucker
100 g Zuckerschoten
1 EL Butter zum Fetten der Auflaufform
100 g geriebener Gouda oder milder Bergkäse

BÉCHAMELSAUCE
60 g Butter
50 g Mehl
100 ml Weißwein
400 ml Milch
Salz, Pfeffer
geriebene Muskatnuss
1 Dose Safranfäden
50 g geriebener Gouda oder milder Bergkäse

Wasser in einem großen Topf zum Kochen bringen.

Den Strunk vom Blumenkohl herausschneiden, den Blumenkohl in kleine Röschen teilen und gründlich waschen. Kartoffeln schälen und in 1,5×1,5 cm große Würfel schneiden. Zuckerschoten waschen.

Die Blumenkohlröschen und die Kartoffelwürfel für ca. 10 Minuten in Salzwasser mit 1 Prise Zucker blanchieren, bis beides bissfest ist. Kurz vor Garzeitende (nach 8 Minuten) die Zuckerschoten hinzugeben und mitgaren. Gemüse aus dem Wasser nehmen, mit kaltem Wasser abschrecken und abtropfen lassen. Anschließend das Gemüse in einer gebutterten Auflaufform verteilen.

Backofen auf 200 °C (Ober-/Unterhitze) vorheizen.

Für die Béchamelsauce die Butter bei mittlerer Hitze in einem Topf zerlassen. Das Mehl nach und nach zugeben und mit dem Schneebesen unter ständigem Rühren einarbeiten. Das Mehl-Butter-Gemisch ca. 5 Minuten weiterrühren, damit sich Mehl und Butter gut verbinden und die Sauce hinterher keinen mehligen Geschmack hat. Achtung: Die Mehl-Butter-Mischung sollte nicht bräunen, da die Béchamelsauce hell bleiben soll. Immer weiterrühren und dabei den Weißwein in kleinen Portionen zugießen, bis sich alles klumpenfrei verbunden hat. Mit der Milch genauso verfahren. Nur so viel Milch zugeben, dass eine cremige Konsistenz entsteht und die Béchamelsauce nicht zu flüssig wird.

Mit Salz, Pfeffer und etwas Muskat würzen, die Safranfäden dazugeben und die Sauce für weitere 5–10 Minuten köcheln lassen, damit der Mehlgeschmack vollständig verschwindet. Falls die Sauce zu dick ist, noch etwas Wasser unterrühren. 50 g geriebenen Käse einrühren und schmelzen lassen.

Béchamelsauce über das Gemüse in die Auflaufform gießen und mit dem restlichen Käse bestreuen. Im Backofen bei 200 °C ca. 15 Minuten überbacken, bis die Oberfläche leicht gebräunt ist.

Mein Tipp
Wer einen Ofen mit Grillfunktion besitzt, schaltet zum Schluss für 5 Minuten noch den Grill dazu.

4 PERSONEN
ZUBEREITUNGSZEIT: 60 MINUTEN

Blumenkohlsuppe

mit ZITRONE und PARMESAN

BLUMENKOHLSUPPE
1 Blumenkohl
1 Bio-Zitrone
1 Zwiebel
1 Knoblauchzehe
1 EL Olivenöl
1 Prise Pul Biber (türkisches Paprikapulver)
Salz
1 l Gemüsebrühe (siehe S. 340)
2 EL Mascarpone
4 EL geriebener Parmesan

GARNITUR
Olivenöl
40 g Kapern, (z. B. Nonpareilles)
8 Scheiben Baguette
1 Knoblauchzehe
1 TL Pul Biber (türkisches Paprikapulver)

Vom Blumenkohl die grünen Blätter entfernen und 3 Blumenkohlröschen herausbrechen und für Dekozwecke zur Seite stellen. Den Kohl vierteln und jedes Viertel in 4–5 Stücke schneiden. Von der Zitrone die Schale mit einem Sparschäler abschälen, dabei so wenig weiße Schale wie möglich mitnehmen. Die Zitrone auspressen.

Zwiebel und Knoblauch schälen und fein hacken. Das Olivenöl in einem Topf, der ausreichend groß für die Suppe ist, erhitzen. Zwiebel, Knoblauch, Pul Biber und ½ TL Salz in das heiße Öl geben und andünsten. Das Gemüse soll nicht bräunen. Mit der kalten Gemüsebrühe ablöschen.

Blumenkohl und Zitronenschale in den Topf geben, alles aufkochen lassen, dann bei niedriger Hitze mit leicht geöffnetem Deckel gar kochen. Zitronenschale entfernen und portionsweise im Mixer oder mit dem Stabmixer pürieren. Mascarpone und Parmesan unterrühren und mit Zitronensaft und evtl. noch etwas Salz abschmecken.

Die zur Seite gelegten Blumenkohlröschen waschen, trocken tupfen und in Scheiben schneiden.

Öl in einer kleinen Pfanne erhitzen. Zuerst die Kapern darin knapp 1 Minute frittieren, mit einer Schaumkelle herausnehmen und auf Küchenpapier abtropfen lassen. Dann die Blumenkohlscheiben anbraten und ebenfalls aus der Pfanne nehmen.

Baguettescheiben anrösten und noch warm mit einer halbierten Knoblauchzehe einreiben. Arschließend mit Olivenöl beträufeln, nach Belieben pfeffern und salzen.

Die Suppe mit den Kapern, dem angerösteten Blumenkohl und dem Pul Biber garnieren und mit jeweils 2 Scheiben Bruschetta servieren.

4 PERSONEN
ZUBEREITUNGSZEIT: 30 MINUTEN

Blumenkohl-Tabouleh

mit MANDELN, ROSINEN und GRANATAPFELKERNEN

KICHERERBSEN
1 Dose Kichererbsen
(240 g Abtropfgewicht)
1 EL Olivenöl
Salz, Pfeffer
2 TL Paprikapulver

BLUMENKOHL
1 Blumenkohl
2 EL Olivenöl
1 TL gemahlene Kurkuma
½ TL Currypulver
½ TL gemahlener Kreuzkümmel
150 g TK-Erbsen
Natron
je 1 Bund Minze, Koriander und Petersilie
3 EL Rosinen
100 g Mandelstifte
Kerne von ½ Granatapfel

DRESSING
1 große Bio-Zitrone
4 EL Olivenöl
½ EL Ras el Hanout
(siehe Tipp S. 70)
1 EL Agavensirup
Salz, Pfeffer
½ TL Pul Biber (türkisches Paprikapulver)

Den Ofen auf 200 °C (Ober-/Unterhitze) vorheizen. Die Kichererbsen in einem Sieb gut abtropfen lassen. Mit Olivenöl vermengen.

Mein Tipp
Je trockener die Kichererbsen vor dem Backen sind, desto knuspriger werden sie.

Den Blumenkohl waschen und in kleine Röschen zerteilen. Mit Olivenöl, Kurkuma, Curry und Kreuzkümmel in einer Schüssel vermischen. Kichererbsen und Blumenkohl getrennt voneinander auf zwei mit Backpapier belegte Backbleche geben und ca. 20 Minuten rösten. Den Blumenkohl aus dem Ofen nehmen und auskühlen lassen.

Die Kichererbsen ebenfalls aus dem Ofen nehmen und die Gewürze hinzufügen (die Gewürze kommen erst jetzt dazu, weil sie leicht verbrennen und dann bitter schmecken würden). Gut durchmischen und wieder für weitere 10 Minuten in den Ofen. Wenn die Kichererbsen eine goldbraune Farbe angenommen haben und knusprig aussehen, sind sie fertig.

Den Blumenkohl grob reiben, er soll die Körnigkeit von Couscous aufweisen. Die Erbsen in heißem Wasser mit 1 Prise Natron kurz blanchieren, anschließend in Eiswasser abschrecken und in einem Sieb gut abtropfen lassen. Die Kräuter waschen, trocken tupfen und sehr fein schneiden. In einer Pfanne ohne Fett die Rosinen und Mandelstifte anrösten, aus der Pfanne nehmen und auskühlen lassen.

Alle Zutaten zum Blumenkohl-Couscous geben und miteinander vermengen.

Für das Dressing die Zitrone heiß waschen, halbieren, von einer Hälfte die Schale abreiben und beide Hälften auspressen. Den Zitronensaft und -abrieb, Olivenöl, Ras el Hanout, Agavensirup, Salz, Pfeffer und Pul Biber mit einem Schneebesen oder Quirl zu einem Dressing verrühren und unter das Blumenkohl-Tabouleh mischen.

Blumenkohl-Tabouleh mit den gerösteten Kichererbsen anrichten.

4 PERSONEN
ZUBEREITUNGSZEIT: 40 MINUTEN

Orecchiette

mit BROKKOLI und GORGONZOLASAUCE

500 g Orecchiette

BROKKOLI UND SAUCE
1 Brokkoli
Salz
Natron
1 Knoblauchzehe
Olivenöl
200 ml trockener Weißwein
200 ml Gemüsebrühe (siehe S. 340)
Pfeffer
150 g Gorgonzola mit Mascarpone

TOPPING
Olivenöl
1 Knoblauchzehe
1 milde rote Peperoni
1 TL Kapern
50 g Semmelbrösel
1 Handvoll Walnusskerne

SEMOLINATEIG
400 g Semolina (Mehl aus Hartweizengrieß)

Den Brokkoli waschen und die Röschen vom Strunk trennen. Den Strunk schälen und in mundgerechte Stücke schneiden. In einem Topf die Brokkoliröschen in kochendem Salzwasser mit 1 Prise Natron bissfest kochen, abtropfen lassen und im Sieb beiseitestellen.

Den Knoblauch schälen, fein schneiden und in einer großen Pfanne mit etwas Olivenöl anbraten. Den gedünsteten Brokkoli in Stücke schneiden, mit den Brokkolistiel-Stücken in die Pfanne geben und heiß anschwitzen. Mit Weißwein und Gemüsebrühe ablöschen und ca. 5 Minuten köcheln lassen, bis der Brokkoli schön cremig ist. Salz und Pfeffer hinzufügen. Den Gorgonzola dazugeben, gut unterheben und kurz köcheln lassen.

In einer Pfanne ohne Öl die Walnüsse anrösten, aus der Pfanne nehmen und auskühlen lassen. Grob hacken.

Für die Mollica fritta (in Olivenöl knusprig gebratene Semmelbrösel) in einer Pfanne wenig Olivenöl erhitzen und zum Aromatisieren die ungeschälte, angedrückte Knoblauchzehe dazugeben. Die Peperoni halbieren, die Kerne entfernen und anschließend fein hacken. Zusammen mit den Kapern und den Semmelbröseln zum Knoblauch geben, unter Rühren knusprig anbraten und zur Seite stellen. Die Knoblauchzehe entfernen.

In der Zwischenzeit etwas Salzwasser zum Kochen bringen. Die Orecchiette ca. 5 Minuten bissfest darin garen, abseihen und kurz abtropfen lassen. Die Orecchiette zur Sauce in die Pfanne geben und durchrühren.

Die Orecchiette mit den gehackten Walnüssen und den Semmelbröseln heiß servieren.

Mein Tipp

Um die Orecchiette selbst herzustellen, das Mehl auf der Arbeitsfläche aufhäufen und mit der Hand in die Mitte einen Krater ziehen. 180 ml heißes Wasser schluckweise angießen und mit den Fingern von innen nach außen einarbeiten, bis das ganze Mehl zu einem Teigklumpen verarbeitet ist. Den Teig mit den Handballen mindestens 10 Minuten bearbeiten. Dafür die Ränder zur Mitte hin falten, drehen und wieder vorne beginnen. Überschüssiges Mehl und trockene Teigstückchen entfernen, den Teig zu einer dicken Rolle formen, senkrecht vor sich hinlegen und von oben mit dem Handballen einrollen. Mehrmals wiederholen, anschließend zu einer Kugel formen. Der Teig sollte sich jetzt idealerweise wie Spielknete anfühlen. Den Teig in Frischhaltefolie oder in ein feuchtes Küchentuch wickeln und 30 Minuten ruhen lassen.

Nach der Ruhezeit den Teig in kleine Stücke unterteilen und mit den Händen in fingerdicke lange Nudeln ausrollen. Anschließend 1 cm breite Stücke abschneiden. Schnell arbeiten, damit der Teig nicht austrocknet und brüchig wird, alternativ den Teig zwischendurch mit einem feuchten Küchentuch abdecken. Zum Formen der Orecchiette das Teigstück mit einem Messer platt über die Arbeitsfläche zu einem Taler ziehen. Dabei wölben sich die Ränder in die Höhe. Die Orecchiette auf einem bemehlten Brett oder Küchentuch bis zur Weiterverarbeitung lagern. Lässt man die Orecchiette trocknen, kann man sie mehrere Wochen aufbewahren.

4 PERSONEN
ZUBEREITUNGSZEIT: 30 MINUTEN

Brokkoli-Hirse-Salat

mit SAMENMIX-CRUNCH

HIRSE
400 g Hirse
Salz

GEMÜSE
1 Brokkoli
4 Karotten
1 TL Salz
1 Prise Natron
180 g TK-Erbsen
3 Frühlingszwiebel
2 rote milde Peperoni
2 cm frischer Ingwer
Olivenöl

DRESSING
4 EL Minze
1 Bio-Limette
6 EL Olivenöl
1 TL Sesamöl
1 EL Agavendicksaft
½ TL Pul Biber (türkisches Paprikapulver)
Salz, Pfeffer

SAMENMIX-CRUNCH
40 g Kürbiskerne
40 g Sonnenblumenkerne
1 EL Olivenöl
1 EL Agavendicksaft
1 TL Currypulver

Hirse in einem Sieb gründlich mit Wasser durchspülen und kurz abtropfen lassen.

Mein Tipp
Die Hirse erhält einen besonders nussigen Geschmack, wenn man die gewaschene Hirse vor dem Kochen in einer Pfanne ohne Öl anröstet, bis die Körner zu „hüpfen" beginnen.

Danach die Hirse mit der doppelten Menge an Flüssigkeit kochen. Für 400 g Hirse 800 ml Wasser in einen Topf geben, 1 TL Salz dazugeben und bei starker Hitze aufkochen. Temperatur runterdrehen und die Hirse nur noch leicht köcheln lassen. Nach einer Kochzeit von insgesamt 15 Minuten ist die Hirse fertig und die Körner sehen durchscheinend glasig aus. Hirse wieder in ein Sieb geben, um das Restwasser abtropfen zu lassen, und anschließend auf einem Backblech zum Auskühlen ausbreiten. Dies ist die beste Methode, um körnige, lockere Hirse zu erhalten, da diese zum Verklumpen neigt.

In der Zwischenzeit den Brokkoli waschen und die Röschen vom Strunk schneiden. Den Stiel schälen und in Julienne-Streifen hobeln. Karotten schälen und ebenfalls in Julienne-Streifen hobeln. In einem großen Topf Salzwasser mit 1 Prise Natron erhitzen, Brokkoliröschen dazugeben und 4 Minuten bissfest kochen, dann die Erbsen hinzufügen und weitere 2 Minuten darin kochen. Vom Herd nehmen, in ein Sieb abgießen und sofort mit eiskaltem Wasser abschrecken, abtropfen lassen.

Frühlingszwiebel und Peperoni waschen, putzen und in feine Ringe schneiden. Ingwer schälen und sehr fein hacken.

2 EL Olivenöl in einer Pfanne erhitzen, den Ingwer, die Frühlingszwiebel, die Karotten- und Brokkolistreifen und Peperoni hineingeben und kurz anbraten.

Die Minzblätter vom Stiel zupfen und fein hacken, die Limettenschale abreiben und den Saft auspressen.

Oliven- und Sesamöl, Minze, Agavendicksaft, Limettensaft und -abrieb und Pul Biber zu einem Dressing mischen, nach Geschmack salzen und pfeffern.

Hirse und das Gemüse in einer Schüssel miteinander vermengen, Dressing unterheben, je nach Geschmack noch einmal salzen, pfeffern und mit einem Schuss Olivenöl und etwas Pul Biber verfeinern.

Kürbis- und Sonnenblumenkerne in Olivenöl in einer kleinen Pfanne ca. 2 Minuten bei starker Hitze anrösten. Agavendicksaft und Currypulver dazugeben, kurz mitrösten. Die Pfanne vom Herd nehmen und die Masse auf einem mit Backpapier ausgelegten Backblech ausbreiten und abkühlen lassen. Nach dem Abkühlen die Masse in Stücke brechen.

Den Brokkoli-Hirse-Salat auf Tellern oder in Gläsern anrichten und mit dem Samenmix-Crunch bestreut servieren.

Mein Tipp
Der Salat eignet sich sehr gut zum Mitnehmen ins Büro. Nur die gerösteten Kerne sollten in einer separaten Dose mitgenommen werden, ansonsten werden sie matschig und verlieren ihren „Crunch".

4 PERSONEN
ZUBEREITUNGSZEIT: 35 MINUTEN

Gegrillter Brokkoli

mit CHILI-KNOBLAUCH-SOJASAUCE

BROKKOLI
2 Brokkoli (insgesamt etwa 1 kg)
Rapsöl

DRESSING
1 TL Kreuzkümmelsamen
2 Knoblauchzehen
1 Chilischote
½ Bio-Limette
1 EL Rapsöl
2 EL helle Sojasauce
2 TL brauner Zucker
1 EL Reisessig
1 EL Sesamöl
Salz, Pfeffer

GARNITUR
2 EL Sesam
1 Handvoll Thai-Basilikum
1 Limette

Brokkoli waschen, die Röschen abschneiden und halbieren. Die Strünke putzen, quer halbieren und in längliche Stifte schneiden. Dabei darauf achten, evtl. holzige Teile zu entfernen.

Den Kreuzkümmel in einer kleinen Pfanne ohne Fett rösten, bis er zu duften beginnt. Aus der Pfanne nehmen und mörsern. Den Sesam für die Garnitur ebenfalls in der Pfanne ohne Fett rösten, aus der Pfanne nehmen und beiseitestellen.

Den Knoblauch schälen und in feine Scheiben schneiden. Die Chilischote waschen, halbieren, die Samen entfernen und fein schneiden. Die Schale der Limette abreiben und den Saft auspressen. Rapsöl in die Pfanne geben, erhitzen. Knoblauch und Chilischote dazugeben und kurz anschwitzen. Mit der Sojasauce ablöschen. Zucker und Reisessig hinzugeben und alles etwas reduzieren lassen. Die Pfanne vom Herd nehmen und die Sauce abkühlen lassen. Anschließend mit Sesamöl, Limettensaft und -abrieb, gemörsertem Kreuzkümmel, Salz und Pfeffer vermengen und abschmecken.

Eine Grillpfanne mit etwas Rapsöl erhitzen und portionsweise Brokkoliröschen und -stifte darin kräftig anbraten, bis sie Grillstreifen haben. Den Brokkoli in der Chili-Knoblauch-Sojasauce für 15 Minuten marinieren.

Den marinierten Brokkoli mit dem gerösteten Sesam und dem Thai-Basilikum bestreuen und mit der geviertelten Limette servieren.

4 PERSONEN (BEILAGE/VORSPEISE)
ZUBEREITUNGSZEIT: 35 MINUTEN

Romanesco-Curry

mit BASMATIREIS

GEBRATENER ROMANESCO
500 g Romanesco
1 cm frischer Ingwer
1 EL Olivenöl
½ TL gemahlener Kreuzkümmel
¾ TL Garam Masala (indische Gewürzmischung)
Meersalz

LINSENCURRY
1 Zwiebel
4 EL Rapsöl
200 g Mung Dal (halbe geschälte gelbe Mungobohnen)
1 TL gemahlener Kurkuma
1 TL gemahlener Kreuzkümmel
1½ TL Koriandersamen
1 TL Garam Masala (indische Gewürzmischung)
½ EL Bockshornkleeblätter
¼ TL Chilipulver
1 cm frischer Ingwer
2 Knoblauchzehen
1 Chilischote
1 Dose geschälte, ganze Tomaten (400 g, San Marzano)
1 EL Jaggery (indischer Palmzucker, alternativ brauner Zucker)

INDISCHER GEWÜRZREIS
300 g Basmatireis
1 Zwiebel
2 EL Ghee (siehe S. 342)
je 5 Nelken und grüne Kardamomkapseln
1 Zimtstange
Salz

GARNITUR
1 Limette
1 kleiner Bund Koriandergrün

Den Backofen auf 180 °C (Ober-/Unterhitze) vorheizen.

Den Romanesco in Röschen zerteilen. Den Ingwer schälen und fein reiben. In eine große Schüssel geben und mit Olivenöl, Kreuzkümmel, Ingwer, Garam Masala und 1 guten Prise Meersalz vermengen. Auf einem mit Backpapier ausgelegten Backblech in den Ofen geben und 30 Minuten backen, bis die Röschen braun und gar sind.

Die Zwiebel schälen und halbieren. Eine Hälfte würfeln und die andere grob in größere Streifen schneiden. In einem mittelgroßen Topf 1 EL Rapsöl erhitzen, die gewürfelte Zwiebel hinzufügen und glasig dünsten. Die gewaschenen Mungobohnen und ½ TL Kurkuma dazugeben und umrühren. Mit 400 ml Wasser ablöschen und einmal aufkochen lassen. Anschließend die Temperatur auf niedrig schalten und die Mungobohnen nur leicht köcheln lassen, ab und zu umrühren. Nach 12–15 Minuten sind die Mungobohnen durchgegart und haben eine breiartige Konsistenz.

Eine Pfanne erhitzen und die restliche Kurkuma, Kreuzkümmel, Koriandersamen, Garam Masala, Bockshornkleeblätter und Chilipulver in der trockenen Pfanne rösten, bis die Gewürze anfangen zu duften. Die Gewürze in einen Mörser geben und fein mahlen.

Den Ingwer und den Knoblauch schälen und fein hacken. Die Chili längs aufschneiden, von Kernen befreien und ebenfalls fein hacken. Mit 3 EL Rapsöl die grob gehackte Zwiebel in der heißen Pfanne glasig anbraten. Den Ingwer, Knoblauch und Chili hinzufügen und unter Rühren anbraten. Die Tomaten mit den Händen grob zerpflücken. Tomaten, Jaggery und gemörserte Gewürze dazugeben, umrühren. Jetzt die Temperatur herunterschalten und die Tomaten etwas einköcheln lassen.

Anschließend zwei Drittel der Mungobohnen zur Tomatenmischung geben und umrühren. Das andere Drittel mit einem Stabmixer pürieren und ebenfalls unter das Curry heben.

Reis in einem Sieb abbrausen, bis das Wasser klar bleibt, und abtropfen lassen. Zwiebel schälen, halbieren und in feine Ringe schneiden. Ghee in einem Topf schmelzen, darin die Zwiebelringe 4 Minuten goldbraun anbraten. Gewürze dazugeben und bei kleiner Hitze 3 Minuten mitbraten. Reis unterrühren, 450 ml Wasser hinzufügen, salzen und einmal aufkochen lassen. Umrühren und den Reis zugedeckt bei kleinster Hitze ca. 10 Minuten garen. Danach auf der ausgeschalteten Herdplatte 10 Minuten ausquellen lassen. Vor dem Servieren mit einer Gabel auflockern.

Die Limette vierteln und die Blätter des Korianders abzupfen. Den gerösteten Romanesco zum Curry geben, den Saft der Limette hinzufügen und mit Meersalz abschmecken. Mit dem gehackten Koriander bestreuen und mit dem indischen Gewürzreis servieren.

4 PERSONEN
ZUBEREITUNGSZEIT: 50 MINUTEN

Zucchiniblüten

mit RICOTTA und PARMESAN

16 Zuchiniblüten
200 ml Pflanzenöl

TEMPURATEIG
Salz
1 Eigelb (Größe M)
125 g Mehl

FÜLLUNG
30 g Pinienkerne
50 g Parmesan
20 g Basilikum
1 Ei (Größe M)
½ Bio-Zitrone
200 g Ricotta
2 EL Panko (alternativ Semmelbrösel)
Olivenöl
Salz, Pfeffer
Cayennepfeffer

Für den Tempurateig 250 ml eiskaltes Wasser leicht salzen. Das Eigelb ins Wasser geben und mit einem Schneebesen vermengen. Mehl hinzugeben und behutsam unterrühren, nicht verquirlen. Den Teig für 30 Minuten quellen lassen.

Für die Füllung die Pinienkerne in einer beschichteten Pfanne ohne Fett goldbraun rösten, abkühlen lassen und fein hacken. Den Parmesan reiben. Basilikum fein hacken und das Ei trennen. Die Schale der Zitrone abreiben. Ricotta in eine Schüssel geben, Pinienkerne, Basilikum, Panko, Parmesan, Eigelb, 1 Spritzer Zitronensaft und -schale und ebenfalls 1 Spritzer Olivenöl unterrühren. Mit Salz, Pfeffer und Cayennepfeffer würzen.

Zucchiniblüten vorsichtig öffnen, die Blütenstempel mit den Staubgefäßen abknipsen. Vorbereitete Füllung in einen Spritzbeutel mit großer Tülle geben. Die Füllung behutsam in die Blüten spritzen. Zum Verschließen die Blütenspitzen zusammendrehen.

Das Pflanzenöl in einer Pfanne mit hohem Rand erhitzen. Die Zucchiniblüten durch den Teig ziehen und in das heiße Öl gleiten lassen. Frittieren, bis der Teig goldbraun ist, die Zucchiniblüten auf Küchenpapier abtropfen lassen.

4 PERSONEN
ZUBEREITUNGSZEIT: 40 MINUTEN

Fruchtgemüse

Summm, summ, summ – Bienchen summ herum

Zum Fruchtgemüse gehören alle Gemüse, deren reife oder auch unreife Früchte für uns genießbar sind. Dazu gehören: Tomaten, Auberginen und Paprika, aber auch Kürbisse, Gurken, Melonen und Zucchini. Insgesamt haben Fruchtgemüse einen höheren Nährstoffbedarf als andere Gemüse, da sie zu den Starkzehrern zählen. Die Pflanzen wachsen gern in warmen und sonnigen Lagen auf durchlässigen Böden und benötigen für eine gute Ernte viel Wasser. Doch was die Fruchtgemüse zuallererst brauchen, sind die Bestäuber. Ohne sie würde die Ernte eher mau ausfallen, denn mehr als 75 Prozent unserer Nahrungspflanzen hängen von der Bestäubung durch Tiere ab. Zu den bestäubenden Wildorganismen gehören Wildbienen, viele Schmetterlingsarten, Nachtfalter, Fliegen, Käfer und Wespen, außerdem auch einige Vögel und Säugetiere. Auch kommerziell gehaltene Honigbienenarten sind wichtige Bestäuber. Seit einigen Jahren jedoch leiden bewirtschaftete Honigbienenvölker zunehmend an verschiedenen Krankheiten, unter Pestiziden und anderen Umweltbelastungen. Dementsprechend wird der Beitrag wilder Bestäuber zur Nutzpflanzenbestäubung an Bedeutung wichtiger. Doch auch deren Häufigkeit und Vielfalt hat in den letzten Jahrzehnten durch den Verlust von Nahrungs- und Nistressourcen dramatisch abgenommen. Daher sollten wir beim Anbau von Gemüsepflanzen, sei es auf Balkonien oder im Garten, auch immer daran denken ein attraktives Angebot an blühenden Pflanzen und Nistplätzen zu bieten. Näheres dazu finden Sie im Kapitel HOW TO, Tipps und Tricks zum Heimgärtnern.

TOMATE

Solanum lycopersicum

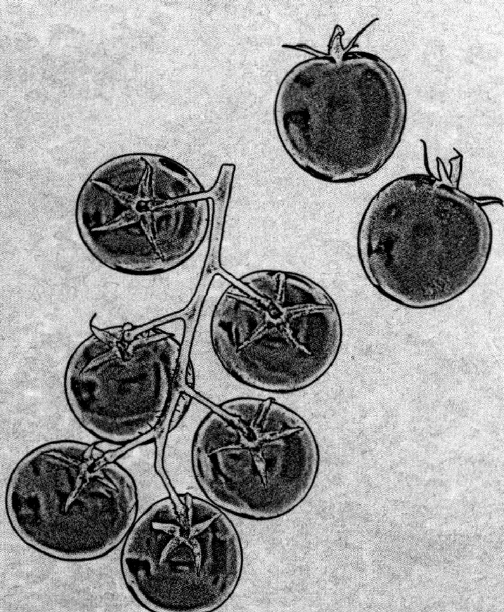

STECKBRIEF

Die Tomate gehört zur Familie der Nachtschattengewächse. Ihren Weg aus den Anden in die ganze Welt hat sie Christoph Kolumbus zu verdanken, der Tomatensamen von seinen Entdeckungsreisen mitbrachte. Die Tomatenfrüchte werden auch als Beeren bezeichnet. Von klein und rund bis länglich, von gelb über rot bis zu fast schwarz – die Vielfalt der Sorten ist unglaublich! Tomaten lieben die Sonne und mögen keine Feuchtigkeit. Deshalb sollten die Pflanzen ab März im Haus vorgezogen werden und dürfen erst nach den Eisheiligen ins Freiland umziehen. Die Pflanzen können bis zu 2 m hoch werden.

VERWENDUNG

Tomaten bestehen fast komplett aus Wasser. Die Schlank- und Fitmacher enthalten viel Magnesium, Folsäure, Vitamin C, Kalium sowie wertvolles Carotin. Pur, in Säften, Suppen, Aufläufen, Salaten, Sandwiches und in Marmeladen – das Gemüse lässt sich vielseitig verwenden. Außerdem passen sie hervorragend zu Käse und Kräutern wie Oregano, Basilikum und Thymian. Kleiner Tipp: Um das volle Aroma aus den Tomaten herauszuholen, schmort man sie bei hoher Temperatur im Backofen.

WISSENSWERTES

Tomaten reagieren empfindlich auf Kälte und dürfen nicht im Kühlschrank gelagert werden. Lieber an einem kühlen Ort aufbewahren.

AUBERGINE

Solanum melongena

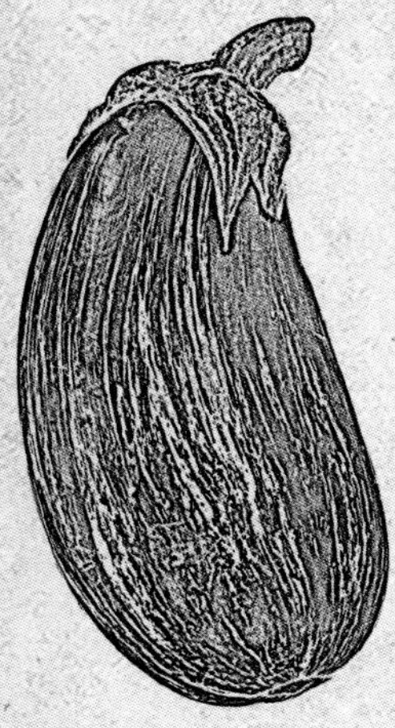

STECKBRIEF

Die Aubergine (auch Eierpflanze) zählt wie Tomaten und Paprika zu den Nachtschattengewächsen und stammt ursprünglich aus Asien. Sie ist wichtiger Bestandteil der arabischen und mediterranen Küche! Neben der keulenförmigen Frucht mit ihrer tiefvioletten Farbe gibt es rosafarbene, grüne und weiße Sorten in unterschiedlichen Formen. Sie können von erbsengroß bis zu 25 cm lang werden. Auberginen brauchen zum Gedeihen einen sonnigen, windstillen Platz. Mit der Vorzucht sollte bereits im Februar begonnen werden, da Auberginen eine relativ lange Entwicklungszeit haben.

VERWENDUNG

Außen feste Schale, innen helles und leicht schwammiges Fleisch: Erst während der Zubereitung verändert sich die Konsistenz der Aubergine. Da sie selbst kaum Geschmack hat, kann sie besonders gut mit aromatischen Lebensmitteln wie Olivenöl, Salz, Knoblauch, Zwiebeln, Kräutern (z. B. Rosmarin, Minze), Gewürzen (z. B. Zimt, Paprika, Kurkuma) und Nüssen kombiniert werden. Zu gegrillten Auberginen sind Joghurt, Feta und Fladenbrot wunderbare Begleiter.

WISSENSWERTES

Roh schmecken Auberginen sehr bitter und sind überhaupt nicht schmackhaft. Daher sollten sie besser gegrillt, geschmort, frittiert oder gebacken werden. Sie bestehen zu über 90 Prozent aus Wasser, sind sehr kalorienarm und enthalten eine gute Portion Kalium.

GURKE

Cucumis sativus

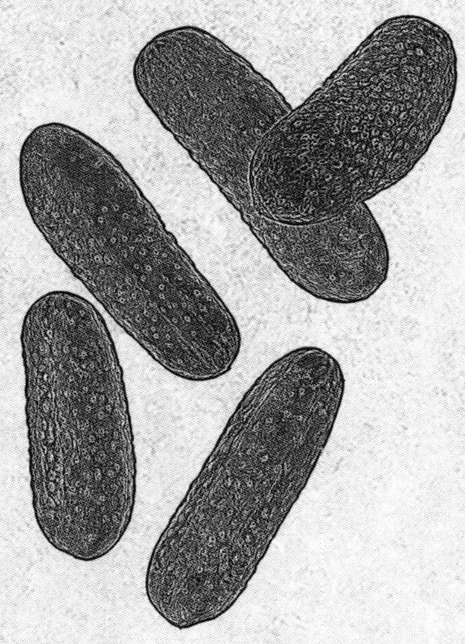

STECKBRIEF

Die Gurke gehört zu den Kürbisgewächsen und stammt aus Indien. Seit zwei Jahrhunderten ist sie in Europa heimisch. Die einjährige Pflanze wird sowohl im Freiland als auch im Gewächshaus angebaut. Salatgurken (auch Schlangengurken) brauchen eine Rankhilfe, kleinere Einlegegurken wachsen in Bodennähe. Gurken bevorzugen einen hellen und warmen Standort und benötigen als Starkzehrer sehr viel Wasser. Die vorgezogenen Stecklinge können ab Mai ins Freiland gepflanzt werden. Schon nach knapp zwei Monaten tragen die Pflanzen bis zu 60 cm lange Früchte.

VERWENDUNG

Schlangen-, Salat-, Snack-, Schmorgurken: Die Auswahl an unterschiedlichen Sorten ist groß. Gurken sind kalorienarm, versorgen die Haut mit Feuchtigkeit und wirken harntreibend. Sie schmecken als Rohkost mit oder ohne Dip, sie passen in nahezu jeden Salat, am besten mit Joghurt und Kräutern. Im Sommer erfrischen sie in einer kalten Suppe als Gazpacho.

WISSENSWERTES

Die Gurke enthält Vitamine der B-Gruppe, Vitamin C, Vitamin K und die Mineralstoffe Kalium und Eisen. Doch Achtung: Diese befinden sich vor allem in der Schale, daher am besten Bio-Gurken verzehren. Nur der Stielansatz sollte wegen der Bitterstoffe vor dem Verzehr großzügig abgeschnitten werden. Kaum zu glauben, aber wahr: Da die Samen im Fruchtfleisch liegen, gehören Gurken nach botanischer Definition zu den Beeren.

PAPRIKA

Capsicum

STECKBRIEF

Ist von dem Nachtschattengewächs Paprika die Rede, geht es meistens um die Gemüsepaprika. Sie ist die bekannteste Sorte und stammt ursprünglich aus Mexiko. Mild im Geschmack, unterscheidet sie sich darin von den mit ihr verwandten Chilisorten. Beim Anbau sollte man unbedingt darauf achten, eine Sorte zu wählen, die für den Freilandanbau geeignet ist, denn die meisten Paprikasorten sind eher anspruchsvoll und benötigen viel Sonne. Ab Mitte Mai können die vorgezogenen Pflanzen in nährstoffreiche Erde gesetzt werden. Die Erntezeit für Freilandpaprika beginnt im August.

VERWENDUNG

Rohe Paprika ist ein erfrischender Leckerbissen für zwischendurch. Ihr volles Aroma aber entfaltet die Paprika, wenn sie gegrillt oder gebacken wird. Nach dem Grillen wird die abgekühlte Paprika von ihrer verbrannten Haut befreit und meist mit Olivenöl, Knoblauch und Gewürzen verfeinert. Zum Brunch liebe ich besonders eine Shakshuka mit in Tomatensauce versunkenen Eiern, Paprika und Zwiebeln. In Gemüsepaprika stecken hohe Mengen an Magnesium, Zink und Kalzium. Rote Paprikasorten punkten zusätzlich mit einem hohen Vitamin-C-Gehalt.

WISSENSWERTES

Auch wenn Paprika als Gemüse eingeordnet wird, ist sie nach botanischer Definition eine Frucht. Bei ihrer nahen Verwandten, der Chili, wird die Schärfe in Scoville gemessen. Der Gemüsepaprika fehlt jedoch das Alkaloid Capsaicin, das für die Schärfe verantwortlich ist.

ZUCCHINI

Curcubita pepo var. giromontiina

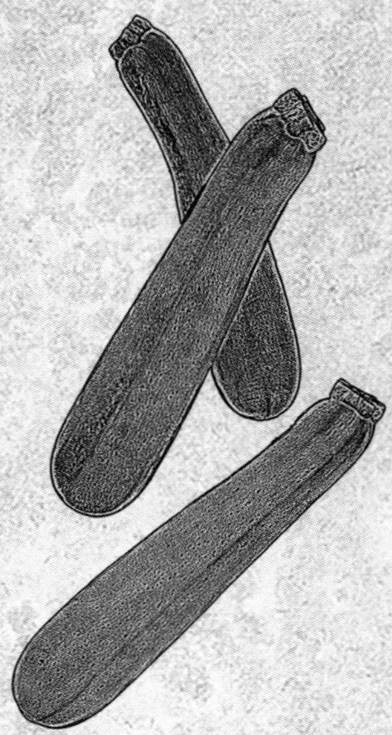

STECKBRIEF

Die Zucchini zählt zu den Kürbisgewächsen. Ihr Name leitet sich vom italienischen Wort „zucca“ – Kürbis – ab. Obwohl Zucchini und Kürbisse der gleichen Familie angehören, sollten sie nicht nebeneinandergepflanzt werden, denn es kann zu einer Rückmutation giftiger Bitterstoffe aus der Gruppe der Cucurbitacine in der zweiten Generation der Aussaat kommen. Daher sollten Kleingärtner keine Samen, die von Zucchini und Kürbissen aus dem eigenen Garten gewonnen werden, für den weiteren Anbau einsetzen. Auch große Hitze kann die Pflanzen unter Stress setzen und zu einer vermehrten Produktion der Bitterstoffe führen. Sobald Zucchini, Kürbisse oder Gurken aus eigenem Anbau sehr bitter schmecken, sind sie besser für den Kompost als für den Magen geeignet.

VERWENDUNG

Von der Zucchiniblüte bis zum Stielansatz – alle Teile der Zucchini können zum Kochen verwendet werden. Da die Schalen sehr dünn sind, müssen sie nicht geschält werden. Im Sommer mag ich besonders gerne gefüllte Zucchini mit Couscous, Tomaten, Knoblauch und Pinienkernen. Auch vom Grill schmecken Zucchini fantastisch. Ein wenig gutes Olivenöl, Zitrone und frische Kräuter darüber – fertig!

WISSENSWERTES

Eine frisch geerntete Zucchini erkennt man daran, dass sie glänzt und der Stielansatz ein wenig haarig ist.

PIZZA 5

MARINARA, MARGHERITA ODER ...

An Pizza führt kein Weg vorbei. Im Jahr 2017 wurde die Kunst des Pizzabackens auf die Liste des immateriellen Kulturerbes der Menschheit aufgenommen. Was für eine Auszeichnung! Dabei ist die Pizza napoletana die original italienische Pizza. Ihre bekanntesten Vertreter sind Pizza Marinara, bestehend aus Tomatensauce, Oregano, Knoblauch und Olivenöl, und Pizza Margherita mit ihren Zutaten Tomatensauce, Mozzarella und Basilikum. Auf einer Pizza kann man sich kulinarisch herrlich austoben, doch mehr als 4 Zutaten sollten es nicht sein.

La vera Pizza

MARINARA oder MARGHERITA

PIZZATEIG
750 g Farina Caputo „Pizzeria“ (alternativ Mehl Type 550)
5 g frische Hefe
12 g Olivenöl
19 g Salz
Semola oder Hartweizengrieß für die Pizza

TOMATENSUGO
1 Dose geschälte, ganze Tomaten (400 g, San Marzano)
1 EL Olivenöl
1 TL Salz
Oregano

PIZZA MARINARA
Tomatensauce
Oregano
geriebener Knoblauch
Olivenöl

PIZZA MARGHERITA
Tomatensauce
Mozzarella
Basilikum

PIZZATEIG NACH DER WASSER-ZU-MEHL-METHODE
Mehl in eine Schüssel geben, 480 ml kaltes Wasser zugeben und grob vermischen. Das Mehl-Wasser-Gemisch 30 Minuten abgedeckt bei Zimmertemperatur ruhen lassen. Die Hefe in 2 EL Wasser auflösen und zum Teig geben. Olivenöl hinzufügen und den Teig 5 Minuten kneten. Anschließend Salz dazugeben und weiter kneten.

Mit der Küchenmaschine etwa 10 Minuten kneten, mit den Händen 20 Minuten. Den Pizzateig anschließend aus der Schüssel nehmen und auf einer bemehlten Arbeitsfläche zweimal falten und von außen nach innen einschlagen, sodass eine Kugel entsteht. Die Schüssel mit etwas Olivenöl fetten, die Teigkugel hineinlegen und abgedeckt an einem warmen Ort mindestens 1 Stunde gehen lassen. Den Teig mit einer Teigkarte in 6 gleich große Stücke (210 g) unterteilen und jeweils erneut durch Falten von außen nach innen zu runden Kugeln formen. Ein Backblech mit Backpapier belegen, die Kugeln daraufsetzen, mit etwas Olivenöl bestreichen, mit einem feuchten Küchentuch oder einer Frischhaltefolie abdecken und erneut mindestens 4 Stunden gehen lassen.

Mein Tipp
Der Teig ist nach dem Gehen eher klebrig, daher gebt auf die Hände und die Arbeitsfläche immer etwas Mehl.

Bekömmlicher wird der Pizzateig, wenn man ihn bereits am Vortag zubereitet. Dazu lässt man den Teig über Nacht im Kühlschrank abgedeckt gehen (am besten 12 Stunden), formt anschließend daraus 6 gleich große Kugeln, bestreicht diese mit etwas Olivenöl, deckt sie mit Frischhaltefolie ab und lässt die Pizzateiglinge erneut 12 Stunden im Kühlschrank gehen. Die Pizzateiglinge aus dem Kühlschrank nehmen und 4 Stunden bei Raumtemperatur gehen lassen.

In der Zwischenzeit im Backofen den Pizzastein für mindestens 30 Minuten bei 300 °C aufheizen. Alternativ den Backofen auf die höchste Stufe vorheizen und die Backzeit der Pizza verlängern.

Die erste Pizzateigkugel auf eine mit Semola bemehlte Arbeitsfläche legen, etwas platt drücken. Nun von der Mitte aus beginnend mit den Fingerspitzen spiralförmig den Teig zu einem Kreis formen. Wichtig: Am Rand lässt man einen 1 cm breiten Streifen etwas dicker stehen, dies ist die Auffangrinne für unsere Sauce. Ist die richtige Größe erreicht, den Teig auf einen mit Semola bestreuten Teigschieber ablegen. Jetzt nicht mehr auf dem Teig herumdrücken, da er ansonsten auf dem Teigschieber haften bleibt und sich nicht „einschießen“ lässt.

TOMATENSUGO
Die Tomaten aus der Dose nehmen und mit den Händen zerkleinern. Nicht im Mixer zerkleinern, denn die Kerne der Tomaten geben manchmal einen bitteren Geschmack ab. Die Tomatensauce mit Olivenöl, Salz und Oregano würzen. Fertig. Für die Pizza Marinara wird noch geriebener Knoblauch zu der Tomatensauce gegeben.

Die Pizza zügig mit dem Tomatensugo bestreichen, dabei den Rand auslassen, mit Belag nach Wahl belegen und die Pizza mit einem gekonnten Schubs auf den Pizzastein in den Ofen einschießen. Die Pizza ist in 7–10 Minuten fertig, daher schon einmal die zweite Pizza wie beschrieben auf dem Teigschieber vorbereiten.

6 PIZZEN Ø 27 CM
ZUBEREITUNGSZEIT: MIN. 12 STUNDEN

Pizza Fragola

mit ZIEGENKÄSE und RUCOLA

Pizzateig (siehe S. 178, Menge nach Bedarf anpassen)
8 Erdbeeren
1 Handvoll Rucola
Tomatensugo (siehe S. 42) oder Schneller Tomatensugo (siehe S. 178)
75 g Ziegenkäse
1 Handvoll Pinienkerne
Olivenöl

Pizzastein im Backofen für mindestens 30 Minuten bei 300 °C aufheizen. Die Erdbeeren waschen, trocknen und halbieren. Rucola waschen und trocken schleudern.

Eine Pizzateigkugel auf einer mit Semola bestreuten Arbeitsfläche etwas platt drücken. Nun von der Mitte aus beginnend mit den Fingerspitzen spiralförmig den Teig zu einem Kreis formen. Am Rand einen 1 cm breiten Streifen etwas dicker stehen lassen. Ist die richtige Größe erreicht, den Teig auf einen mit Semola bestreuten Teigschieber ablegen. Den Pizzateig zügig mit dem Tomatensugo bestreichen. Auf dem Sugo den Ziegenkäse gleichmäßig verteilen. Die Erdbeeren daraufgeben und mit den Pinienkernen bestreuen.

Jetzt die Pizza mit einem Schubs auf den Pizzastein in den Ofen einschießen. Nach 7–10 Minuten ist die Pizza fertig.

Die Pizza in 8 Stücke schneiden, mit etwas Olivenöl beträufeln und mit Rucola garnieren.

Pizza La Donna

mit DREIERLEI KÄSE und WALNÜSSEN

Pizzateig (siehe S. 178, Menge nach Bedarf anpassen)
4 Blätter Radicchio
30 g Gorgonzola
½ Kugel Mozzarella
20 g Parmesan
2 grüne Tomaten
1 EL Zucker
1 kleine Handvoll Walnusskerne

Radicchio waschen, trocken schleudern und in feine Streifen schneiden. Gorgonzola und Mozzarella in Stücke rupfen und Parmesan reiben. Tomaten in Scheiben schneiden. Zucker in einer Pfanne erhitzen, bis er zu schmelzen beginnt. Tomatenscheiben einlegen und von beiden Seiten leicht karamellisieren lassen. Aus der Pfanne nehmen und beiseitestellen. Walnüsse grob hacken.

Eine Pizzateigkugel auf einer mit Semola bestreuten Arbeitsfläche etwas platt drücken. Nun von der Mitte aus beginnend mit den Fingerspitzen spiralförmig den Teig zu einem Kreis formen. Am Rand einen 1 cm breiten Streifen etwas dicker stehen lassen. Ist die richtige Größe erreicht, den Teig auf einen mit Semola bestreuten Teigschieber ablegen. Auf der Pizza die Käsesorten gleichmäßig verteilen. Die Tomatenscheiben daraufgeben und mit den Walnüssen bestreuen. Jetzt die Pizza mit einem Schubs auf den Pizzastein in den Ofen einschießen. Nach 7–10 Minuten ist die Pizza fertig.

Die Pizza in 8 Stücke schneiden und mit den Radicchiostreifen garnieren.

Pizza Stella Nera

mit BÜFFELMOZZARELLA und OLIVEN

Pizzateig (siehe S. 178, Menge nach Bedarf anpassen)
Tomatensugo (siehe S. 42) oder Schneller Tomatensugo (siehe S. 178)
1 Handvoll Basilikumblätter
½ Kugel Büffelmozzarella
4 Scheiben Scamorza
4 gegrillte Paprikahälften
8 getrocknete Tomaten
1 Handvoll schwarze Oliven

Basilikum waschen und trocken tupfen.

Eine Pizzateigkugel auf einer mit Semola bestreuten Arbeitsfläche etwas platt drücken. Nun von der Mitte aus beginnend mit den Fingerspitzen spiralförmig den Teig zu einem Kreis formen. Am Rand einen 1cm breiten Streifen etwas dicker stehen lassen. Ist die richtige Größe erreicht, den Teig auf einen mit Semola bestreuten Teigschieber ablegen. Büffelmozzarella und Scamorza in Stücke zupfen, die Paprikahälften und die getrockneten Tomaten halbieren.

Den Pizzateig zügig mit dem Tomatensugo bestreichen. Auf dem Sugo die Büffelmozzarella- und Scamorzastücke gleichmäßig verteilen. Die Paprika und Tomaten darübergeben und mit den schwarzen Oliven bestreuen. Jetzt die Pizza mit einem Schubs auf den Pizzastein in den Ofen einschießen. Nach 7–10 Minuten ist die Pizza fertig.

Die Pizza in 8 Stücke schneiden und mit den Basilikumblättern garnieren.

Pizza Verdure

mit MOZZARELLA und CIMA DI RAPA

Pizzateig (siehe S. 178, Menge nach Bedarf anpassen)
Tomatensugo (siehe S. 42) oder Schneller Tomatensugo (siehe S. 178)
1 kleine rote Zwiebel
8 Stängel Cima di Rapa (Stängelkohl)
2 eingelegte Artischocken (in Öl)
1 Kugel Mozzarella
1 kleine Handvoll grüne Oliven
getrockneter Oregano

Rote Zwiebel schälen und in Scheiben hobeln. Den Cima di Rapa waschen, trocknen und längs in der Mitte halbieren. Die Artischocken abtropfen lassen und vierteln. Den Mozzarella in Stücke rupfen.

Eine Pizzateigkugel auf einer mit Semola bestreuten Arbeitsfläche etwas platt drücken. Nun von der Mitte aus beginnend mit den Fingerspitzen spiralförmig den Teig zu einem Kreis formen. Am Rand einen 1cm breiten Streifen etwas dicker stehen lassen. Ist die richtige Größe erreicht, den Teig auf einen mit Semola bestreuten Teigschieber ablegen. Den Pizzateig zügig mit dem Tomatensugo bestreichen. Auf dem Sugo die Mozzarellastücke gleichmäßig verteilen. Die Artischockenviertel, Cima di Rapa und Zwiebelringe darübergeben und mit den Oliven und etwas Oregano bestreuen. Jetzt die Pizza mit einem Schubs auf den Pizzastein in den Ofen einschießen. Nach 7–10 Minuten ist die Pizza fertig.

Die Pizza in 8 Stücke schneiden und sofort servieren.

Melanzane

ALLA PARMIGIANA

4 mittelgroße Auberginen
Salz
4 EL Mehl
Olivenöl
1 Scamorza
2 Kugeln Büffelmozzarella
200 g Parmesan
1 Handvoll Basilikumblätter

TOMATENSAUCE
1 Zwiebel
2 Knoblauchzehen
Olivenöl
1 EL Tomatenmark
100 ml Rotwein
2 Dosen geschälte, ganze Tomaten (400 g, San Marzano)
1 TL getrockneter Oregano
1 EL Zucker
Salz, Pfeffer
Pul Biber (türkisches Paprikapulver)
Aceto balsamico

Die Auberginen waschen, die Stielansätze abschneiden und quer in dünne Scheiben schneiden. Jede Scheibe etwas einsalzen, die Auberginen in einer Auflaufform übereinanderschichten und mit einem schweren Topf beschweren. 10 Minuten ziehen lassen.

Zwiebel und Knoblauch schälen, fein hacken und in Olivenöl anschwitzen, bis sie glasig sind. Tomatenmark dazugeben und mitrösten, mit Rotwein ablöschen und einreduzieren lassen. Unterdessen die Dosentomaten grob mit den Händen zerpflücken. Die Tomaten zur Zwiebel-Mischung geben, mit Oregano, Zucker und etwas Salz würzen und sanft köcheln lassen.

Die Auberginenscheiben mit den Händen vorsichtig auspressen, mit einem Küchentuch trocken tupfen und von beiden Seiten in Mehl wenden. In einer Grillpfanne mit etwas Öl oder gleich auf der Plancha auf dem Grill die Auberginen nacheinander von jeder Seite 3 Minuten anbraten, bis sie schön gebräunt sind. Dabei portionsweise arbeiten, damit die Auberginen gut Platz in der Pfanne haben. Aus der Pfanne nehmen und überschüssiges Öl mit Küchenpapier abtupfen, beiseitestellen.

Backofen auf 200 °C (Ober-/Unterhitze) vorheizen.

Scamorza und Mozzarella in Scheiben schneiden. Parmesan grob reiben. Basilikum in feine Streifen schneiden. Ein paar Blätter Basilikum beiseitelegen.

Basilikum zur Tomatensauce geben und mit Salz, Pfeffer, Pul Biber, 1 Spritzer Aceto balsamico und Olivenöl abschmecken.

Etwas Tomatensauce in eine Auflaufform geben, darauf einige Scheiben Scamorza, Mozzarella und Parmesan verteilen, gefolgt von einer Lage gegrillter Auberginenscheiben. In dieser Reihenfolge fortfahren und die Zutaten schichten. Als letzte Schicht Tomatensauce mit Scamorza, Mozzarella und Parmesan belegen, mit etwas Olivenöl beträufeln. Im heißen Ofen ca. 30 Minuten backen, bis sich an der Oberfläche eine schöne Kruste gebildet hat.

Die Melanzane alla parmigiana mit frischem Basilikum garniert servieren.

4 PERSONEN
ZUBEREITUNGSZEIT: 60 MINUTEN

Melanzane ripiene

mit KAPERN und SCHWARZEN OLIVEN

4 mittelgroße Auberginen
Olivenöl

FÜLLUNG
300 g Kirschtomaten
1 Knoblauchzehe
1 rote Zwiebel
Olivenöl
1 milde grüne Peperoni
4 EL schwarze Oliven
2 EL Kapern
1 TL getrockneter Oregano
Salz, Pfeffer
4 Scheiben Weißbrot
1 Handvoll Basilikumblätter
1 Kugel Mozzarella
50 g Parmesan

Den Backofen auf 200 °C (Ober-/Unterhitze) vorheizen.

Die Auberginen waschen, die Stielansätze abschneiden, jeweils in zwei Hälften schneiden und auf ein mit Backpapier ausgelegtes Backblech geben. Das Fruchtfleisch der Auberginen im Schachbrettmuster einritzen und mit Olivenöl beträufeln. Die Auberginen im heißen Backofen (Mitte) etwa 15 Minuten braten. Aus dem Ofen nehmen und etwas abkühlen lassen.

Die Tomaten waschen und vierteln. Knoblauch und Zwiebel schälen, fein hacken und in einer Pfanne mit etwas Olivenöl glasig dünsten. Unterdessen die Peperoni halbieren, putzen und fein würfeln. Dann die Oliven, Kapern, Peperoni und den Oregano dazugeben und 1 Minute braten. Zum Schluss die Tomaten dazugeben und bei kleiner Hitze leicht köcheln lassen. Mit Salz und Pfeffer abschmecken.

Abgekühlte Auberginen mit einem kleinen Messer und einem Löffel aushöhlen, sodass ein etwa 1 cm breiter Rand übrig bleibt. Darauf achten, dass der Rand nicht bricht. Das Auberginenfleisch fein würfeln. Vom Weißbrot die Rinde entfernen, kurz toasten und in Würfel schneiden. Das Basilikum in feine Scheiben schneiden (einige Blättchen zum Garnieren beiseitestellen).

Nun das Auberginenfleisch, das Weißbrot und das Basilikum in die Pfanne zu den Tomaten geben und vermengen. 2 Minuten köcheln lassen. Vom Herd nehmen und etwas auskühlen lassen. Währenddessen den Mozzarella fein würfeln und den Parmesan grob reiben.

Die fertige Füllung in die ausgehöhlten Auberginen einfüllen. Jede Aubergine mit etwas Olivenöl beträufeln und mit Mozzarella und Parmesan bestreuen.

Die gefüllten Auberginen etwa 10–15 Minuten im heißen Backofen backen, bis sie schön gebräunt sind. Für die letzten 5 Minuten den Backofengrill dazuschalten.

Melanzane ripiene schmecken heiß aus dem Ofen, aber auch kalt! Vor dem Servieren unbedingt mit frischem Basilikum bestreuen.

4 PERSONEN
ZUBEREITUNGSZEIT: 40 MINUTEN

Baba Ghanoush

Olivenöl
2 Auberginen
4 EL Sesam
2 TL Kreuzkümmelsamen
1 Knoblauchzehe
2 EL Tahin (Sesammus)
½ TL Pul Biber (türkisches Paprikapulver)
Salz, Pfeffer
Zitronensaft

GARNITUR
fein gehackte Petersilie
gerösteter Sesam
Olivenöl
2 EL Granatapfelkerne (nach Belieben)

Den Backofen auf 220 °C (Ober-/Unterhitze) vorheizen.

Ein mit Backpapier ausgelegtes Backblech mit 1 EL Olivenöl beträufeln. Die Auberginen waschen, die Stielansätze abschneiden, jeweils in zwei Hälften schneiden und mit den Schnittflächen nach unten auf das Backblech geben. Die Auberginen-Rücken mit dem Messer mehrmals anpiksen. Die Aubergine im heißen Ofen 40 Minuten garen lassen, bis die Schale etwas verschrumpelt ist.

Sesam in einer Pfanne ohne Fett anrösten, aus der Pfanne nehmen und beiseitestellen. Anschließend Kreuzkümmel in der Pfanne ohne Fett anrösten und im Mörser zermahlen. Den Knoblauch schälen und grob zerkleinern.

Auberginen aus dem Ofen nehmen, kurz abkühlen lassen, das Fruchtfleisch mit einem Löffel auskratzen und in den Mixer geben. Nun 3 EL des gerösteten Sesams, gemahlenen Kreuzkümmel, Knoblauchzehe, Tahin, Pul Biber, Salz und Pfeffer in den Mixer geben und zu einer sämigen Masse pürieren. Mit 1 Spritzer Zitronensaft und evtl. noch etwas Salz abschmecken.

Baba Ghanoush mit frischer Petersilie, geröstetem Sesam und etwas Olivenöl garnieren. Sehr lecker sind auch Granatapfelkerne dazu.

2 PERSONEN
ZUBEREITUNGSZEIT: 50 MINUTEN

Gurkenkaltschale

mit JOGHURT, MINZE und DILL

2 Salatgurken
1 Knoblauchzehe
3 Frühlingszwiebeln
1 Bio-Limette
750 ml Joghurt
6 große Eiswürfel
3 EL Olivenöl
1 EL Weißweinessig
1 Bund Dill
4 Stängel Minze
Salz, Pfeffer
Zucker
100 g Walnusskerne

Salatgurken waschen, Stielenden entfernen und ein paar dünne Scheiben für die Deko abhobeln.

Restliche Gurken grob zerkleinern. Den Knoblauch schälen und grob hacken, die Frühlingszwiebeln in Ringe schneiden. Die Limette halbieren, von einer Hälfte die Schale abreiben und den Saft auspressen. Nun Gurke, Knoblauch, Frühlingszwiebeln, Limettenabrieb und -saft, Joghurt und Eiswürfel in einen Standmixer geben und pürieren. Von Dill und Minze die Blätter abzupfen, einige Minzblätter zum Garnieren beiseitelegen.

Olivenöl, Weißweinessig und die Kräuter hinzufügen, erneut fein pürieren. Mit Salz, Pfeffer und 1 Prise Zucker abschmecken.

Die Gurkenkaltschale für 30 Minuten in den Kühlschrank stellen. Walnüsse grob zerhacken und in einer Pfanne ohne Öl anrösten.

Die Gurkenkaltschale mit gehackten Walnüssen und Gurkenscheiben anrichten. Mit frischer Minze garnieren. Dazu passt wunderbar ein dunkles Walnussbrot.

WISSENSWERTES
Ob Grüne Gazpacho aus Spanien, Okroschka aus Russland oder Tarator aus Bulgarien, die Gurkenkaltschale hat zahlreiche Namen und ist in vielen Ländern bekannt. Sie ist der ideale Sommerbegleiter für heiße Tage. Unsere Gurkenkaltschale basiert auf der bulgarischen Spezialität „Tarator". Gurke, Joghurt und Wasser (Eiswürfel) werden mit Knoblauch, Limette, Minze und Dill vermischt und mit gerösteten Walnüssen serviert. Ein Hoch auf den Sommer.

4 PERSONEN
ZUBEREITUNGSZEIT: 40 MINUTEN

Asia-Gurkensalat

mit TEMPEH-SATAY und ERDNUSSSAUCE

TEMPEH-SATAY
400 g Tempeh
8 Bambusspieße
1 EL Rapsöl zum Grillen

MARINADE
1 TL Kreuzkümmelsamen
1 TL Koriandersamen
1 Knoblauchzehe
8 EL süße Sojasauce (Ketjap Manis)
2 EL Sesamöl

ERDNUSSSAUCE
3 Korianderwurzeln
1 Knoblauchzehe
2 cm Ingwer
1 rote Chilischote
2 Schalotten
Salz
200 g geröstete Erdnusskerne
1 Limette
2 Stängel Koriandergrün
2 EL Erdnussöl
2 TL Palmzucker
1 EL helle Sojasauce

ASIA-GURKENSALAT
4 kleine Gärtnergurken
4 Schalotten
½ rote Chillischote
½ Limette
4 EL Reisessig
2 TL extrafeiner Zucker
Salz
2 Zweige Koriander
3 Stängel Minze
100 g Erdnusskerne
Erdnussöl

TEMPEH-SATAY
Tempeh würfeln und im Dampfgarer oder in einem Dämpfeinsatz 15 Minuten dämpfen.

Kreuzkümmel- und Koriandersamen in einer Pfanne ohne Öl anrösten, bis sie zu duften beginnen. In einem Mörser Kreuzkümmel, Koriandersamen und Knoblauch zu einer feinen Paste zermahlen. Süße Sojasauce und Sesamöl zur Paste geben und gut vermischen.

Den gewürfelten Tempeh mit der Paste einreiben und für 30 Minuten marinieren lassen. Nach 15 Minuten die Bambusspieße in Wasser einlegen. Den Tempeh auf die gewässerten Spieße stecken und in einer Grillpfanne oder auf dem Grill mit etwas Öl auf jeder Seite 2 Minuten anbraten.

ERDNUSSSAUCE
Koriander, Knoblauch und Ingwer waschen bzw. schälen und fein hacken. Die Chili halbieren, putzen und fein hacken. Die Schalotten schälen und ebenfalls fein hacken. In einem Mörser die Korianderwurzeln, Knoblauch und den Ingwer mit 1 Prise Salz zu einer glatten Paste zerreiben. Dann die Chilischote und die Schalotten hinzugeben und ebenfalls mörsern. Die Erdnüsse grob hacken, die Limette auspressen und die Blätter des Koriandergrüns fein hacken.

1 EL Erdnussöl in einem Topf erhitzen, die Chilipaste hineingeben und 2 Minuten anschwitzen. Den Palmzucker und die Erdnüsse dazugeben, unter ständigem Rühren anbraten und mit 2 EL Wasser ablöschen. Das Ganze für weitere 4 Minuten braten. Die Masse in einen Mixer geben und mit dem restlichen Öl, der Sojasauce, dem Limettensaft und evtl. etwas Wasser zu einer mittelfeinen Paste zermahlen. Am Schluss die Korianderblättchen hinzufügen und unterrühren.

ASIA-GURKENSALAT
Die Gurken waschen, längs in dünne Scheiben hobeln, die Schalotten schälen und in feine Ringe schneiden. Die Chili halbieren, putzen und fein hacken. Den Limettensaft auspressen.

In einem kleinen Topf Essig und Zucker bei mittlerer Temperatur unter Rühren aufkochen. Die Gurkenscheiben und die Schalotten in eine flache Schüssel geben, mit der heißen Essigmischung übergießen und durchziehen lassen. Abkühlen lassen. Die Chili und den Limettensaft zu den Gurken geben, verrühren und mit Salz abschmecken. Vor dem Servieren die Blätter von Koriander und Minze zerzupfen und unterheben. Die Erdnüsse in einer Pfanne mit etwas Erdnussöl anrösten. Aus der Pfanne nehmen und grob hacken.

Den Asia-Gurkensalat mit den gerösteten Erdnüssen bestreut auf Tellern anrichten, dazu jeweils 2 Tempeh-Satayspieße und 1 Klecks Erdnusssauce reichen.

4 PERSONEN
ZUBEREITUNGSZEIT: 35 MINUTEN

Paprika-Tarte-Tatin

mit ZIEGENKÄSE und ROSMARIN

300 g rote Paprika
2 EL Olivenöl
1 Knoblauchzehe
2 EL Aceto balsamico

3 TL herber Honig
(z. B. Heidehonig)
1 EL Rosmarinnadeln
Meersalz, Pfeffer

⅓ Rezept salziger Mürbeteig (siehe S. 343)
Mehl zum Ausrollen

50 g Ziegenfrischkäsetaler
Rosmarin zum Garnieren

Den Backofen auf 200° (Ober-/Unterhitze) vorheizen.

Die Paprika waschen, den Deckel abschneiden und putzen. Die Paprika quer in knapp 1 cm breite Ringe schneiden. Die Paprikaringe dekorativ in einer ofenfesten Pfanne anordnen und mit dem Olivenöl ca. 5 Minuten andünsten.

Den Knoblauch schälen, in feine Scheiben schneiden und dazugeben. Alles mit Balsamico ablöschen und den Honig darüberträufeln. Die Paprikaringe karamellisieren lassen. Den Rosmarin hacken und auf den Paprikaringen verteilen. Mit Meersalz und Pfeffer würzen.

Den Mürbeteig mit etwas Mehl in der Größe der Pfanne dünn ausrollen und über die Paprika legen, dabei die Teigränder in die Form biegen. Den Teig mit einer Gabel mehrmals einstechen. Im heißen Ofen (Mitte) 35 Minuten backen, bis der Teig goldbraun ist. Aus dem Ofen nehmen. Einen Teller auf die Pfanne legen und die Tarte daraufstürzen.

Ziegenfrischkäsetaler etwas zerbröseln und auf die heiße Tarte geben. Mit frischem Rosmarin garniert servieren.

Mein Tipp
Wenn's mal schnell gehen muss, kann auch gekaufter Blätterteig verwendet werden.

1 PFANNE Ø 20 CM
ZUBEREITUNGSZEIT: 120 MINUTEN
(INKL. TEIGRUHEZEIT)

Töltött Paprika

mit BASMATIREIS

TOMATENSAUCE
1 Zwiebel
1 Knoblauchzehe
600 g sehr reife Tomaten
2 EL Rapsöl
Salz, Pfeffer
1 EL Zucker
Selleriegrün

GEFÜLLTE PAPRIKA
500 g ungarische Spitzpaprika
125 g Basmatireis
3 Stangen Staudensellerie
100 g Kaschkawal oder Pecorino
1 EL Rapsöl
2 Eier (Größe M)
Salz, Pfeffer
1 TL edelsüßes Paprikapulver

GARNITUR
Selleriegrün
100 g saure Sahne

Für die Sauce Zwiebel und Knoblauch schälen und fein hacken, die Tomaten in Würfel schneiden. In einem großen Topf Rapsöl erhitzen, Zwiebel und Knoblauch bei mittlerer Hitze glasig dünsten. Die Tomaten hineingeben und mit Salz, Pfeffer und Zucker würzen. Das Selleriegrün im Ganzen dazugeben. Ca. 15 Minuten köcheln lassen. Falls noch Flüssigkeit fehlen sollte, mit etwas Wasser aufgießen. Die Sauce pürieren und anschließend durch ein feines Sieb streichen.

Den Deckel der Paprikaschoten abschneiden und innen putzen. Für die Reisfüllung den Basmatireis 8 Minuten in 180 ml heißem Wasser vorkochen, abseihen und beiseitestellen. Den Sellerie in feine Würfel schneiden. Den Käse fein reiben.

Nun die Selleriewürfel in etwas Öl kurz anbraten, auskühlen lassen. Anschließend mit den Eiern, Reis, Salz, Pfeffer, Paprikapulver und Käse vermischen. Die Füllung locker in die ausgehöhlten Paprikaschoten geben.

Die passierte Tomatensauce in eine Auflaufform geben, die Paprikaschoten mit ihrem Deckel daraufsetzen und im heißen Backofen bei 200 °C Ober-/Unterhitze (180 °C Umluft) 30 Minuten backen, zum Schluss für 5 Minuten den Grill dazuschalten.

Zum Servieren die Sauce und die Paprikaschoten in einen Teller geben und mit etwas fein geschnittenem Selleriegrün und saurer Sahne garnieren.

4 PERSONEN
ZUBEREITUNGSZEIT: 50 MINUTEN.

Peperonata

mit POLENTA-SCHNITTEN

PEPERONATA
je 2 rote und gelbe Paprika
1 Rispe Kirschtomaten
1 rote Zwiebel
1 Knoblauchzehe
2 EL Olivenöl
2 EL Tomatenmark
100 ml Rotwein
1 Dose geschälte, ganze Tomaten (400 g, San Marzano)
1 EL Basilikum
1 Handvoll schwarze Oliven (entsteint)
Fleur de Sel, Pfeffer
Aceto balsamico

POLENTASCHNITTEN (24 SCHNITTCHEN)
900 ml Gemüsebrühe (2 EL Gemüsebrühenpulver, siehe S. 59)
6 EL Butter
360 g Polenta (Maisgrieß)
100 g geriebener Parmesan
geriebene Muskatnuss
Salz, Pfeffer
Öl oder Butter zum Anbraten

Den Backofen auf 250 °C (Ober-/Unterhitze) vorheizen.

Die Paprikaschoten halbieren, putzen und waschen. Die Paprikahälften mit der Haut nach oben zusammen mit den Kirschtomaten an der Rispe auf einem mit Backpapier ausgelegten Backblech verteilen und auf der obersten Schiene 20–25 Minuten im heißen Ofen rösten. Achtung: Die Tomaten bereits nach 10 Minuten herausnehmen. Erst wenn die Paprikahaut Blasen wirft und leicht geschwärzt ist, die Paprikahälften aus dem Ofen nehmen, mit einem feuchten Küchentuch bedecken und auskühlen lassen. Danach die Paprikahälften häuten und in Rauten schneiden.

Zwiebel und Knoblauch schälen, die Zwiebel in feine Würfel, den Knoblauch in feine Scheiben schneiden. Das Olivenöl in einer Pfanne erhitzen und darin Zwiebel und Knoblauch andünsten. Tomatenmark dazugeben, anrösten und mit Rotwein ablöschen. Die Tomaten aus der Dose mit den Händen grob zerpflücken, mit in die Pfanne geben und 15 Minuten köcheln lassen. Die Paprika dazugeben und erhitzen. Währenddessen die Basilikumblättchen von den Stielen zupfen. Nun die Oliven und das Basilikum zur Tomaten-Paprika-Mischung geben und die Peperonata mit Fleur de Sel, frisch gemahlenem schwarzen Pfeffer und Aceto balsamico abschmecken.

Für die Polentaschnitten die Brühe mit 6 EL Butter aufkochen, Polenta mit dem Schneebesen einrühren und unter Rühren einmal aufkochen lassen. Parmesan unterrühren und mit Muskatnuss, Salz und Pfeffer abschmecken.

Den Polentabrei auf einem mit Backpapier ausgelegten kleinen Blech oder besser auf einer Silikonmatte für Biskuitrollen (ca. 36 × 27 cm) 1 cm dick ausstreichen und am besten über Nacht oder für 2 Stunden im Kühlschrank auskühlen lassen. Dann den Teig in Dreiecke (24 Stück) schneiden und im heißen Öl von beiden Seiten goldbraun braten.

TIPP ZUM ANBRATEN
Das Öl heiß werden lassen und die Polenta-Dreiecke hineingeben. Immer nur so viele Stücke in die Pfanne geben, dass genügend Platz ist, um die Dreiecke zu wenden. Ca. 5 Minuten anbraten, dabei die Polentastücke nicht wenden, nur ab und zu an der Pfanne rütteln. Nach 5 Minuten wenden und von der anderen Seite weitere 4 Minuten anbraten. Die Polenta-Dreiecke auf ein mit Backpapier ausgelegtes Backblech setzen und im Ofen bei 80 °C (Ober-/Unterhitze) warm halten, bis alle 24 Stück angebraten sind. Die „rohen" Polenta-Dreiecke können super eingefroren und bei Bedarf im gefrorenen Zustand angebraten werden. Für das Anbraten schließlich das Öl nicht so heiß werden lassen und dem Vorgang Zeit geben. Super easy.

4 PERSONEN
ZUBEREITUNGSZEIT: 140 MINUTEN
(INKL. 2 STUNDEN KÜHLUNG)

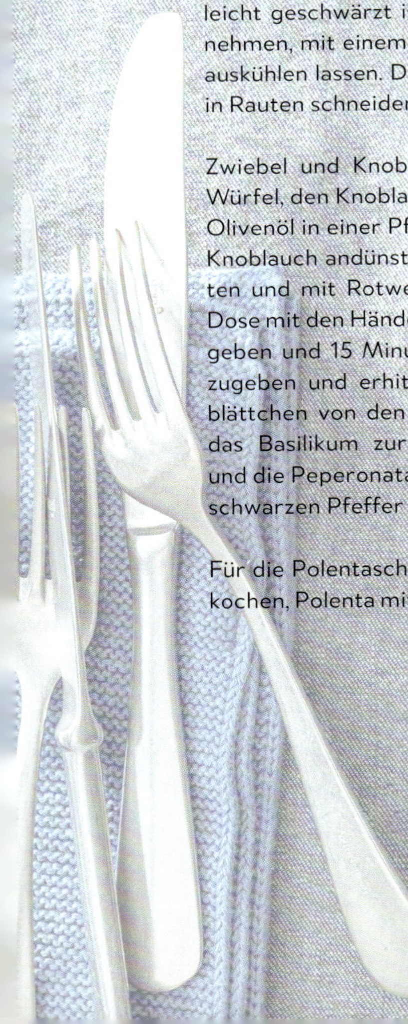

LODGE

Zoodles

PAD THAI

ZOODLES
500 g Zucchini
Salz

PAD-THAI-SAUCE
1 Limette
2 EL Palmzucker (alternativ brauner Zucker)
4 EL helle Sojasauce
2 EL Tamarindenpaste

PAD THAI
300 g Tofu
2 EL Erdnussöl
2 Knoblauchzehen
3 cm frischer Ingwer
2 Stangen Zitronengras
3 cm Galgant
5 Kaffir-Limettenblätter
1 rote Chilischote
2 Karotten
1 Paprika
4 Frühlingszwiebeln
200 g Zuckerschoten
2 Eier (Größe M)
100 g Mungobohnensprossen

GARNITUR
2 EL geröstete Erdnusskerne
4 Zweige Koriandergrün
1 Limette

Die Zucchini mit dem Spiralschneider zu „Nudeln" schneiden. In einer Schüssel mit ½ EL Salz vermengen und für 15 Minuten ziehen lassen. Die Zucchininudeln in einem Sieb abtropfen lassen.

Die Limette für die Pad-Thai-Sauce auspressen und den Tofu in Würfel schneiden. Alle Zutaten der Pad-Thai-Sauce mit 8 EL heißem Wasser verrühren und die Tofuwürfel darin für mindestens 15 Minuten marinieren. Die Tofuwürfel aus der Sauce nehmen, Sauce aufbewahren. In einem Wok das Erdnussöl bei mittlerer Temperatur erhitzen und darin den Tofu goldbraun anbraten. Aus dem Wok nehmen und beiseitestellen.

Knoblauch und Ingwer schälen und fein hacken. Von den Zitronengrasstängeln das weiche Innere heraustrennen und fein hacken. Den Galgant ebenfalls hacken. Von den Kaffir-Limettenblättern die Mittelrippe entfernen und in feine Streifen schneiden. Die Chili halbieren, putzen und fein hacken. Das Zitronengras, Galgant und Ingwer sowie die Kaffir-Limettenblätter und die Chilischote in einem Mörser zu einer feinen Paste zermahlen. Die Paste im heißen Wok anrösten. Währenddessen die Karotten schälen und in Streifen hobeln, die Paprika putzen und in Streifen schneiden. Die Frühlingszwiebeln putzen und diagonal in Ringe schneiden.

Die Karotten- und Paprikastifte und die Zuckerschoten in den Wok geben und unter Rühren für 3 Minuten garen. Das Gemüse an den Rand des Woks schieben und die Eier in der Mitte aufschlagen. Unter schnellem Rühren garen und mit dem Gemüse vermengen. Jetzt den Tofu und die Zoodles (Zucchininudeln) in den Wok geben und die Pad-Thai-Sauce darübergießen. Die Mungobohnensprossen und die Frühlingszwiebeln unterheben und alles für weitere 3 Minuten unter Rühren anbraten.

Zum Anrichten die Erdnüsse grob hacken und das Pad Thai damit bestreuen. Korianderblättchen hinzufügen und mit Limettenspalten servieren.

4 PERSONEN
ZUBEREITUNGSZEIT: 30 MINUTEN

Zucchini-Schokokuchen

mit MANDELMEHL

200 g gemahlene Mandeln
1 EL Maisstärke
50 g Backkakao
1 TL Backpulver
1 TL Natron
Salz
2 Eier (Größe M)
60 ml Milch
100 ml Rapsöl
150 g brauner Zucker
Mark von ½ Vanilleschote
1 TL Apfelessig
250 g Zucchini
150 g Schokotröpfchen
1 Espresso (50 ml)

TOPPING
1 Handvoll Schokotröpfchen

Den Backofen auf 175 °C (Ober-/Unterhitze) vorheizen.

Eine Kastenform (25 cm) einfetten und dann mit Backpapier auslegen (etwas Backpapier über den Rand ziehen, dann kann man nach dem Backen den Kuchen besser aus der Form heben). Die Mandeln, Maisstärke, Backkakao, Backpulver, Natron und ½ TL Salz in eine große Schüssel geben und mit einem Schneebesen verrühren.

Eier, Milch, Öl, Zucker, Vanillemark und Apfelessig in eine Rührschüssel geben und zu einer schaumigen Masse aufschlagen. Die Eier-Milch-Mischung nun zur Mandelmehlmischung gießen und alles nur so lange verrühren, bis es sich eben verbunden hat. Die Zucchini grob raspeln und etwas ausdrücken. Mit den Schokotröpfchen und dem Espresso unter den Teig rühren. Der Teig sollte jetzt dick und cremig, aber dennoch gießbar sein. Wenn der Teig zu fest ist, noch etwas Milch unterrühren.

Den Teig nun in die vorbereitete Kastenform füllen und als Topping weitere Schokotröpfchen dekorativ darüberstreuen. Den Kuchen 50–60 Minuten backen. Um zu überprüfen, ob der Kuchen fertig ist, eine Stäbchenprobe machen.

Mein Tipp
Sobald ein in die Mitte des Kuchens eingestochener Holzspieß fast sauber wieder herauskommt, ist der Kuchen fertig. Wenn noch Teigreste daran kleben, lieber für weitere 5 Minuten backen und noch einmal kontrollieren. Anschließend die Kuchenform aus dem Backofen nehmen und den Kuchen in der Form abkühlen lassen.

Den Schokokuchen aus der Backform nehmen, Schokotröpfchen darüberstreuen und mit aufgeschlagener Sahne genießen!

KASTENFORM Ø 25 CM
ZUBEREITUNGSZEIT: 70 MINUTEN

Samengemüse | Hülsenfrüchte

Jedes Böhnchen
gibt ein Tönchen ...

Dieses negative Image haben Erbsen, Bohnen, Linsen und Co. schon lange abgelegt. Vor allem in der vegetarischen Ernährung sind sie wichtiger Bestandteil des täglichen Speiseplans. Ihr hoher Proteingehalt und dessen Qualität ist einfach unschlagbar (ca. 26 %/pro 100 g), außerdem enthalten sie Kohlenhydrate oder Saccharide (ca. 71%/pro 100 g) in großen Mengen, weisen aber nur einen geringen Fettanteil (ca. 3 %/pro 100 g) auf. Samengemüse und Hülsenfrüchte liefern mehr Ballaststoffe als jedes andere Gemüse. Eine einzige Portion Bohnen macht bereits 20 % des empfohlenen Tagesbedarfs an Ballaststoffen aus. Neben Vitaminen der A- und B-Gruppen enthalten Hülsenfrüchte jede Menge Mineralstoffe und Spurenelemente. Und damit noch nicht genug: Die im Samengemüse enthaltenen sekundären Pflanzenstoffe, wie z. B. Protease-Inhibitoren, Phytoöstrogene und Phytinsäure, wirken krebsvorbeugend, sind gut für den Blutzucker- und Cholesterinspiegel, hemmen Osteoporose und helfen gegen Wechseljahresbeschwerden.

Bei all den Lobhudeleien bleibt die Frage: Was ist denn jetzt aber mit den unangenehmen Flatulenzen? Studien haben ergeben, dass nur ein kleiner Teil der Menschheit nach dem Bohnenverzehr daran leidet. Um dem entgegenzuwirken, ist der Spruch „Viel hilft viel" eine gute Orientierung. Essen Betroffene täglich eine Portion Hülsenfrüchte, gewöhnt sich der Körper an deren Verdauung und die Beschwerden lassen nach.

BOHNE

Phaseolus vulgaris

STECKBRIEF

Bohnen: Das sind sowohl die runden, manchmal länglichen oder nierenförmigen Samen als auch deren Hülse mit den eingeschlossenen Samen. Ganz grundlegend als „Bohne" gemeint ist die ganze Pflanze, die aus der Familie der Hülsenfrüchte entstammt. Die Vielfalt der Bohnen ist beeindruckend. Ihre Schoten sind grün, gelb, schwarz oder tiefblau und die Samen variieren in Form, Farbe und Größe. Die Schoten können frisch verwendet werden, die Samen auch getrocknet. Da Bohnen meist sehr hoch wachsen, benötigen sie eine Rankhilfe.

VERWENDUNG

Bohnen gelten als sehr gesund. Sie versorgen den Körper mit wertvollen Nährstoffen und enthalten viel Eiweiß. Dabei sind sie sättigend und kalorienarm zugleich. Schonend zubereitet passen sie zu Pasta, Salaten, Eintöpfen und besonders zu Tomaten. Lust auf eine Variante des berühmten Hummus? Dafür dicke grüne Bohnen kochen, zerkleinern und mit Olivenöl, Salz, Tahin und Zitronensaft abschmecken.

WISSENSWERTES

Bohnen halten sich besser im Kühlschrank, wenn sie noch in den Hülsen sind. Bohnenkraut unterstützt nicht nur das Aroma der Bohnen, sondern hält während des Wachstums auch Schädlinge von den Pflanzen fern. Deshalb empfiehlt es sich, Bohnenkraut zwischen Bohnen zu pflanzen.

ERBSE

Pisum sativum

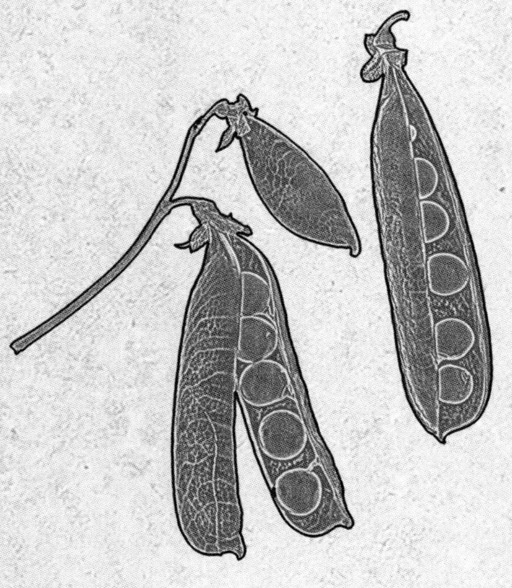

STECKBRIEF

Die Erbse zählt zur Familie der Hülsenfrüchte. Ursprünglich aus Kleinasien stammend, entwickelte sie sich über die Jahrtausende zu einem wichtigen Lebensmittel. Die Erbse ist eine einjährige Pflanze. Im Mai blühen die weißen Blüten, aus denen die grünen Hülsen entstehen. In diesen sitzen die Samen, die Erbsen. Ernten kann man entweder die jungen Zuckerschoten oder die fertig ausgebildeten Erbsen in der Hülse. Erbsen bevorzugen einen sonnigen Standort und humusreichen Boden. Da sie kälteempfindlich sind, sollte die Aussaat nicht vor Ende April erfolgen.

VERWENDUNG

Erbsen lassen sich am besten kurz blanchiert genießen. Sie sind reich an Ballaststoffen und verfügen über einen hohen Eiweißgehalt – perfekt für die vegetarische Ernährung! Zu Erbsen passen junge Kartoffeln, Pasta, Sahne und Butter sowie Kräuter wie Petersilie, Minze und Basilikum.

WISSENSWERTES

Die Erbsensaison ist kurz. Wer über das Jahr verteilt Erbsen genießen möchte, friert das Gemüse am besten ein. Zuckerschoten sollten anschließend schnell verzehrt werden, denn sie verlieren durch die Kälte ihren knackigen Biss. Mein Erntetipp: Wenn die Pflanzen vollständig abgeerntet sind, schneide ich sie direkt über dem Boden ab und lasse die Wurzeln im Boden, denn diese enthalten Stickstoff, den sie weiterhin an den Boden abgeben.

LINSE

Lens culinaris

STECKBRIEF

Schon in der Steinzeit waren Linsen ein wichtiges Nahrungsmittel. Heute gibt es weltweit über 70 Linsensorten. Die einjährige Pflanze aus der Familie der Hülsenfrüchtler gedeiht besonders gut auf sandigen und kalkhaltigen Böden. Zum Verzehr sind nur die Samen geeignet. Getrocknet halten sich Linsen für lange Zeit. Achtung: Ungekochte Linsen sind ungenießbar, da sie den giftigen Eiweißstoff Phasin enthalten, der erst durch den Kochvorgang abgebaut wird.

VERWENDUNG

Linsen sind äußerst nahrhaft. Die Samen enthalten viel Eiweiß, Zink, Magnesium und Eisen. Einige Linsen werden mit der Schale angeboten und andere sind geschält. Die ungeschälten Linsen sind ballaststoff- und nährstoffreicher und auch geschmacksintensiver, da sich die meisten Nähr- und Geschmacksstoffe in der Schale befinden. Die geschälten Linsen hingegen sind schneller zuzubereiten und auch leichter verdaulich, was besonders für Menschen mit einem schwachen Verdauungssystem von Vorteil ist. In vegetarischer Bolognese, Suppen, Currys oder als Topping auf Salaten sind Linsen ein wichtiger Bestandteil in meiner Küche.

WISSENSWERTES

Linsen enthalten relativ viel pflanzliches Eisen (8 mg/100 g). Damit unser Körper das pflanzliche Eisen auch verwerten kann, ist es ratsam, dies mit Vitamin C zu kombinieren. Daher einfach einen Spritzer Zitronen- oder Limettensaft über das Linsengericht geben.

MAIS

Zea mays

STECKBRIEF

Mais zählt zur Familie der Süßgräser und ist eine Getreideart, die schon vor Jahrtausenden in Mexiko angebaut wurde. Seit dem 16. Jahrhundert ist Mais auch in Europa heimisch. Redet man von Mais für den Küchengebrauch, geht es in der Regel um Zuckermais (auch Gemüsemais), der eine Wuchshöhe zwischen 60 cm und 3 m erreichen kann. Neben den bekannten gelben Sorten gibt es auch rote, schwarze, violette und weiße Maiskolben. Die Maiskolben werden geerntet, wenn sie noch nicht ganz reif sind, dann sind die Körner noch etwas weich.

VERWENDUNG

Mais liefert viele Ballaststoffe und steckt voller Proteine. Zudem eignet sich Mais für die glutenfreie Ernährung und enthält relativ viel Kohlenhydrate. Im Ganzen gegrillt oder gekocht, schlicht mit Butter, Pfeffer und Salz, als Polentaschnitten mit Tomatensauce, im Salat, in der Suppe oder einem Chili sin Carne – Mais bringt die Sonne auf den Teller.

WISSENSWERTES

Wie legt man ein Milpa-Beet mit den drei Schwestern Mais, Stangenbohnen und Kürbis an? Als Erstes werden ab Mitte Mai Maissetzlinge gepflanzt. Darum herum können gleichzeitig ein paar Bohnen gesteckt werden. Zwei Wochen später, wenn die jungen Maispflanzen gut angewachsen und die Bohnen gekeimt sind, wird der Kürbis gesät. Wichtig ist, sie an einem sonnigen Standort am nördlichen Rand des Beets zu setzen. So werden andere Gemüsesorten nicht von den hohen Pflanzen beschattet.

SOJABOHNE

Glycine max

STECKBRIEF

Sojabohnen zählen zu den Hülsenfrüchten. Seit Jahrtausenden wird die Pflanze in China als Nutz- und Futterpflanze angebaut – heute vereinzelt auch bei uns. In den bis zu 10 cm langen Hülsen der Sojabohnen wachsen die Samen heran, die braun, gelb, weiß, grün oder schwarz-violett sind und in der Form variieren können. Soja ist glutenfrei.

VERWENDUNG

Sojabohnen enthalten große Mengen an pflanzlichem Eiweiß. Da sie sehr empfindlich sind, sollten die frischen Sojaschoten so schnell wie möglich verarbeitet werden. Sowohl die Samen als auch die ganzen Schoten werden in Wasser gekocht. Weitere Lebensmittel, die aus Soja gewonnen werden, sind Sojamilch, Sojaöl, Joghurt, Tofu, Tempeh und Misopaste. Gedämpft und mit Salz bestreut sind die grünen Schoten als der japanische Snack Edamame bekannt. Mit Sesam paniert oder in Öl gebraten streue ich Tofu, wann immer es geht, über meine Currys und Salate.

WISSENSWERTES

Der Anbau von Soja für die Tierfutterproduktion nimmt weltweit immer mehr Anbaufläche in Anspruch, für die riesige Wald- und Savannenflächen in Ackerland umgewandelt werden. Beim Kauf von Sojaprodukten sollte man daher unbedingt darauf achten, woher die Sojabohnen stammen. Mittlerweile gibt es viele Sojaprodukte im Handel, die aus kontrolliert biologischem Anbau, gentechnikfrei und mit heimischen Sojabohnen hergestellt werden.

Weiße Bohnen

mit SELLERIE und SALBEI

WEISSE BOHNEN
250 g getrocknete, große weiße Bohnen (alternativ 2 Dosen weiße Riesenbohnen, à 240 g Abtropfgewicht)
1 Zwiebel
2 Knoblauchzehen
4 Zweige Thymian
2 Lorbeerblätter
Salz

TOMATENSAUCE
1 Stange Staudensellerie
1 Zwiebel
1 Knoblauchzehe
1 Dose geschälte, ganze Tomaten (400 g, San Marzano)
6 Salbeiblätter
3 EL Olivenöl
2 EL Tomatenmark
1 Lorbeerblatt
Salz, Pfeffer
Pul Biber (türkisches Paprikapulver)
1 TL Zucker
1 Spritzer Aceto balsamico

FRITTIERTER SALBEI
12 Salbeiblätter oder 4 Salbeibündchen
Öl zum Frittieren
Mehl
Salz

ZUBEREITUNG DER GETROCKNETEN WEISSEN BOHNEN
(Verwendet man die Bohnen aus der Dose, kann dieser Absatz übersprungen werden. Nur daran denken: den Bohnensud aus der Dose aufheben!)

Bohnen in reichlich kaltem Wasser 12 Stunden – am besten über Nacht – einweichen. Dann in ein Sieb abgießen, abbrausen und mit reichlich Wasser in einen Topf geben. Aufkochen und bei mittlerer Hitze 15 Minuten kochen, dabei den aufsteigenden Schaum abschöpfen.

Zwiebel und Knoblauch schälen. Thymian abbrausen und trocken schütteln. Zwiebel und Knoblauchzehen halbieren, mit 2 Lorbeerblättern und dem Thymian zu den Bohnen geben. Die Bohnen zugedeckt bei mittlerer Hitze ca. 40 Minuten garen (Sie sollten auf keinen Fall zu weich werden oder gar aufplatzen). Am Ende des Kochvorgangs salzen und abkühlen lassen. In ein Sieb abgießen, dabei den Sud auffangen, Thymian, Lorbeer, Knoblauch und Zwiebel entfernen.

TOMATENSAUCE
Sellerie waschen und in feine Würfel schneiden. Zwiebel und Knoblauchzehe schälen und fein würfeln. Die Tomaten grob mit den Händen zerpflücken und den Salbei waschen und fein hacken. Das Olivenöl in einem Topf erhitzen, darin Zwiebel, Knoblauch und Sellerie andünsten. Das Tomatenmark unterrühren und kurz anrösten, dann die Tomaten samt Saft und Lorbeerblatt hinzufügen und etwas einreduzieren lassen. Mit etwas von dem Bohnensud ablöschen und offen bei mittlerer Hitze in 15 Minuten einkochen lassen. Die Sauce mit Salz, Pfeffer und Pul Biber würzen. Die Bohnen und den Salbei dazugeben und alles bei kleiner Hitze weitere 15 Minuten einkochen lassen, dabei ab und zu umrühren. Nochmals mit Salz, Pfeffer, Zucker und Aceto balsamico abschmecken.

FRITTIERTER SALBEI
Sind die Stiele des Salbei noch jung und dünn, kann man den Salbei in kleinen Bündchen ernten, ansonsten einfach die einzelnen Blätter vom Bund lösen. Den Salbei waschen und gut trocken tupfen.

In der Zwischenzeit eine Pfanne mit Öl erhitzen. Zum Überprüfen der richtigen Temperatur zum Frittieren einfach ein Holzstäbchen ins Öl halten: Es sollten sprudelnde Perlen am Holzstäbchen aufsteigen.

Den Salbei in eine Schüssel geben, etwas Mehl darüberstreuen und einfach mit den Händen vermischen. Dann den mehlierten Salbei in das heiße Öl tauchen und nach kurzer Zeit wenden. Hat der Salbei eine goldbraune Farbe angenommen, dann sofort aus der Pfanne nehmen (Salbei verbrennt sehr schnell und wird dann bitter im Geschmack). Überschüssiges Fett auf einem Küchenpapier abtropfen lassen. Den frittierten Salbei salzen.

Die weißen Bohnen mit der Tomatensauce vermischen und lauwarm oder im Sommer auch kalt mit frittiertem Salbei servieren.

4 PERSONEN
ZUBEREITUNGSZEIT: 55 MINUTEN
(+12 STUNDEN EINWEICHZEIT)

Trofie Liguri

mit PRINZESSBOHNEN und KARTOFFELN

PESTO ALLA GENOVESE
2 Bund kleinblättriges Basilikum (ca. 50 g)
6 EL Parmesan
2 EL Pecorino
2 EL Pinienkerne
2 Knoblauchzehen
30 ml sehr gutes Olivenöl
½ TL Meersalz, Pfeffer

TROFIETEIG (500 G)
400 g italienisches Hartweizenmehl (Semola rimacinata)
Salz

TROFIE LIGURI
1 rote Zwiebel
230 g Prinzessbohnen
7 Frühkartoffeln
Salz
500 g Trofie

GARNITUR
geriebener Parmesan
Basilikumblätter

PESTO ALLA GENOVESE
Basilikum waschen, trocken schleudern und etwas zerpflücken.

Käse reiben. Die Pinienkerne in einer beschichteten Pfanne ohne Öl kurz anrösten und abkühlen lassen. Knoblauchzehen schälen und mit den Basilikumblättern und der Hälfte der Pinienkerne in den Mixer geben und kurz hacken. Geriebenen Käse dazugeben, nach und nach mit Olivenöl aufgießen, evtl. noch einmal kurz mixen. Mit Salz und Pfeffer abschmecken. Zum Schluss die andere Hälfte der Pinienkerne unterrühren. Ich mag mein Pesto eher grob. Wer es feiner mag, mixt es einfach länger, riskiert dabei aber, dass das Basilikum etwas von seinem Geschmack verliert.

Mein Tipp zur Aufbewahrung des Pestos
Das Pesto in ein passendes Gefäß mit Schraubverschluss abfüllen (das Pesto sollte fast bis zum Glasrand aufgefüllt sein). Auf das Pesto Olivenöl geben, sodass die Oberfläche komplett mit Öl bedeckt ist. So hält sich das Pesto sicherlich 10 Tage im Kühlschrank. Entnimmt man etwas Pesto, beim Verschließen wieder darauf achten, dass die Oberfläche komplett mit Öl bedeckt ist.

TROFIETEIG
Hartweizenmehl, 200–250 g Wasser und 1 Prise Salz zu einem glatten, nicht zu weichen Teig verkneten. Zugedeckt 30 Minuten ruhen lassen. Dann Rollen mit 8 mm Ø formen. Jeweils ein 1 cm langes Stück davon abnehmen und unter dem Handballen über die Arbeitsfläche zwirbeln. Dafür zuerst mit der flachen Hand den Teig nach vorne rollen, sodass eine Rolle entsteht. Dann die Handkante am oberen Ende ansetzen und an der Handkante entlang zu sich heranziehen. Dabei sollte sich das Teigröllchen etwas hinter der Handkante aufwinden und eine in sich gedrehte Form entstehen. Achtung: Übung macht den Meister. Die fertigen Trofie auf einer bemehlten Unterlage zwischenlagern.

TROFIE LIGURI
Rote Zwiebel schälen und klein hacken. Die Enden der Prinzessbohnen abschneiden. Frühkartoffeln halbieren und in einem Topf mit Salzwasser 15 Minuten kochen, nach 10 Minuten Kochzeit die Bohnen dazugeben. Durch ein Sieb abgießen, abtropfen und etwas abkühlen lassen.

Olivenöl in einer Pfanne auf mittlerer Stufe erhitzen. Die Kartoffeln anbraten und die Zwiebel und Bohnen dazugeben. Parallel dazu die frischen Trofie im siedenden Salzwasser bissfest kochen, tropfnass in die Pfanne zu den Kartoffeln und Bohnen geben, mit einigen Löffeln Pesto mischen.

Die Trofie liguri auf Teller verteilen und mit weiterem Pesto, etwas Olivenöl, geriebenem Parmesan und Basilikumblättern servieren.

4 PERSONEN
ZUBEREITUNGSZEIT: 60 MINUTEN

Burrito

mit CHILI SIN CARNE

6 Blätter Romanasalat
1 Avocado
2 Jalapeños
1 Dose Gemüsemais
(285 g Abtropfgewicht)

1 Dose Kidneybohnen
(265 g Abtropfgewicht)
80 g Cheddar
4 Stängel Koriandergrün
1 Limette

1 Veggie-Bolo aus dem Glas
(siehe S. 224)
Salz, Pfeffer
10 g Chili-con-Carne-Gewürz

4 Tortillafladen
200 g Crème fraîche
Pul Biber (türkisches Paprikapulver)

Den Salat waschen, schleudern und in Streifen schneiden. Die Avocado von Schale und Kern befreien und das Fruchtfleisch in Spalten schneiden. Jalapeños in Ringe schneiden. Mais und Bohnen abgießen und abtropfen lassen. Cheddar fein reiben. Vom Koriander die Blätter abzupfen und die Limette in Achtel teilen.

Die Veggie-Bolo in einem Topf erwärmen. Den Mais und die Bohnen dazugeben, erhitzen und mit Salz, Pfeffer und Chili-con-Carne-Gewürz abschmecken.

Die Weizentortillas in einer separaten Pfanne für ca. 30 Sekunden ohne Öl anrösten. Den geriebenen Cheddar mittig auf den Tortillas verteilen, sodass oben und unten noch etwa 2 cm unbelegt bleiben. Den Käse schmelzen lassen und die Tortillas aus der Pfanne nehmen.

Die noch warmen Tortillas zuerst mit dem Chili sin Carne, dann mit Salat, Avocado, Jalapeños, Crème fraîche und einigen Korianderblättchen belegen. Mit Limettensaft beträufeln und mit Pul Biber würzen.

Die untere Seite der Tortilla eng über der Füllung einschlagen und anschließend die linke und rechte Seite fest übereinanderlegen. Die Tortilla nicht mehr aus der Hand legen und sofort genießen.

4 PERSONEN
ZUBEREITUNGSZEIT: 25 MINUTEN

Sommerrollen

mit ZUCKERSCHOTEN und TOFU

1 Ei (Größe M)
Salz
Rapsöl
300 g Tofu
Sojasauce
Zucker
2 Karotten
3 Frühlingszwiebeln
100 g Zuckerschoten
1 Prise Natron
100 g Sojasprossen
80 g Reisnudeln
1 EL Sesamöl
6 Eisbergsalatblätter
1 kleine Salatgurke
1 Bund asiatisches Basilikum
1 Bund Koriandergrün
1 Bund Minze
3 EL Erdnusskerne
Erdnussöl
12 Reispapierblätter (Ø 22 cm)
Sweet Chilisauce

HOISIN-SAUCE

½ Limette
½ rote Chilischote
1 cm frischer Ingwer
4 EL Hoisin-Sauce

ZUBEHÖR

Abtropfgitter für die Sommerrollen

Das Ei mit 1 Prise Salz verquirlen. In einer beschichteten Pfanne etwas Rapsöl erhitzen und darin ein dünnes Omelett backen. Das Omelett aus der Pfanne nehmen, abkühlen lassen und in Streifen schneiden.

Tofu quer in Scheiben schneiden. Diese mit Sojasauce und etwas Zucker 30 Minuten marinieren. Anschließend in Rapsöl von beiden Seiten je 2–3 Minuten goldbraun braten. Die Karotten schälen und fein stifteln, die Frühlingszwiebeln in Ringe schneiden.

In einer beschichteten Pfanne erneut Rapsöl erhitzen und die Karottenstifte und die Frühlingszwiebeln kurz andünsten.

Die Zuckerschoten in heißem Wasser mit etwas Natron 2 Minuten blanchieren. Nach dem Abseihen sofort in Eiswasser geben. Die Sojasprossen nur kurz mit heißem Wasser überbrühen.

Die Reisnudeln in heißem Wasser einmal kurz aufkochen und dann für 10 Minuten bei ausgeschalteter Herdplatte ziehen lassen. In ein Sieb geben und gut abtropfen lassen. Mit Sesamöl beträufeln, kurz durchrühren, sodass sie beim Abkühlen nicht zusammenkleben.

Salat in Streifen schneiden, die Gurke stifteln und von den Kräutern die Blätter abzupfen.

Erdnüsse in einer Pfanne mit Erdnussöl anrösten, aus der Pfanne nehmen, abkühlen lassen und grob hacken.

Für die Hoisin-Sauce die Limette auspressen, die Chilihälfte von Kernen befreien und fein hacken und den Ingwer schälen und klein hacken. Hoisin-Sauce mit den Zutaten verrühren und 1 EL Erdnüsse in die Sauce geben. Den Rest der Erdnüsse für die Sommerrollen aufbewahren. Bei Bedarf noch etwas heißes Wasser zum Verdünnen hinzufügen.

Die Reisblätter kurz in kaltes Wasser tauchen, auf das Abtropfgitter legen und mit den gewünschten Zutaten im unteren Drittel des Reisblattes belegen. Alles zu einem länglichen, etwa 10 cm langen kompakten Haufen formen. Die untere Längsseite des Reisblattes über die Füllung legen, die Seiten einschlagen und das Reisblatt nach oben fest zusammenrollen.

Die Sommerrollen mit der Hoisin-Sauce, Erdnüssen und Sweet Chilisauce servieren.

12 ROLLEN
ZUBEREITUNGSZEIT: 35 MINUTEN

Risi e Bisi

2 Schalotten
je 1 Handvoll Petersilie und Minze
75 g Parmesan
½ Bio-Zitrone

1 kg frische Erbsenschoten (alternativ 400 g TK-Erbsen)
60 g Butter
2 EL Olivenöl

300 g Risottoreis (Vialone Nano)
1,5 l heiße Gemüsebrühe (siehe S. 340)

1 Prise Natron
Salz, Pfeffer

Die Schalotten schälen und fein würfeln. Die frischen Kräuter waschen, trocken schütteln und fein hacken. Den Parmesan fein reiben. Von etwa einem Viertel der Zitrone die Schale abreiben. Die Erbsen aus den Schalen pulen.

Die Hälfte der Butter mit dem Olivenöl in einem großen Topf erhitzen und die Schalotten darin glasig dünsten. Die Hitze reduzieren, den Reis zufügen und unter Rühren weiter dünsten, bis der Reis eine goldgelbe Farbe bekommen hat. Die heiße Brühe portionsweise zugeben und den Reis unter ständigem Rühren 15–20 Minuten köcheln lassen, bis er weich, aber noch al dente ist. In der Zwischenzeit die Erbsen in heißem Wasser mit etwas Natron weich kochen, das dauert bei rohen Erbsen 2–3 Minuten, bei tiefgefrorenen Erbsen 3–4 Minuten. Nach dem Kochen sofort in eiskaltem Wasser abschrecken, damit die Erbsen ihr leuchtendes Grün behalten. Die Erbsen zum Risotto geben und noch einmal erwärmen. Das Risi e Bisi mit Salz, frischem Pfeffer, zwei Spritzern Zitronensaft und Zitronenabrieb abschmecken und die restliche Butter zugeben. 3 EL Parmesan unterrühren und Risotto noch 3 Minuten ziehen lassen.

Zuletzt die frisch gehackte Minze und die Petersilie unterheben und das Risi e Bisi auf Tellern anrichten. Den restlichen Parmesan dazu reichen.

4 PERSONEN
ZUBEREITUNGSZEIT: 25 MINUTEN

Linsen mit Spätzle

und SEITANWÜRSTCHEN

SPÄTZLE
500 g Mehl
5 Eier (Größe M)
250 ml kohlensäurehaltiges Mineralwasser
Salz

LINSENGEMÜSE
1 Bund Suppengrün (Karotten, Sellerie, Lauch, Petersilie)
1 Zwiebel
40 g Butter
15 g Mehl
250 g Berglinsen
2 EL Tomatenmark
2 TL getrockneter Majoran
1 Lorbeerblatt
1 l Gemüsebrühe (siehe S. 340)
1½ EL Aceto balsamico
1 TL Zucker
Salz, Pfeffer
pro Person 1 Paar Seitanwürstchen

GARNITUR
4 Stängel Petersilie

Für die Spätzle Mehl mit Eiern, Mineralwasser und 1 guten Prise Salz zu einem Teig verrühren. Mit einem Kochlöffel den Teig in der Schüssel so lange schlagen, bis er eine cremige Konsistenz hat und Blasen wirft. Zugedeckt 10 Minuten ruhen lassen.

Suppengrün und Zwiebel putzen und fein würfeln. Butter in einem Topf schmelzen, Mehl mit einem Schneebesen einrühren und wallen lassen, bis die Mischung leicht gebräunt ist. Gemüse und Berglinsen zugeben und glasig dünsten. Tomatenmark dazugeben und etwas anbräunen, Majoran und Lorbeerblatt unterrühren, mit Gemüsebrühe ablöschen. Offen 30 Minuten leicht köcheln lassen. Das Linsengemüse mit Essig, Zucker, Salz und Pfeffer kräftig würzen.

Einen großen Topf mit Salzwasser aufkochen lassen. Den Spätzleteig durch eine Spätzlepresse drücken oder vom Spätzlebrett schaben. Die Spätzle im Wasser aufsteigen lassen, 2 Minuten kochen, mit einer Schöpfkelle herausnehmen und in eine gebutterte Form geben. Im Ofen bei 80 °C (Ober-/Unterhitze) warm halten. Weiter so verfahren, bis der gesamte Teig verbraucht ist.

Die Würstchen in heißem Wasser erhitzen. Die Petersilie waschen, trocken schütteln und fein hacken.

Die Spätzle mit dem Linsengemüse auf einem Teller anrichten, die Würstchen darübergeben und mit gehackter Petersilie bestreuen.

Mein Tipp
Da das Spätzle-Schaben sich recht aufwendig gestaltet (vor allem beim anschließenden Spülen), lohnt es sich, davon gleich eine größere Menge zuzubereiten. Spätzle lassen sich nämlich super portionsweise einfrieren. Dafür die Spätzle wie im Rezept zubereiten und jede gegarte Portion sofort in kaltem Wasser abschrecken. Gut abgetropft und mit etwas Öl vermengt in Gefrierbeutel füllen und einfrieren. Im Kühlschrank halten sich die Spätzle 1–2 Tage.

4 PERSONEN
ZUBEREITUNGSZEIT: 40 MINUTEN

Belugalinsensalat

mit PFIRSICHEN und RÖSTZWIEBELN

BASMATIREIS
Salz
200 g Basmatireis

RÖSTZWIEBELN
2 EL Mehl
1 TL Paprikapulver
2 Zwiebeln
100 ml Rapsöl

BELUGALINSEN
1 rote Zwiebel
2 Spitzpaprika
1 grüne Chilischote
1 cm frischer Ingwer
50 g Butter zum Braten
Öl
1 TL gemahlene Kurkuma
1 TL gemahlener Zimt
geriebene Muskatnuss
1 TL Tomatenmark
250 g Belugalinsen
50 ml Weißwein
1 Limette
1 EL brauner Zucker
Salz, Pfeffer

GARNITUR
75 g getrocknete Cranberrys
4 Pfirsiche
1 EL brauner Zucker
1 Handvoll Petersilie

In einem Topf 800 ml Wasser und 1 TL Salz zum Kochen bringen. Basmatireis hineingeben und einmal umrühren. Den Reis im geschlossenen Topf bei kleiner Hitze 10 Minuten sanft köcheln lassen. Den Reis durch ein Sieb abgießen und abtropfen lassen. Anschließend den Reis zurück in den Topf geben, auf die noch heiße Herdplatte stellen und im geschlossenen Topf 3 Minuten ausdampfen lassen.

Mehl mit dem Paprikapulver vermischen. Die Zwiebeln schälen, in Ringe schneiden und kurz in Mehl wenden. In heißem Öl goldbraun und knusprig braten. Mit einem Schaumlöffel aus dem Öl nehmen und auf Küchenkrepp abtropfen lassen.

Die Cranberrys für die Garnitur 10 Minuten in Wasser einweichen.

Die rote Zwiebel schälen und fein hacken. Die Paprika putzen, waschen und würfeln. Die Chili halbieren, putzen und fein hacken. Den Ingwer schälen und ebenfalls hacken. Zwiebel und Paprika in der Hälfte der Butter mit etwas Öl anbraten. Chili, Ingwer und die Gewürze zugeben. Einige Minuten weiter anbraten, dann das Tomatenmark und die gewaschenen Linsen hinzufügen und umrühren. Mit 500 ml Wasser und dem Wein aufgießen, zum Kochen bringen, die Temperatur reduzieren und die Linsen 35 Minuten köcheln lassen. Währenddessen die Limette auspressen. Wenn die Linsen gar sind, den Limettensaft und den Zucker unterrühren und mit Salz und Pfeffer abschmecken.

Die Pfirsiche halbieren, entsteinen und in Spalten schneiden. Die Cranberrys abtropfen lassen. 1 EL Zucker in einer Pfanne schmelzen lassen, die Pfirsichspalten hineingeben und karamellisieren lassen, mit etwas Wasser ablöschen und anschließend die Cranberrys hineingeben. Kurz durchschwenken.

Die Petersilienblätter abzupfen und fein hacken. Den Basmatireis, die Belugalinsen und die Petersilie vermengen, noch einmal mit Salz und Pfeffer abschmecken.

Den Belugalinsensalat auf Tellern anrichten, die Pfirsiche und die Cranberrys darauf drapieren und mit den gerösteten Zwiebeln toppen.

4 PERSONEN
ZUBEREITUNGSZEIT: 40 MINUTEN

Gegrillter Mais

mit LIMETTENBUTTER

4 Maiskolben mit Blättern

LIMETTENBUTTER
1 EL Minze
1 TL Koriandergrün
1 cm frischer Ingwer
1 Knoblauchzehe
1 Bio-Limette
5 EL Butter (zimmerwarm)
Salz, Pfeffer
1 TL Pul Biber (türkisches Paprikapulver)

GARNITUR
1 Limette

Für die Limettenbutter Minze und Koriander putzen und fein hacken. Ingwer und Knoblauch schälen und reiben. Die Schale der Limette abreiben und Limette auspressen. Alle Zutaten mit der Butter in eine Schüssel geben und vermischen. Mit Salz, Pfeffer und Pul Biber abschmecken und bis zum Gebrauch in den Kühlschrank stellen.

Maiskolben mit den Blättern für mindestens 10 Minuten in einer Schüssel mit Wasser einweichen (so verbrennen die Hüllblätter beim Grillen nicht so schnell).

Den Grill vorheizen. Die Maiskolben 30 Minuten bei mittlerer Hitze auf dem Grill garen (am besten den Deckel vom Grill geschlossen halten), dabei ab und zu wenden. Die Maiskolben vom Grill nehmen und etwas auskühlen lassen, dann die Hüllblätter nach oben schlagen.

Die Maiskolben erneut auf den Grill legen, die Maiskörner mit etwas Limettenbutter einstreichen und 15 Minuten grillen, bis die Maiskolben schöne Grillstreifen haben (evtl. die Hüllblätter in Alufolie wickeln, damit sie nicht verbrennen).

Mit der Limettenbutter und Limettenspalten servieren.

4 PERSONEN (BEILAGE/VORSPEISE)
ZUBEREITUNGSZEIT: 50 MINUTEN

Asia-Salat

mit EDAMAME

350 g geschälte TK-Edamame
Salz
1 Prise Natron
½ Salatgurke
1 rote Paprika
2 Frühlingszwiebeln
4 Stängel Koriandergrün
3 Stängel Minze
1 EL heller und dunkler Sesam gemischt

DRESSING
1 cm frischer Ingwer
2 EL Reisweinessig
2 EL Erdnussöl
2 EL Sesamöl
2 EL Sojasauce
2 TL Ahornsirup
½ TL Sriracha
Salz, Pfeffer

Die Edamame in einem Topf mit heißem Salzwasser und 1 Prise Natron kurz blanchieren, abseihen und sofort in Eiswasser abkühlen.

Salatgurke waschen, längs halbieren, mit einem Löffel die Kerne entfernen und in Würfel schneiden. Paprika halbieren, putzen, waschen und ebenfalls in Würfel schneiden. Die Frühlingszwiebeln waschen, putzen und in dünne Ringe schneiden. Koriander und Minze waschen, trocken schütteln und die Blätter abzupfen. Die Korianderstängel und die Minzblätter fein schneiden, die Korianderblätter ganz lassen. Alle Salatzutaten vermengen.

Den Sesam in einer Pfanne ohne Fett anrösten, bis er zu duften beginnt.

Für das Dressing den Ingwer schälen und fein reiben. In einem Glas alle Dressing-Zutaten verquirlen. Das Dressing über den Salat gießen und alles miteinander vermengen.

Den Salat in Schüsseln anrichten und mit dem gerösteten Sesam toppen.

4 PERSONEN
ZUBEREITUNGSZEIT: 15 MINUTEN

Veggie-Bolo

mit SPAGHETTI

1 EL Gemüsebrühe (Pulver)
125 g feine Sojaschnetzel
6 EL Olivenöl

SOFFRITTO
2 mittelgroße Zwiebeln
1 Knoblauchzehe
2 Karotten
2 Stangen Sellerie mit Grün (das Grün fein schneiden)
3 EL Olivenöl

SAUCE
10 getrocknete Tomaten (in Öl)
1 Handvoll getrocknete Pilze
1 EL Agavendicksaft
100 g Tomatenmark
100 ml Rotwein
1 Dose geschälte, ganze Tomaten (400 g, San Marzano)
2 Lorbeerblätter
Salz, Pfeffer
2 TL getrockneter Oregano
2 TL getrockneter Thymian
3 TL geräuchertes Paprikapulver
1 TL Pul Biber (türkisches Paprikapulver)
½ EL Aprikosenkonfitüre
1 Spritzer Aceto balsamico

400 g Spaghetti
1 EL Butter

GARNITUR
½ Bund Basilikum
100 g geriebener Parmesan
Olivenöl

750 ml Wasser zum Kochen bringen, Gemüsebrühe einrühren und die Sojaschnetzel damit überbrühen, ca. 10 Minuten ziehen lassen und danach die Sojaschnetzel fest ausdrücken.

Die Sojaschnetzel ohne Öl in eine Pfanne geben, bis die Flüssigkeit aus den Schnetzeln verdampft ist. Dann Olivenöl dazugeben und die Sojaschnetzel darin scharf anbraten, bis sie gebräunt und schön kross sind. Immer wieder umrühren. Das Ganze dauert ca. 10 Minuten. Die Sojaschnetzel aus dem Topf nehmen und beiseitestellen.

Zwiebel, Knoblauch, Karotten und Sellerie putzen und in kleine Würfel schneiden. Olivenöl in der Pfanne erhitzen und das Gemüse darin anschwitzen.

Die getrockneten Tomaten und die Pilze in Streifen schneiden. Tomaten, Pilze, Agavendicksaft und Tomatenmark zum angeschwitzten Gemüse geben und alles leicht karamellisieren lassen. Die Sojaschnetzel wieder in den Topf geben und mit Rotwein ablöschen. Die Dosentomaten mit den Händen grob zerpflücken und zusammen mit den Lorbeerblättern zur Sauce geben. Mit Salz, Pfeffer, Oregano, Thymian, geräuchertem Paprikapulver, Pul Biber, Aprikosenkonfitüre und Aceto balsamico abschmecken. Bei schwacher Hitze 30 Minuten köcheln lassen.

Nudeln in heißem Salzwasser unter Rühren bissfest kochen. Am Ende der Kochzeit die Nudeln in ein Sieb geben und abtropfen lassen. In den Topf zur Sauce geben und unterrühren. Butter ebenfalls in den Topf geben und alles noch einmal vermengen.

Das Basilikum waschen, Blätter abzupfen und fein schneiden. Parmesan reiben. Pasta in tiefen Tellern anrichten und mit Basilikum, Parmesan und etwas Olivenöl garnieren.

Mein Tipp
Ich mache immer gleich die doppelte Menge an Veggie-Bolo und fülle sie in Gläser ab. Die Gläser koche ich 120 Minuten bei 100 °C ein. Ein Glas reicht bei Spaghetti Bolognese für 2 Personen oder für die Burritos mit Chili sin Carne von Seite 210.

CA. 4 GLÄSER À 350 ML
ZUBEREITUNGSZEIT: 40 MINUTEN

Herbst

VON EISBERGSALAT BIS ROTE BETE

Im Herbst bin ich im Wald. Dann krame ich meinen Janker raus und streife durchs Unterholz auf der Suche nach Beeren und Pilzen. Die Herbstluft am frühen Morgen ist einzigartig. Jeder kennt diesen unvergleichlichen Duft des Herbstes. Diese frische, nach Erde riechende Luft, die Farbenpracht der Laubbäume, die leuchtenden Herbstblumen. Nie ist der Himmel so blau wie im Herbst. Wir werden verwöhnt mit einer Fülle an reifem Obst und Bergen von Kürbissen am Straßenrand.

Blattgemüse

EISBERGSALAT

Lactuca sativa var. capitata nidus tenerimma

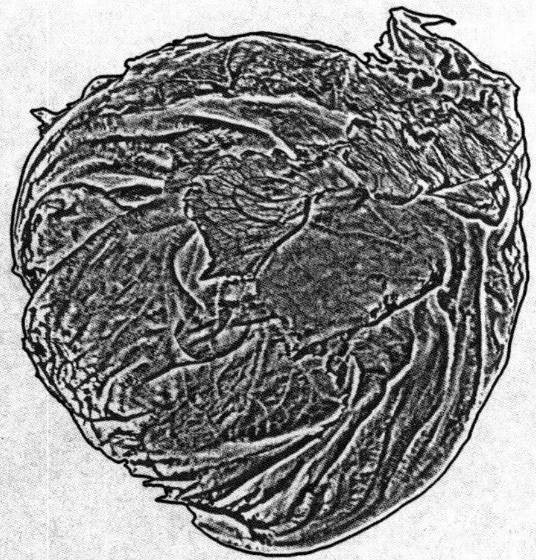

STECKBRIEF

Typisch für den Eisbergsalat sind seine fest verschlossenen Blätter, die einen festen „Kopf“ bilden. Die äußeren Blätter sind grün und umschließen die inneren, gelb-weißen Blätter fest. Dies hat den Vorteil, dass er selbst ungekühlt länger knackig und frisch bleibt. Der Eisberg gehört zur Familie der Korbblütler und entwickelte sich aus dem Bataviasalat. Die Saison dauert von Juni bis September.

VERWENDUNG

Der Eisbergsalat besteht fast komplett aus Wasser und ist somit sehr kalorienarm. Er punktet auch mit einem hohen Vitamin-C-Gehalt. Eisbergsalat hat keinen starken Eigengeschmack und lässt sich deshalb vielseitig – auch in Kombination mit anderen Salaten – einsetzen. Er schmeckt besonders fein mit einem leichten Dressing aus Honig, Zitrone und Olivenöl, als Beilage zu herzhaften Gerichten, im Burger oder als grüner Frischekick in Smoothies.

WISSENSWERTES

Am besten bleiben die Nährstoffe erhalten, wenn man den Salat rupft. Dabei teilen sich die Blätter wie von selbst entlang der Blattadern und der Zellsaft tritt nicht so leicht aus. Obwohl durch seine kompakte Wuchsform gewöhnlich kein Dreck in das Innere des Salatkopfes kommen kann, sollte der Eisbergsalat gewaschen werden. Hier darauf achten, die ganzen Blätter zu waschen, um keine Inhaltsstoffe auszuspülen. Übrigens: Seinen Namen verdankt der Eisbergsalat seinen Anfängen im heißen Kalifornien. Um ihn über lange Transportwege frisch zu halten, wurde er auf großen Kühlblöcken gelagert.

ENDIVIENSALAT

Cichorium endivia

STECKBRIEF

Der Endiviensalat gehört zur Familie der Zichoriengewächse und stammt aus dem Mittelmeerraum. Es gibt viele Arten von Endivien. Zum Verzehr sind die Sorten Frisée und Escariol geeignet. Die Blätter des Frisées sind kraus, feingliedrig und empfindlich. Die des Escariol sind glatter und widerstandsfähiger. Endivien vertragen Frost und können bis in den Winter geerntet werden.

VERWENDUNG

Die Mischung aus knackig und bitter ist das Spannende am Endiviensalat. Er schmeckt hervorragend in der Kombination mit warmen Kartoffeln oder mit Früchten wie Orange, Apfel und Melone. Dressings mit Sahne und Schmand runden seinen Geschmack ab. Als Kräuter eignen sich besonders gut Schnittlauch und Petersilie.

WISSENSWERTES

Unverwechselbar ist das leicht bittere und herbe Aroma, das vor allem in den unteren Blattteilen steckt. Dies liegt an den enthaltenen Bitterstoffen Lactucin und Lactucopikrin, die die Leber und Galle bei ihrer Arbeit unterstützen und appetitanregend wirken. Daher eignet sich der Endiviensalat idealerweise als Vorspeise. Die glatte Endivie enthält etwas weniger Bitterstoffe als die krause und je weiter innen die Blätter im Kopf liegen, desto milder sind sie. Um dem Salat die Bitterkeit zu entziehen, kann man die Blätter kurz vor der Zubereitung in lauwarmes Wasser legen, dabei geht aber auch ein Teil der gesunden Bitterstoffe verloren. Besser ist daher die Kombination mit Honig oder Früchten.

Ssam

mit GURKEN-KIMCHI und BULGOGI-STYLE-TOFU

1 Eisbergsalat
Gurken-Kimchi (siehe S. 52)

SSAMJANG (SAUCE)
1 Knoblauchzehe
1 Frühlingszwiebel
1 EL Sesam
2 EL Hoisin-Sauce
2 TL Gochujang (scharfe koreanische Chilipaste)
2 TL Honig
2 TL geröstetes Sesamöl
2 TL Reisessig

BULGOGI-STYLE-TOFU
300 g Tofu
4 Frühlingszwiebeln
½ Zwiebel
1 cm frischer Ingwer
3 Knoblauchzehen
Rapsöl

MARINADE
1 feste Birne (z. B. Williams Christ)
4 EL Sojasauce
4 EL geröstetes Sesamöl
6 EL Zucker
1 TL gemahlener Pfeffer
1 TL Pul Biber (türkisches Paprikapulver)
4 EL Mirin (Reiswein)
2 EL Reisessig

STICKY RICE
200 g Klebreis (Thai Sweet Rice)

Vom Eisbergsalat den Strunk herausschneiden und vorsichtig die einzelnen Blätter im Ganzen ablösen. Die Blätter waschen, trocken schütteln und beiseitelegen.

SSAMJANG (SAUCE)
Knoblauch schälen und fein reiben. Frühlingszwiebel in dünne Ringe schneiden. Den Sesam in einer Pfanne ohne Öl anrösten, bis er zu duften beginnt.

Hoisin-Sauce, Gochujang, Honig, Sesamöl und Reisessig mischen. Knoblauch und Frühlingszwiebel unterrühren. Eventuell mit 1–2 EL heißem Wasser verdünnen. Mit geröstetem Sesam bestreut servieren.

BULGOGI-STYLE-TOFU
Tofu längs in der Mitte durchschneiden. Beide Hälften auspressen und die Hälften in dünne Scheiben schneiden. Frühlingszwiebeln in feine Ringe und Zwiebel in Scheiben schneiden. Ingwer fein reiben. Knoblauch schälen und fein hacken. Die Tofuscheiben in eine tiefe Schüssel geben und mit Frühlingszwiebeln, Zwiebel, Ingwer und Knoblauch bedecken. Für die Marinade die Birne waschen und bis auf das Kerngehäuse grob raspeln, dann alle Zutaten miteinander vermischen und über den Tofu und das Gemüse gießen. Den Tofu abdecken, in den Kühlschrank stellen und für mindestens 8 Stunden marinieren lassen. Dann die Tofustreifen aus der Marinade nehmen. Die Marinade für später zur Seite stellen.

Eine Pfanne bei mittlerer Hitze mit etwas Rapsöl erhitzen. Sobald die Pfanne heiß ist, die Tofustreifen von beiden Seiten goldbraun anbraten. Am besten auf 2 Etappen arbeiten. Ist der ganze Tofu goldbraun angebraten, zur Seite stellen. Jetzt die Marinade in die Pfanne geben und braten, bis sie stark reduziert ist. Den Tofu wieder zur Marinade geben. Fertig ist der Bulgogi-Style-Tofu.

STICKY RICE
Den Klebreis in lauwarmem Wasser mehrmals gründlich waschen (das Wasser so lange wechseln, bis es klar ist), dann in einer großen Schüssel großzügig mit Wasser bedecken und über Nacht einweichen. Den Dämpfgareinsatz mit einem feuchten Küchentuch auslegen und den Klebreis mitsamt Einweichwasser dazugeben. 500 ml Wasser zusätzlich mit in den Topf geben, das Küchentuch über den Reis schlagen, den Deckel schließen und bei mittlerer Hitze 20 Minuten lang dämpfen.

Den Reis einmal kurz mit einem Löffel wenden und weitere 10 Minuten dämpfen. Vom Herd nehmen und in eine große Schüssel geben und etwas auskühlen lassen.

SERVIEREN – SSAM TUTORIAL
1. Salatblatt in die Hand legen
2. Sticky Reis darauflegen
3. Gefolgt von Bulgogi-Style-Tofu
4. Gurken-Kimchi darüber drapieren
5. Mit Ssamjang toppen
6. Salatblatt mundgerecht zusammenfalten
7. Bereit für die Challenge: Mit einem Bissen verzehren!

4 PERSONEN
ZUBEREITUNGSZEIT: 12 STUNDEN
(EINWEICHZEIT/MARINIERZEIT)

Tex-Mex-Layer-Salad

mit ROTKOHL und TORTILLA-CHIPS

¼ Eisbergsalat
250 g Kirschtomaten
2 orange Paprika
1 Avocado
1 Dose Kidneybohnen
(250 g Abtropfgewicht)
1 Dose Mais
(285 g Abtropfgewicht)
100 g geriebener Cheddar

ROTKOHLSALAT
¼ Rotkohl
Salz
3 TL brauner Zucker
2 EL Apfelessig
1 EL Rapsöl
Pfeffer

DIP
1 Bio-Limette
1 Handvoll Koriandergrün
400 g Crème fraîche
Salz, Pfeffer

GARNITUR
Tortilla-Chips

Den Eisbergsalat waschen, trocken schleudern und in feine Streifen schneiden. Die Kirschtomaten waschen und in Würfel schneiden. Die Paprika halbieren, putzen, waschen, ebenfalls in Würfel schneiden. Die Avocado von Schale und Kern befreien und das Fruchtfleisch in Streifen schneiden. Kidneybohnen und Mais separat in ein Sieb geben und mit kaltem Wasser abbrausen, gut abtropfen lassen.

ROTKOHLSALAT
Kohl putzen, waschen, vierteln und den Strunk entfernen. Den Kohl in feine Streifen hobeln oder schneiden, dabei unbedingt Einmalhandschuhe tragen, da der Rotkohl färbt. Den geschnittenen Kohl in einer großen Schüssel mit 1 TL Salz, Zucker und Essig kräftig durchkneten. So brechen die Zellwände auf, der Kohl wird weicher und ist leichter verdaulich. 30 Minuten ziehen lassen und anschließend mit Rapsöl, Pfeffer und nach Belieben mit Salz und Zucker abschmecken.

DIP
Limette heiß abwaschen, Schale abreiben und Saft auspressen. Koriander waschen, trocken schütteln und fein hacken. Die Crème fraîche mit Limettenschale, -saft, Salz, Pfeffer und Koriander vermengen.

SCHICHTSALAT
Zuerst den geschnittenen Eisbergsalat in ein Glas mit weiter Öffnung füllen, Kidneybohnen und Paprika draufgeben, dann den Crème-fraîche-Dip, gefolgt von Tomaten, Mais, Rotkohl, Avocado und zum Abschluss erneut dem Dip sowie Cheddar. Dann wieder von vorne mit dem Eisbergsalat beginnen und mit dem Dip und dem Cheddar abschließen. Den Schichtsalat mit Tortilla-Chips dekorieren und servieren oder über Nacht kühl stellen und am nächsten Tag als Mittagslunch mit ins Büro nehmen.

4 PERSONEN, GLASGRÖSSE 600 ML
ZUBEREITUNGSZEIT: 35 MINUTEN

Couscous-Layer-Salad

mit APRIKOSEN und ZIEGENFRISCHKÄSE

¼ Eisbergsalat
2 rote Spitzpaprika
½ Salatgurke
50 g gehackte Mandeln

COUSCOUS
1 Bio-Limette
5 Stängel Minze
10 Stängel Petersilie
150 g Couscous
1 EL Gemüsebrühe (Pulver)
40 g Butter
4 EL Rapsöl
½ EL Ras el Hanout
2 EL Aceto balsamico bianco
Pul Biber (türkisches Paprikapulver)
Salz, Pfeffer

DIP
75 g Soft-Aprikosen
1 milde Peperoni
150 g Ziegenfrischkäse
50 g Schmand
1 TL Honig
Salz

Den Eisbergsalat in feine Streifen schneiden, waschen und trocken schleudern. Die Paprika waschen, halbieren, den Stiel, Kerne und Scheidewände entfernen, in Würfel schneiden. Die Gurke waschen, halbieren, mit einem Löffel die Kerne entfernen, ebenfalls in Würfel schneiden.

COUSCOUS
400 ml Wasser zum Kochen bringen. Limette heiß abwaschen, Schale abreiben und Saft auspressen. Minze und Petersilie waschen, trocken schütteln und fein schneiden (ein paar Minzblätter zur Deko aufbewahren). Den Couscous in eine flache Schüssel geben, Gemüsebrühe darübergeben und ordentlich vermengen. Butter in Stückchen zugeben und abschließend mit dem kochenden Wasser übergießen, umrühren und abgedeckt 30 Minuten quellen lassen. Danach Rapsöl, Abrieb und Saft der Limette, Ras el Hanout, Essig und Kräuter mit einer Gabel unter den Couscous mischen und diesen dabei auflockern. Mit Pul Biber, Salz und Pfeffer abschmecken.

DIP
Aprikosen in Würfel schneiden. Die Peperoni waschen, halbieren und ebenfalls in kleine Würfel schneiden. Aprikosen- und Peperoniwürfel in einer Schüssel mit dem Ziegenfrischkäse, Schmand, Honig, 30–40 ml Wasser und ½ TL Salz zu einem leicht sämigen Dip verrühren. Bedenke: Der Dip wird im Kühlschrank wieder fester.

SCHICHTSALAT
Zuerst den Eisbergsalat, dann den Couscous in ein Glas mit weiter Öffnung füllen. Anschließend Paprika und Salatgurke draufgeben, gefolgt vom Dip und den gehackten Mandeln. Dann wieder von vorne mit dem Eisbergsalat und dem Couscous beginnen und mit Dip und Mandeln abschließen. Den Schichtsalat mit Minzblättchen dekorieren und servieren oder über Nacht kühl stellen und am nächsten Tag als Mittagslunch mit ins Büro nehmen.

4 PERSONEN, GLASGRÖSSE 600 ML
ZUBEREITUNGSZEIT: 35 MINUTEN

Seven-Layer-Salad

mit KICHERERBSEN und GRIECHISCHEM JOGHURT

4 Eier (Größe M)
¼ Eisbergsalat
400 g getrocknete Tomaten (in Öl)
200 g TK-Erbsen
Natron
200 g Schafskäse

KICHERERBSEN
½ Bio-Zitrone
1 Dose Kichererbsen (265 g Abtropfgewicht)
1 EL Olivenöl
Salz
1 TL Pul Biber (türkisches Paprikapulver)

DIP
½ Bio-Zitrone
3 Stängel Minze
3 Stängel Dill
360 g griechischer Joghurt
Salz, Pfeffer

TOPPING
50 g geröstete und gehackte Walnusskerne

Zunächst die Eier 10 Minuten hart kochen, mit kaltem Wasser abschrecken und abkühlen lassen. Den Eisbergsalat waschen, trocken schleudern und in feine Streifen schneiden. Die Tomaten in ein Sieb geben, abtropfen lassen und in Würfel schneiden. Die Erbsen in heißem Wasser mit 1 Prise Natron kurz blanchieren, abgießen und sofort in Eiswasser abschrecken. Die Eier pellen und in Scheiben schneiden. Schafskäse zerbröckeln.

KICHERERBSEN
Den Backofen auf 180 °C (Ober-/Unterhitze) vorheizen. Zitrone heiß abwaschen, Schale abreiben.

Die Kichererbsen abgießen und mit Wasser abspülen. Anschließend mit Küchenpapier trocken tupfen. In einer Schüssel die Kichererbsen mit Olivenöl, Zitronenabrieb, 1 TL Salz und Pul Biber vermengen. Ein Backblech mit Backpapier auslegen. Die Kichererbsen darauf verteilen und für 25 Minuten in den Backofen geben, bis sie schön knusprig sind.

DIP
Die Zitrone auspressen. Minze und Dill waschen, trocken schütteln und fein schneiden (ein paar Dillstängel zur Deko aufbewahren). In einer Schüssel griechischen Joghurt, Minze, Dill, Zitronensaft, Salz und Pfeffer zu einem Dip verrühren und kalt stellen.

SCHICHTSALAT
Zuerst den geschnittenen Eisbergsalat in ein Glas mit weiter Öffnung füllen, die Tomaten und die Eier draufgeben, gefolgt von Erbsen, Schafskäse, einer Lage gerösteter Kichererbsen und zum Abschluss dem Dip. Dann wieder von vorne mit dem Eisbergsalat beginnen und mit dem Dip abschließen. Den Schichtsalat mit Dill und den gehackten Walnüssen dekorieren und servieren oder über Nacht kühl stellen und am nächsten Tag als Mittagslunch mit ins Büro nehmen.

4 PERSONEN, GLASGRÖSSE 600 ML
ZUBEREITUNGSZEIT: 30 MINUTEN

Endivien-Kartoffel-Stampf

mit SPIEGELEI und CARROT BACON

KARTOFFELSTAMPF
1 kg mehligkochende Kartoffeln
250 ml Milch
60 g Butter
Salz, Pfeffer
geriebene Muskatnuss

ENDIVIENSALAT
1 Zwiebel
4 EL Rapsöl
1 Kopf Endiviensalat
3 EL Weißweinessig
½ EL Senf
1 TL Zucker
Salz, Pfeffer

CARROT BACON
2 Karotten
2 EL Ahornsirup
2 TL Sojasauce
1 TL Liquid Smoke
2 TL Sesamöl
1 TL Tahin (Sesampaste)
½ TL Knoblauchpulver
½ TL Paprikapulver
Pfeffer

SPIEGELEI
1 EL Butter
1 TL Rapsöl
4 Eier
1 Prise Salz

KARTOFFELSTAMPF
Die Kartoffeln schälen, vierteln und in Salzwasser 15–20 Minuten gar kochen. Die Kartoffeln abseihen und kurz ausdampfen lassen. Die Milch mit Butter erhitzen. Aus Kartoffeln und der Milch-Butter-Mischung einen Kartoffelstampf herstellen (kein Püree!). Die Stampfkartoffeln mit Salz, Pfeffer und Muskat abschmecken.

ENDIVIENSALAT
Die Zwiebel schälen und fein würfeln. In einer Pfanne mit 2 EL vom Öl leicht dünsten.

Den Endiviensalat putzen, die einzelnen Blätter waschen und trocken schleudern. Anschließend die Blätter in schmale Streifen schneiden. Restliches Öl, Essig, Senf, Zucker, Salz und Pfeffer in einer großen Schüssel zu einer Marinade verrühren. Die Salatblätterstreifen und die Zwiebelwürfel darunterheben und gut vermischen.

CARROT BACON
Den Backofen auf 200 °C (Ober-/Unterhitze) vorheizen.

Die Karotten mit einem Sparschäler oder einem Hobel längs in dünne Streifen schneiden. Die restlichen Zutaten zu einer Marinade vermischen, die Karottenstreifen damit übergießen und für 30 Minuten ziehen lassen. Die Karottenstreifen mit der Marinade auf einem mit Backpapier ausgelegten Backblech verteilen und 10 Minuten backen, dann wenden und erneut für 10 Minuten backen. Anschließend die Grillfunktion für 5 Minuten dazuschalten, bis die Karotten schön knusprig sind.

SPIEGELEI
Butter mit Öl in einer Pfanne bei mittlerer Hitze schmelzen. Eier am Pfannenrand aufschlagen und vorsichtig in die heiße Pfanne gleiten lassen. Nach ca. 2 Minuten Deckel aufsetzen. Herd ausstellen. Spiegeleier 1 Minute garen lassen. Mit Salz (nur auf das Eiweiß gestreut) würzen.

Den Kartoffelstampf unter den angemachten Endiviensalat heben und auf Tellern anrichten. Mit Carrot Bacon garnieren und obenauf das Spiegelei setzen.

Meine Tipps fürs perfekte Spiegelei

- *Eine Pfanne mit hochwertiger Antihaftversiegelung oder eine gut eingebrannte Eisenpfanne benutzen.*
- *Spiegeleier sind anspruchsvoll, Eiweiß und Eigelb wollen unterschiedliche Temperaturen: Sie setzen sich aus mehreren Protein-Typen zusammen, die ihre chemische Struktur bei bestimmten Temperaturen verändern. Das Eigelb verfestigt sich bei etwa 65–68 °C. Das Eiweiß beginnt bereits bei 62 °C zu stocken, ist aber erst bei ca. 75–80 °C richtig fest.*

SPIEGELEI NACH VORLIEBE
Wer ein flüssiges Eigelb und ein knuspriges Eiweiß haben will, brät das Spiegelei bei hoher Temperatur an. Bei hohen Temperaturen wird das Eiweiß in Sekundenschnelle knusprig. Das Eigelb hat dagegen nur wenig Zeit, um warm zu werden, und bleibt relativ flüssig.

Wer ein gleichmäßig gebratenes Spiegelei haben will, brät das Spiegelei bei mittlerer Temperatur an und erhält ein Spiegelei mit leicht gebräuntem und knusprigem Eiweiß und leicht gestocktem Eigelb.

Beim klassischen Spiegelei wird nur das Eiweiß gesalzen. Die feinen Salzkörner reagieren nämlich mit dem Eigelb und hinterlassen dunkle Pünktchen.

4 PERSONEN
ZUBEREITUNGSZEIT: 50 MINUTEN

Fruchtgemüse

RIESENKÜRBIS

Cucurbita maxima

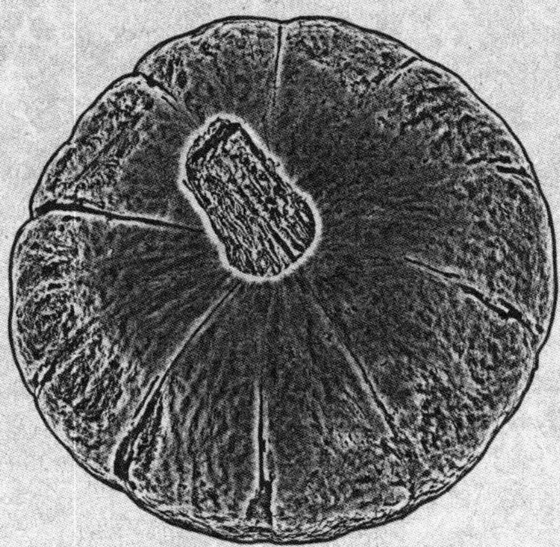

STECKBRIEF

Der Riesenkürbis wird auch als Winterkürbis bezeichnet. Das feste Fruchtfleisch variiert in den Farben Rot-Orange-Gelb und besticht durch einen mehlig-süßlichen Geschmack. In den kalten und grauen Wintermonaten bringen Kürbisse ordentlich Farbe in den Speiseplan. Die einjährigen Pflanzen benötigen viel Wasser und Platz zum Wachsen. Empfehlenswerte Riesenkürbis-Sorten für die Küche sind: Hokkaido Orange, Uchiki Kuri, Green Hokkaido, Buttercup, Red Turban. Diese zählen zwar zu den Riesenkürbissen, werden in der Regel aber nur zwischen eineinhalb und drei Kilogramm schwer.

VERWENDUNG

Ob herzhaft, süß oder pikant: Mit Kürbis kann man so ziemlich alles machen. Ingwer, Chili und Zimt sind die perfekten Partner in Suppen und Currys; Rosmarin, Majoran und Thymian in Aufläufen und Pfannengemüse. Auch für feine Kuchen sind Riesenkürbis-Sorten fantastisch und geben dem Teig eine tolle saftige Konsistenz und Farbe. Aus den Kernen wird wertvolles Kürbiskernöl gewonnen. Geröstet sind sie ein toller Snack für zwischendurch.

WISSENSWERTES

Um an das Fruchtfleisch der Kürbisse zu gelangen, muss zunächst die harte Schale entfernt werden. Am besten geht das, wenn man den Kürbis erst in Spalten schneidet und dann die Schale mit einem Sparschäler entfernt. Die große Ausnahme macht hierbei der Hokkaido: Seine Schale kann man einfach mitessen, da sie beim Kochen schnell weich wird.

MOSCHUS-KÜRBIS

Cucurbita moschata

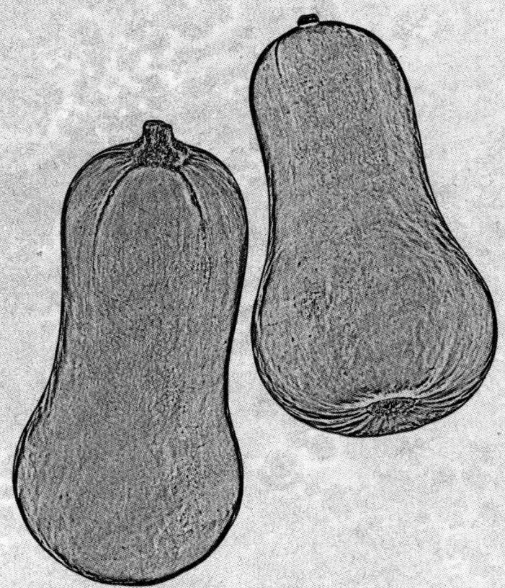

STECKBRIEF

Der Moschus-Kürbis gehört zur Familie der Kürbisgewächse. War er früher in Mittel- und Südamerika beheimatet, wächst er jetzt auch unter dem hiesigen Klima. Zum Kochen werden gern die Sorten Butternuss und Muskat-Kürbis verwendet. Die Form des Butternuss ähnelt einer Birne. In der Verdickung am vorderen Ende liegt das Kerngehäuse. Dadurch, dass dieses nur klein ausfällt, ist der Ertrag an butterzartem Fruchtfleisch entsprechend hoch. Der Muskat-Kürbis „Muscade de Provence" besitzt ein saftiges Fruchtfleisch mit einem süßlichen Aroma und einer feinen Muskatnote. Mit einem Gewicht von bis zu 20 Kilogramm werden diese Kürbisse besonders groß. Die stark gerippte Frucht ist zunächst dunkelgrün und nimmt zur Vollreife eine ockerbraune Farbe an. Ein weiterer Vertreter der Moschus-Kürbisse ist der Schlangenkürbis. Er sieht der Namensgeberin wirklich verblüffend ähnlich.

VERWENDUNG

Kürbis ist gesund. Er enthält Magnesium, das Nerven und Muskeln unterstützt, Eisen für den Energiestoffwechsel und Ballaststoffe für eine geregelte Verdauung. Der Kürbis lässt sich gut zu Suppen und Eintöpfen verarbeiten, schmeckt aber auch als herzhafter Aufstrich.

WISSENSWERTES

Wenn der Moschus-Kürbis intakt ist, kann er problemlos über mehrere Monate kühl gelagert werden. Geschmack und Farbe werden dabei immer intensiver, je länger er gelagert wird.

Kürbisgnocchi

mit FRITTIERTEM SALBEI und MARONEN

180 g Hokkaido-Kürbis
600 g mehligkochende Lagerkartoffeln
Salz, Pfeffer
geriebene Muskatnuss
125 g Mehl (Type 405)
Reismehl oder Grieß zum Rollen
1 EL Speisestärke

FRITTIERTER SALBEI
2 EL Mehl (Type 405)
20 Salbeiblätter
6 EL Ghee (siehe S. 342)
Butter für die Auflaufform
1 Packung Maronen (vorgegart)

TOPPING
120 g geriebener Parmesan
Pfeffer

Den Backofen auf 180 °C (Umluft) vorheizen.

KÜRBISGNOCCHI
Den Kürbis waschen, halbieren, die Kerne entfernen und in Spalten schneiden. Die Kürbisspalten auf einen mit Backpapier ausgelegten Gitterrost legen und im heißen Backofen 25 Minuten backen. Den Kürbis aus dem Ofen nehmen, kurz auskühlen lassen und mit dem Pürierstab zerkleinern.

In der Zwischenzeit die Kartoffeln waschen, schälen und vierteln. Die Kartoffeln in kaltem, gesalzenem Wasser aufsetzen und in 20 Minuten weich kochen. Anschließend die Kartoffeln ebenfalls auf einen mit Backpapier ausgelegten Gitterrost legen und in den noch heißen Ofen geben. Die Kartoffeln bei leicht geöffneter Backofentür (Tipp: Kochlöffel in die Backofentüre klemmen) für 10 Minuten ausdampfen lassen. Die Kartoffeln noch heiß durch eine Kartoffelpresse drücken und mit dem pürierten Kürbis vermengen.

Die Kartoffel-Kürbis-Masse zu einer gleichmäßigen Fläche ausbreiten und mit Salz, Pfeffer und Muskat würzen. Die Hälfte des Mehls darübersieben. Mit einer Teigkarte den Teig von außen nach innen falten. Erneut Mehl darübersieben und mit der Teigkarte einarbeiten. Den Teig dabei nicht kneten, ansonsten wird er wie Kleister. So viel Mehl einarbeiten, bis ein kompakter, weicher, nicht zu klebriger Teig entstanden ist. **Gut zu wissen:** Die Mehlmenge variiert hierbei je nach verwendeter Kartoffelsorte. Den Teig zu einer Kugel formen und abgedeckt für 10 Minuten ruhen lassen.

Reismehl oder Hartweizengrieß auf die Unterlage geben, dünne Scheiben von der Teigkugel abschneiden und daraus Rollen von 1 cm Ø formen. Mehrere Rollen nebeneinanderlegen, mit Reismehl bemehlen und dann mit der Teigkarte kleine fingerdicke Stücke abstechen. Wer will, kann mit den Zinken einer Gabel das typische Gnocchi-Muster eindrücken.

Die Gnocchi auf einem bemehlten Pastabrett oder Küchentuch aufbewahren, bis alle vorbereitet sind. Die Gnocchi nicht zu lange stehen lassen, ansonsten verlieren sie ihre Form und werden matschig.

Speisestärke mit kaltem Wasser anrühren. In einem großen Topf reichlich Salzwasser mit Speisestärke zum Kochen bringen (die Gnocchi halten so besser zusammen und glänzen schön). Die Gnocchi ins siedende Wasser gleiten lassen. Damit sie nicht am Topfboden kleben bleiben, mit einem Kochlöffel einmal umrühren. Nach wenigen Minuten Kochzeit steigen die Gnocchi nach oben und können abgeschöpft werden. Anschließend in eine gebutterte Auflaufform geben und bei 80 °C (Umluft) warm halten, bis alle Gnocchi verarbeitet sind (die Gnocchi nicht übereinanderlegen, da sie schnell zusammenkleben).

FRITTIERTER SALBEI
Mehl in einen flachen Teller geben. Die Salbeiblätter waschen, trocken tupfen und in dem Mehl wenden.

1 EL Ghee in einer Pfanne erhitzen und die mehlierten Salbeiblätter hineingeben, 1 Minute frittieren, wenden und 1 weitere Minute anbraten. Aus der Pfanne nehmen und auf Küchenpapier abtropfen lassen.

Die Pfanne reinigen und die Maronen mit der Hand grob in Stücke brechen. In dem restlichen Ghee nun Maronen erhitzen. Die Gnocchis dazugeben und gut durchschwenken.

Parmesan, Salbeiblätter und frisch gemahlenen Pfeffer über die Gnocchi geben.

4 PERSONEN
ZUBEREITUNGSZEIT: 60 MINUTEN

Blue-de-Hongrie-Aufstrich

mit KÄFERBOHNEN und TAHIN

300 g Kürbis (Ungarischer Blauer)
1 kleine Zwiebel
2 Knoblauchzehen
1 Karotte
2 EL Olivenöl
3 EL Zitronensaft
3 TL Currypulver
3 EL Tahin (Sesampaste)
1 TL Pul Biber (türkisches Paprikapulver)
Zucker
Salz, Pfeffer

KÄFERBOHNEN
100 g getrocknete Käferbohnen (alternativ Riesenbohnen aus der Dose, 250 g Abtropfgewicht)
Zucker
Natron
1 Lorbeerblatt

GARNITUR
1 EL Sesam
Sprossen

Den Backofen auf 200 °C (Ober-/Unterhitze) vorheizen.

Die getrockneten Bohnen waschen und mit der 3-fachen Menge Wasser über Nacht einweichen. Am nächsten Tag das Einweichwasser wegschütten und die Bohnen in frischem Wasser mit 1 Prise Zucker, 1 Prise Natron und dem Lorbeerblatt aufsetzen, kurz aufkochen lassen und bei kleiner Hitze weich kochen. Die Kochzeit beträgt ca. 1 Stunde. Die Bohnen erst zum Schluss salzen.

Mein Tipp
Lässt man die Käferbohnen im Wasser auskühlen, springt die Haut nicht auf und sie eignen sich gut für Salate. Warme, gekochte Bohnen lassen sich ganz einfach zu Bohnenpüree verarbeiten.

Den Kürbis waschen, schälen, entkernen und in Stücke schneiden. Zwiebel, Knoblauch und Karotte schälen und ebenfalls in Stücke schneiden. Das Gemüse auf ein mit Backpapier ausgelegtes Blech legen. Das Olivenöl darübergeben. Im heißen Ofen (Mitte) 25 Minuten backen. Aus dem Ofen nehmen und etwas auskühlen lassen.

Kürbis, Zwiebel, Knoblauch, Karotte und die Käferbohnen in einen Mixer geben. Anschließend mit Zitronensaft, Currypulver, Tahin, Pul Biber und Zucker grob pürieren. Falls nötig, etwas Wasser dazugeben, damit eine cremige Paste entsteht. Mit Salz und Pfeffer abschmecken.

Sesam in einer Pfanne ohne Fett rösten, bis er zu duften beginnt.

Den Kürbis-Aufstrich mit geröstetem Sesam und Sprossen garnieren. Dazu passt ein dunkles Bauernbrot.

CA. 600 G
ZUBEREITUNGSZEIT: 35 MINUTEN

Pumpkin Pie

mit MANDELN und TAHIN

SÜSSER MÜRBETEIG

150 g kalte Butter
300 g Mehl
5 EL Zucker
Salz
1 ½ TL Weißweinessig

KÜRBISFÜLLUNG

220 g Hokkaido-Kürbis
10 getrocknete Datteln
3 Eier (Größe M)
60 g Zucker
1 EL Speisestärke
50 g gemahlene Mandeln
½ Bio-Orange
2 EL Crème fraîche
300 g Frischkäse
1 Prise Salz
1 Msp. gemahlener Zimt
1 Msp. gemahlene Muskatnuss
1 TL Zitronensaft
1 EL Butter zum Ausfetten der Backform
Schlagsahne zum Servieren

SÜSSER MÜRBETEIG

Die Butter 30 Minuten vor der Zubereitung aus dem Kühlschrank nehmen – sie sollte leicht zu kneten, aber noch möglichst kalt sein. Den Teig am besten mit den Händen verarbeiten. Hierfür das Mehl, Zucker und ½ TL Salz in eine große Schüssel geben und die Butter in Würfeln grob untermengen. Alles verkneten, bis sich die Zutaten teilweise miteinander verbunden haben. Den noch losen Teig auf eine saubere, bemehlte Arbeitsfläche geben und mit den Händen grob zusammenfassen, sodass ein Kreis entsteht. In die Mitte des Teigs eine Kuhle drücken. Essig mit 85 ml eiskaltem Wasser verrühren und in die Kuhle gießen. Vom äußeren Rand des Kreises beginnend die Flüssigkeit rasch einarbeiten – der Teig sollte noch mit Butterstreifen durchzogen sein. Den Teig in zwei gleich große Stücke teilen, zu Kugeln formen, etwas platt drücken und in Frischhaltefolie wickeln. Mindestens für 2 Stunden kühlen.

KÜRBISFÜLLUNG

Backofen auf 180 °C (Ober-/Unterhitze) vorheizen, Backform dünn ausfetten.

Kürbis putzen und das Fruchtfleisch würfeln. In heißem Wasser 15 Minuten garen. Durch ein Sieb abgießen, gut abtropfen lassen und mit den Datteln pürieren. Die Eier mit Zucker in der Küchenmaschine auf mittlerer Stufe verrühren. Die Speisestärke und die Mandeln dazugeben und erneut kurz unterrühren.

Orange heiß abwaschen, Schale abreiben. Das erkaltete Kürbispüree mit Crème fraîche, Frischkäse, Orangenabrieb, den Gewürzen und dem Zitronensaft verrühren.

Die Frischkäse-Kürbis-Mischung mithilfe eines Schneebesens mit der Zucker-Ei-Mischung vermischen.

Den Mürbeteig 20 Minuten vor dem Ausrollen aus dem Kühlschrank nehmen. Die eine Teigkugel auf einer bemehlten Arbeitsfläche ausrollen und dabei immer wieder um 30 ° drehen, bis ein 5 mm dünner Kreis entstanden ist. Den Teig mittig in die Backform legen und einen ca. 3 cm hohen Rand formen, gut festdrücken und Teig mit einer Gabel einstechen.

Um den Mürbeteig „blind" zu backen, den Teigboden mit Backpapier abdecken und Blindbackgewichten, wie z. B. Backperlen, Reis oder Hülsenfrüchte darauf verteilen, dann 25 Minuten backen.

In der Zwischenzeit den anderen Teig ebenfalls ausrollen und mit Ausstechern deiner Wahl Plätzchen ausstechen. Die Plätzchen auf ein mit Backpapier ausgelegtes Backblech geben und während der letzten 10 Minuten Backzeit des Mürbeteiges mit in den Ofen geben. Das Backblech mit den Plätzchen und die Backform aus dem Ofen nehmen. Die Plätzchen auf ein Auskühlgitter legen.

Die Blindbackgewichte aus der Backform entfernen und den Teigboden mit dem Kürbispüree füllen. Anschließend ein Backblech mit Wasser füllen und in den Backofen (unten) schieben. Die Kürbistarte bei 150 °C (Umluft/Mitte) für 50 Minuten backen.

Den Kuchen anschließend 1 Stunde im ausgeschalteten Ofen ruhen lassen. Aus dem Ofen nehmen, auskühlen lassen und für mindestens 8 Stunden in den Kühlschrank stellen. Besser über Nacht.

Die Tarte mit den Plätzchen verzieren und mit Schlagsahne servieren.

SPRINGFORM Ø 24 CM
ZUBEREITUNGSZEIT: 4 STUNDEN
+ 8 STUNDEN KÜHLZEIT

Butternuss-Eintopf

mit PAPRIKA und ZATAR-CROUTONS

ZATAR-CROÛTONS
2 Scheiben Brot (vom Vortag)
2 EL Olivenöl
2 EL Kürbiskerne
1½ TL Zatar (siehe S. 348)

EINTOPF
800 g festkochende Kartoffeln
500 g Butternuss-Kürbis
2 rote Paprika
2 Zwiebeln
2 Knoblauchzehen
1 Stange Sellerie
2 EL Rapsöl
2 TL edelsüßes Paprikapulver
2 TL geräuchertes Paprikapulver
3 EL Tomatenmark
1 EL Ajvar (siehe S. 344)
800 ml Gemüsebrühe (siehe S. 340)
Salz, Pfeffer
1 TL brauner Zucker
2 Lorbeerblätter
1 EL getrockneter Majoran
1 EL Weißweinessig

GARNITUR
150 g Crème fraîche
frische Majoranspitzen

ZATAR-CROÛTONS
Brot in Würfel schneiden. Olivenöl in einer Pfanne erhitzen und die Brotwürfel darin schwenken. Sind sie leicht gebräunt, die Kürbiskerne und das Zatar zugeben. Unter ständigem Rühren 1 Minute weiterrösten. Vom Herd nehmen.

EINTOPF
Die Kartoffeln schälen und waschen. Den Kürbis schälen, halbieren und entkernen Die Paprika halbieren, putzen und waschen. Alles in 2 cm große Stücke schneiden. Die Zwiebeln und den Knoblauch schälen und klein würfeln. Den Sellerie waschen, putzen und in Scheiben schneiden. In einem großen Topf das Öl erhitzen und Zwiebel, Knoblauch und Sellerie darin anschwitzen. Die beiden Paprikapulver, Tomatenmark und Ajvar unterrühren, anbraten, dann mit der Gemüsebrühe ablöschen. Die Kartoffeln hinzufügen, alles aufkochen lassen und ca. 15 Minuten köcheln lassen. Kürbis und Paprika hinzugeben und mit Salz, Pfeffer, Zucker, Lorbeerblättern und Majoran würzen, weitere 15–20 Minuten garen. Den Eintopf mit etwas Weißweinessig und, wenn nötig, noch etwas Salz abschmecken.

Den Eintopf mit Crème fraîche, frischem Majoran und den Zatar-Croûtons garnieren.

4 PERSONEN
ZUBEREITUNGSZEIT: 40 MINUTEN

Muskat-Kürbis-Tajine

mit SÜSSKARTOFFELN und DATTELN

GEMÜSEMARINADE
1 cm Zimtstange
4 Pimentkörner
½ TL Muskatblüte (Asien-Laden)
½ TL geräuchertes Paprikapulver
3 EL Zitronensaft
3 EL Ahornsirup
2 EL Olivenöl
1 TL Meersalz

TAJINE
600 g Muskat-Kürbis
1 Süßkartoffel
2 Karotten
1 Dose Kichererbsen (265 g Abtropfgewicht)
100 g Soft-Datteln
1 große Fleischtomate
1 große rote Zwiebel
2 Knoblauchzehen
3 El Rapsöl
4 EL Tomatenmark
3 TL Harissa

GEMÜSEFOND
½ Salzzitrone (siehe S. 51)
½ Bund Koriandergrün
1 cm frischer Ingwer
250 ml Gemüsebrühe (siehe S. 340)
1 TL Ras el Hanout
1 TL gemahlener Kreuzkümmel
Meersalz, Pfeffer

COUSCOUS
1 Brief Safran (0,1 g)
300 g Couscous
40 g Butter
Salz

TOPPING
40 g Haselnusskerne
Joghurt

Die Tajine vor dem Kochen 10 Minuten wässern. Wer keine Tajine besitzt, verwendet einen Schmortopf mit Deckel.

GEMÜSEMARINADE
Für die Marinade alle Zutaten miteinander verrühren. Den Kürbis waschen, halbieren und die Kerne entfernen. Die Süßkartoffel und die Karotten schälen. Kürbis, Süßkartoffel und Karotten in 2 cm breite Spalten schneiden. Das Gemüse mit der Marinade vermengen und 30 Minuten ziehen lassen.

GEMÜSEFOND
Die Salzzitrone in feine Würfel schneiden. Koriander waschen und trocken tupfen. Korianderblätter von den Stängeln zupfen und für das Topping aufbewahren, die Stängel fein hacken. Den Ingwer schälen und fein hacken. Alles mit der Gemüsebrühe und den Gewürzen aufkochen und mit Salz und Pfeffer abschmecken.

TAJINE
Das Gemüse aus der Marinade nehmen und abtropfen lassen. Die Marinade beiseitestellen. Kichererbsen in ein Sieb geben und abtropfen lassen. Datteln halbieren. Fleischtomate in Scheiben schneiden. Zwiebel und Knoblauchzehen schälen. Die Zwiebel in Spalten schneiden, den Knoblauch fein hacken.

Die Tajine langsam erhitzen, da sie sonst springen kann. Ist die Anfangshitze erreicht, kann man die Temperatur erhöhen. Das Rapsöl in der Tajine erhitzen und das Gemüse darin in etwa 3 Minuten rundum scharf anbraten. Die Zwiebeln und den Knoblauch hinzufügen und weitere 2–3 Minuten mit anbraten, bis sie leicht gebräunt sind. Tomatenmark und Harissa unterrühren, die Kichererbsen und die Datteln dazugeben, den Gemüsefond und die zur Seite gestellte Marinade angießen und aufkochen lassen. Die Temperatur etwas herunterschalten. Das Gemüse in der Mitte der Tajine aufschichten und die Tomatenscheiben rundherum anrichten. Der Grund für die Anordnung ist folgender: Die Hitze ist in der Mitte der Tajine am größten, daher legt man Kartoffeln oder hartes Gemüse in die Mitte und schichtet weichere Zutaten wie z. B. Tomatenscheiben oder weiche Gemüsesorten rund herum. Anschließend den Deckel auf die Tajine setzen und etwas Wasser in die kleine Mulde im Deckel geben. Die Tajine 30 Minuten bei mittlerer Hitze garen.

COUSCOUS
360 ml Wasser zum Kochen bringen und den Safran darin auflösen. Den Couscous in eine flache Schüssel geben. Butter in Stückchen zugeben und den Couscous mit dem heißen Safran-Wasser übergießen, umrühren und abgedeckt 30 Minuten quellen lassen. Mit Salz abschmecken.

Haselnusskerne in einer Pfanne ohne Öl rösten. Abkühlen lassen. Haselnusskerne grob hacken.

Den Couscous auf Teller geben, das Gemüse darauf anrichten und mit einem Klecks Joghurt, Haselnusskernen und Korianderblättern garniert servieren.

4 PERSONEN
ZUBEREITUNGSZEIT: 60 MINUTEN

Knollen- / Wurzelgemüse

Lorbeer macht nicht satt; besser, wer Kartoffeln hat.
(Sprichwort)

Herbst und Winter sind die Jahreszeiten für Wurzelgemüse. Über den ganzen Sommer hatte das Gemüse Zeit, Vitamine, Mineralien und Nährstoffe in Knollen oder Wurzeln zu speichern. Beim Verzehr nehmen wir diese dann in konzentrierter Form zu uns. Somit stärken wir unser Immunsystem und kommen fit durch die kalten Monate – das hat die Natur wunderbar für uns eingerichtet. Allein 200 Gramm Sellerie decken schon den Tagesbedarf an Vitamin C. Kein Wunder, dass sich schon unsere Vorfahren in der Steinzeit von essbaren Wurzeln ernährt haben. Wurzelgemüse war früher kleiner, nicht so süß und enthielt auch mehr Bitterstoffe. Erst ab dem Mittelalter wurden dickere und nährstoffreichere Wurzeln gezielt gezüchtet, um die wachsende Bevölkerung zu ernähren. Karotten und Rote Bete erhielten durch die künstliche Selektion erst nach und nach ihre kräftigen Farben; Karotten waren früher weiß.

KARTOFFEL

Solanum tuberosum

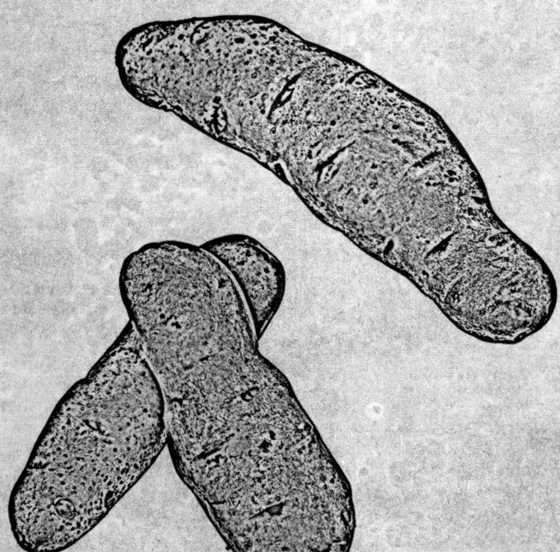

STECKBRIEF

Die Kartoffel hat sich in den letzten Jahrhunderten zu einem der wichtigsten Nahrungsmittel überhaupt entwickelt. Sie gehört zur Familie der Nachtschattengewächse und wurde jahrtausendelang in den Anden angebaut, bevor sie im 15. Jahrhundert ihren Siegeszug auf der ganzen Welt antrat. Es gibt unzählige Sorten: rund, oval, länglich, in den Farben Lila, Blau, Weiß und Rosa. Kartoffeln wachsen am besten in weicher, warmer Erde. Beim Anbau unbedingt daran denken, die Erde regelmäßig zu harken und von Unkraut zu befreien, damit sich die Knollen gut entfalten können.

VERWENDUNG

Püree, Rösti, Ofenkartoffel, Pommes, Kartoffelsuppe, Kartoffelcurry, Bratkartoffeln, Kartoffelsalat: Kaum ein Gemüse kann so vielseitig verwendet werden wie diese unglaubliche Knolle. Sie verträgt sich gut mit Fett und Sahne, passt gut zu Kräutern, Gewürzen und Käse. Mein Favorit sind Pellkartoffeln mit sehr gutem Olivenöl, gepresstem Knoblauch und schwarzen Oliven. Unschlagbar gut!

WISSENSWERTES

Kartoffeln werden in die Gruppen Frühkartoffeln, mittelfrühe Kartoffeln und Spätkartoffeln eingeteilt. Den richtigen Zeitpunkt für die Ernte erkennt man, wenn das oberirdische Kartoffelkraut vertrocknet ist. Dann dauert es noch 3 Wochen, bis die Ernte beginnen kann. Für jedes Gericht gibt es die richtige Kartoffel mit der passenden Konsistenz. Kartoffeln gibt es von speckig bis mehlig.

KAROTTE

Daucus carota subsp. sativus

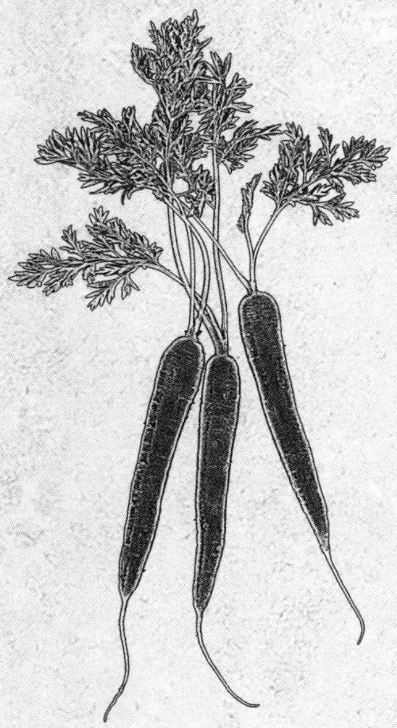

STECKBRIEF

Die Karotte (Möhre) zählt zur Familie der Doldenblütler. Das schlanke Wurzelgemüse liebt sandigen und gleichzeitig lehmigen Boden und kann sowohl im Spätwinter als auch im Sommer ausgesät werden. Die Farben der Karotte reichen von Dunkelviolett über Rot und Orange bis hin zu Gelb. Es gibt kein anderes Gemüse, in dem so viel Betacarotin steckt wie in Karotten. Bereits 50 Gramm können den Tagesbedarf eines Erwachsenen abdecken. Beta-Carotin wird vom Körper in Vitamin A umgewandelt, schützt die Haut vor schädlichen UV-Strahlen und unterstützt die Sehkraft.

VERWENDUNG

Karotten liefern einen unvergleichlich süßen und zugleich herben Geschmack. Ihre knackige Frische passt gut zu Salaten, im Ofen entfalten sie ein wunderbares Aroma und im Kuchen sorgen sie für eine unglaubliche Feuchtigkeit. Am besten passen Karotten zu Gewürzen und Kräutern wie Kreuzkümmel, Koriander, Senfkörnern und Petersilie. Für einen Energiekick sorgt ein Smoothie mit Karotten, Äpfeln, Orangen, Ingwer, Kurkuma, Pfeffer und Leinsamenöl.

WISSENSWERTES

Karotten halten länger frisch, wenn sie ungewaschen kühl gelagert werden. Damit unser Körper das Beta-Carotin in Vitamin A umwandeln kann, sollten Karotten immer in Kombination mit Fetten zusammen gegessen werden – am besten noch zerkleinert und gekocht. Mein Tipp: In den Smoothie immer einen Schuss Leinöl geben.

KNOLLENSELLERIE

Apium graveolens var. rapaceum

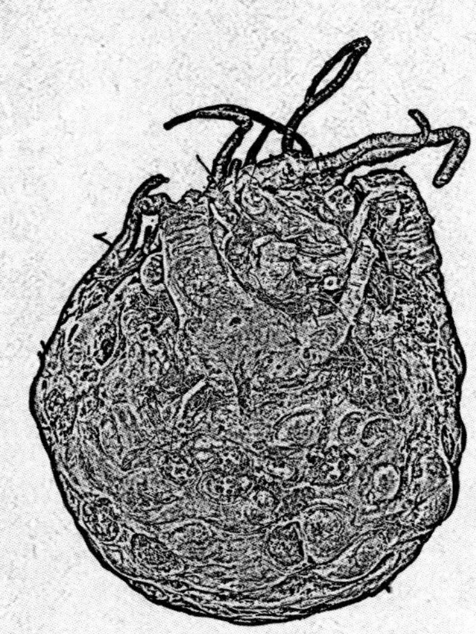

STECKBRIEF

Knollensellerie entwickelt seine Sprossknolle halb unterirdisch. Dies muss man beim Pflanzen beachten und lässt daher das Herzstück der Selleriepflanze immer frei. Geschützt wird das Fruchtfleisch des runden Knollenselleries von einer robusten und knorrig aussehenden Schale. Große Knollen können bis zu einem Kilogramm schwer werden. Der Starkzehrer aus der Familie der Doldenblütler bevorzugt einen sonnigen bis halbschattigen Standort. Ab Oktober ist das Wurzelgemüse bereit zum Ernten.

VERWENDUNG

Vor der Verarbeitung wird der Knollensellerie großzügig von seiner erdigen Schale befreit. Er sollte nicht zu lange kochen, um noch ein wenig Biss zu haben. Eine gute Alternative ist auch das Dämpfen, um die wertvollen Nährstoffe zu bewahren. Die herbe Note des Knollenselleries entfaltet sich gut als Rohkost in Salaten und gekocht in Suppen und Pürees. Sellerie-Schnitzel, paniert und gebraten mit Kräuterdip ist unser Wochenend-Klassiker. Knollensellerie und Nüsse oder Mandeln harmonieren sehr gut miteinander.

WISSENSWERTES

Knollensellerie versorgt den Körper mit Vitamin K, Folsäure, Kalium und Kalzium. Dazu noch viel mit Vitamin B_1, B_2, B_6, E und C. Eine Wohltat für Blut, Zähne und Haut! Sellerie enthält außerdem entzündungshemmende Antioxidantien und Polyphenole – sekundäre Pflanzenstoffe, die die Blutgefäße geschmeidig halten. Darum nichts wie an die Saftpresse für einen gesunden Extrakick.

KOHLRABI

Brassica oleracea var. gongylodes

STECKBRIEF

Die Sprossknollen vom Kohlrabi wachsen komplett oberirdisch – im Gegensatz zum Knollensellerie, der halb unterirdisch, und zur Kartoffel, die vollständig unterirdisch wächst. Kohlrabi gilt als typisch deutsches Gemüse, sodass der deutsche Name in etliche andere Sprachen übernommen wurde, so etwa ins Englische, Russische und sogar ins Japanische. Kohlrabi hat eine kurze Kulturdauer von 12 bis 20 Wochen und ist ziemlich anspruchslos. Regelmäßiges Gießen und ein sonniger bis halbschattiger Platz lassen ihn schnell wachsen.

VERWENDUNG

Auch in der Küche ist Kohlrabi rundum unkompliziert. Das saftige Fruchtfleisch schmeckt roh, gedünstet, gekocht und gebraten. Kohlrabi passt zu Couscous, ist lecker als Gratin mit Käse oder gebacken mit einem feinen Joghurtdressing und kombiniert mit frischen Kräutern. Auch in der japanischen Küche findet man viele Rezepte mit eingelegtem Kohlrabi (siehe S. 272, Ramensuppe mit Amazuzuke-Kohlrabi).

WISSENSWERTES

Beim Kauf darauf achten, dass die Blätter schön frisch und die Haut glatt ist. Kleine Kohlrabiknollen sind oftmals besonders schmackhaft. Die zarten Blätter des Kohlrabis sind essbar und die dünne Schale von jungem Kohlrabi muss nicht geschält werden. Kohlrabi steckt voller Vitamin C und unterstützt das Immunsystem, wertvolle Ballaststoffe sorgen für ein langes Sättigungsgefühl.

ROTE BETE

Beta vulgaris subsp. vulgaris

STECKBRIEF

Die Rote Bete gehört zu den Fuchsschwanzgewächsen. Die Knollen sind kalorienarm, enthalten viel Eisen, Magnesium, Folsäure, Zink, Eiweiß und Ballaststoffe. Das Besondere an der Roten Bete ist ihre tiefrote Farbe, die sie der hohen Konzentration des Glykosids Betanin verdankt, das auch als Naturfarbstoff für Lebensmittel eingesetzt wird. Es gibt aber auch Bunte Bete, deren Farbenvielfalt sich über Weiß, Gelborange, Rot und sogar Rot-Weiß-Geringelt – Sorte „Tonda di Chioggia" – erstreckt. Ab Juli/August beginnt die Ernte der Roten Bete und kann sich bis kurz vor dem ersten Frost im Herbst hinziehen. Rote Bete lässt sich kühl gut lagern.

VERWENDUNG

Rote Bete schmeckt roh, gekocht, eingelegt, gedämpft, gebraten oder auch zum Knabbern als würzige Chips. Schokoladenkuchen lässt sie schön saftig werden, einem Salat gibt sie ein erdiges Aroma. In meiner Küche verwende ich Rote Bete gerne roh. Dafür die Knollen schälen und klein raspeln, Äpfel mit Schale in kleinen Stücken untermengen, mit frischem Meerrettich, Balsamicoessig, ein wenig Öl, Salz und Pfeffer abschmecken. Dazu gibt es dunkles Brot.

WISSENSWERTES

Kleinere Knollen haben ein intensiveres Aroma als große. Die grünen Blätter der Roten Bete verraten den Frischegrad des Gemüses und lassen sich als Salat oder kurz gedämpft genießen.

Kartoffel-Pilzrolle

mit WURZELGEMÜSE

KARTOFFELTEIG
750 g Kloßteig (halb und halb)
1 Ei (Größe M)
60 g geriebener Parmesan
Pfeffer
1 Msp. frisch geriebene Muskatnuss
Mehl für die Arbeitsfläche plus etwas zum Ausrollen

FÜLLUNG
250 g Pfifferlinge
2 Schalotten
1 Knoblauchzehe
¼ Stange Lauch
50 g getrocknete Tomaten (in Öl)
10 Stängel Petersilie
5 Zweige Thymian
40 g Pinienkerne
1 EL Olivenöl
Salz, Pfeffer

WURZELGEMÜSE
250 g gelbe, orange, violette Karotten
2 Pastinaken
2 Knollen Ringelbete
2 EL Olivenöl

PILZ-BUTTER-SCHAUM
1 EL Pilzpulver
100 g Sahne
Salz, Pfeffer
1 Msp. frisch geriebene Muskatnuss
100 g kalte Butter
1 Msp. Xanthan

ZUM ANBRATEN
2 EL Olivenöl
1 EL Butter

KARTOFFELTEIG
Den Kloßteig auf einer bemehlten Arbeitsfläche locker mit dem Ei, Parmesan, Pfeffer und der Muskatnuss vermengen. Den Teig dabei nicht allzu sehr kneten, ansonsten wird er zäh. Gegebenenfalls Mehl einarbeiten, bis ein kompakter, weicher, nicht zu klebriger Teig entstanden ist. Den Teig zu einer Kugel formen und abgedeckt für 10 Minuten ruhen lassen.

FÜLLUNG
Pfifferlinge putzen und in Scheiben schneiden. Schalotten und Knoblauch schälen und fein würfeln. Lauch waschen, trocknen, halbieren und in feine Streifen schneiden. Die eingelegten Tomaten etwas abtropfen lassen und in feine Würfel schneiden. Petersilie und Thymian waschen und trocken schütteln. Petersilie fein schneiden, Thymianblätter abzupfen. Pinienkerne in einer Pfanne ohne Öl anrösten, aus der Pfanne nehmen und zur Seite stellen. Pfifferlinge ebenfalls in der Pfanne ohne Öl anrösten, bis sie schön gebräunt sind und ihr Wasser verloren haben. Olivenöl in die Pfanne geben und Schalotten, Knoblauch, Lauch sowie Tomatenwürfel hinzugeben und 2–3 Minuten weiter braten. Vom Herd nehmen, mit Salz und Pfeffer würzen, die Pinienkerne dazugeben und abkühlen lassen. Kräuter unterrühren.

KARTOFFELROLLE
Ein Küchentuch mit Mehl bestäuben. Den Teig daraufgeben, mit Mehl bestäuben und zu einem 1,5 cm dicken Rechteck (28 × 34 cm) ausrollen. Pilzmasse darauf verteilen, dabei an der hinteren langen Seite einen 3 cm breiten Rand frei lassen. Den Teig mithilfe des Tuchs nach hintenhin aufrollen. Die Teigrolle auf eine Frischhaltefolie setzen und in die Folie einrollen. Die seitlichen Enden der Folie verzwirbeln. Die Teigrolle auf ein Stück Alufolie setzen, erneut einrollen und die Seiten gut verschließen. Salzwasser in einem großen Topf aufkochen. Die Rolle bei niedriger Hitze ca. 40 Minuten im Wasser ziehen lassen. Am besten die Rolle mit einem kleinen Topfdeckel beschweren, damit sie nicht oben schwimmt. Nach der Kochzeit herausnehmen, abtropfen und abkühlen lassen.

WURZELGEMÜSE
Karotten, Pastinaken und Ringelbete waschen und schälen. Bei den Karotten etwas Grün stehen lassen und längs halbieren oder vierteln. Pastinaken in Scheiben und Ringelbete in Spalten schneiden. Olivenöl in einer Pfanne erhitzen. Gemüse bei mittlerer Hitze ca. 10 Minuten braten.

PILZ-BUTTER-SCHAUM
100 ml Wasser, Pilzpulver und Sahne in einem Topf aufkochen. Mit Salz, Pfeffer und Muskat würzen. Anschließend kalte Butter in Flöckchen zugeben und mit dem Xanthan mit dem Stabmixer aufschäumen.

Kartoffelteigrolle aus der Folie wickeln und in fingerdicke Scheiben schneiden. Öl und Butter in einer zweiten Pfanne erhitzen. Die Scheiben darin von jeder Seite ca. 2 Minuten anbraten.

Das Gemüse auf einem Teller anrichten, die Kartoffel-Pilzscheiben dazugeben und mit dem Pilz-Butter-Schaum beträufeln.

4 PERSONEN
ZUBEREITUNGSZEIT: 90 MINUTEN

Kartoffelsalat

mit PORTOBELLO-SCHNITZEL

KARTOFFELSALAT
800 g vorwiegend festkochende Kartoffeln
3 Eier (Größe M)
1 Zwiebel
5 Gewürzgurken
3 El Gewürzgurkensud
5 El Rapsöl
3 El Weißweinessig
100 ml heiße Gemüsebrühe (siehe S. 340)
Salz, Pfeffer
Zucker

PORTOBELLO-SCHNITZEL
8 mittelgroße Portobello-Pilze
Salz
4 Eier (Größe M)
6 EL Schlagsahne
100 g Mehl (Type 405)
2 TL gemahlener Kreuzkümmel
100 g Panko
2 EL Senf
Rapsöl zum Frittieren

GARNITUR
40 g Kapern
Preiselbeerkonfitüre (siehe S. 44)

KARTOFFELSALAT:
Kartoffeln waschen und im Dampfgarer für 45 Minuten dämpfen oder Kartoffeln mit kaltem Wasser bedeckt aufkochen und bei mittlerer Hitze zugedeckt 30–35 Minuten garen, abgießen und lauwarm abkühlen lassen. Eier in einen Topf mit kaltem Wasser geben, einmal aufkochen, Herdplatte ausstellen, Deckel auflegen und 10 Minuten ziehen lassen. Anschließend abschrecken, pellen und in Scheiben schneiden. Zwiebel schälen und fein würfeln. Gewürzgurken fein hacken. Zusammen mit dem Gewürzgurkensud und den Eiern in eine Schüssel geben und mit einem Schneebesen kräftig verrühren, sodass das Ei zerhackt wird. Rapsöl, Essig, Brühe, Salz, Pfeffer und Zucker unterrühren. Die Kartoffeln schälen, in dünne Scheiben schneiden und unter die Sauce mischen. Den Kartoffelsalat gut durchziehen lassen und, falls nötig, noch einmal nachwürzen.

PORTOBELLO-SCHNITZEL
Für die Portobello-Schnitzel die Stiele der Pilze herausschneiden. Pilzkappen auf der Unterseite leicht salzen. Eier und Sahne verquirlen und auf einen Teller geben. Mehl mit dem Kreuzkümmel vermischen. Mehl und Panko ebenfalls getrennt auf Teller verteilen. Die Pilze mit dem Senf bestreichen, dann zuerst im Mehl wenden, nacheinander durch das Ei ziehen und im Paniermehl wälzen. Erneut durch Ei und Brösel ziehen und die Panierung leicht andrücken.

Den Backofen auf 160 °C (Umluft) vorheizen.

Rapsöl in einer Pfanne auf 165 °C erhitzen. Pilze portionsweise in das Fett geben, Temperatur etwas herunterschalten und die Pilze von jeder Seite 2–3 Minuten goldbraun braten. Beim nächsten Durchlauf die Temperatur wieder erhöhen, Pilze in das Fett geben, Temperatur wieder verringern. So fortfahren bis alle Pilze gebraten sind. Auf einem Backblech die Pilze im heißen Backofen 7–8 Minuten nachgaren.

Die Kapern gut abtropfen lassen und anschließend trocken tupfen (wichtig, ansonsten spritzt das Öl). Im heißen Öl für 1 Minute frittieren und auf Küchenpapier abtropfen lassen.

Pilze mit dem Kartoffelsalat, Kapern und Preiselbeerkonfitüre servieren.

4 PERSONEN
ZUBEREITUNGSZEIT: 60 MINUTEN

Karotten-Apfel-Waffeln

mit SAHNE und ORANGEN-KAROTTEN-MARMELADE

½ Bio-Zitrone
4 Eier (Größe M)
125 g zimmerwarme Butter
80 g Rohrohrzucker
1 Pck. Vanillezucker
Salz

200 g Mehl (Type 405)
50 g gemahlene Mandeln
1 TL Backpulver
½ TL Natron
1 TL gemahlener Zimt
1 TL gemahlener Kardamom

200 g Joghurt
50 g Sahne
125 g Karotten
125 g Apfel
1 cm frischer Ingwer
Rapsöl zum Einfetten

GARNITUR
200 g gekühlte Sahne
Orangen-Karotten-Marmelade (siehe S. 43)
Puderzucker

Zitrone heiß abwaschen, Schale abreiben, Saft auspressen und beiseitestellen.

Die Eier trennen und das Eiweiß steif schlagen. Die Butter mit dem Zucker, Vanillezucker und 1 Prise Salz 5 Minuten cremig rühren und die Eigelbe einzeln für je 1 Minute unterrühren.

Mehl und gemahlene Mandeln mit dem Backpulver, Natron, Zimt, Kardamom und dem Zitronenabrieb vermischen und dann abwechselnd das Mandel-Mehl, Joghurt und Sahne unter die Ei-Butter-Mischung rühren.

Eiweiß zum Teig geben und unterheben. Die Schüssel abdecken und den Teig 30 Minuten ruhen lassen.

Das Waffeleisen aufheizen. Backofen auf 80 °C Ober-/Unterhitze (60 °C Umluft) vorheizen.

In der Zwischenzeit Karotten und Apfel schälen und grob raspeln. Den Ingwer schälen und fein reiben. Alles in eine Schüssel geben und mit dem Zitronensaft vermischen. Den Karotten-Apfel-Ingwer-Mix mit einem Teigspatel unter den Teig heben.

Das Waffeleisen dünn mit Rapsöl auspinseln. Eine Schöpfkelle Teig in das Waffeleisen geben, Deckel schließen und die Waffel 2–4 Minuten goldbraun ausbacken. Nacheinander die Waffeln backen (ca. 16 Stück) und im heißen Backofen warm halten.

Die Sahne in einen hohen Rührbecher füllen und mit dem Schneebesen des Handrührgerätes zunächst auf niedriger Stufe schlagen, dann langsam erhöhen und so lange schlagen, bis sich am Rand leichte Wellen bilden und die Schlagsahne fest geworden ist.

Herrlich lecker schmeckt zu den Karotten-Apfel-Waffeln unsere Orangen-Karotten-Marmelade und geschlagene Sahne. Die Waffeln mit Puderzucker bestreut servieren.

AUFBEWAHRUNG
Warm halten: Nach dem Backen bleiben die Waffeln schön knusprig und frisch, wenn man sie nebeneinander auf einen Kuchenrost legt und bei 80 °C Ober-/Unterhitze (60 °C Umluft) im Backofen warm hält.

Die Waffeln schmecken auch am nächsten Tag noch lecker, wenn man sie im Toaster einfach wieder aufbäckt.
Einfrieren: Die frisch gebackenen, ausgekühlten Waffeln können luftdicht verpackt, portionsweise in Gefrierbeuteln eingefroren werden.

Aufbacken: Die eingefrorenen Waffeln im Ofen bei 140 °C Ober-/Unterhitze (120 °C Umluft) auf einem Kuchenrost oder im Toaster aufbacken.

16 STÜCK
ZUBEREITUNGSZEIT: 70 MINUTEN

Smoked Carrot

MARINADE
2 EL Ahornsirup
2 TL Sojasauce
1 TL Liquid Smoke
2 TL Sesamöl
1 TL Tahin (Sesampaste)
½ TL Knoblauchpulver
½ TL Paprikapulver
Pfeffer
10 große Karotten
Salz

RÄUCHERN
2 Handvoll ungewässerte Räucherchips

MARINADE
Alle Zutaten zu einer Marinade vermischen.

KAROTTEN BLANCHIEREN
Die Karotten waschen, schälen, dabei Anfang und Ende der Karotten nicht abschneiden. In einem Topf Salzwasser zum Kochen bringen. Das Gemüse 5 Minuten im heißen Wasser blanchieren, herausnehmen und sofort in Eiswasser legen. Die Karotten nach dem Abkühlen aus dem Eiswasser nehmen, trocken tupfen und mit der Marinade vermengen. Am besten über Nacht im Kühlschrank marinieren lassen.

Den Grill vorheizen.

ALUFOLIENSCHALE FÜR DEN GRILL
Ca. 30 cm Alufolie abrollen, darauf 1–2 Handvoll Räucherchips mittig platzieren. Eine lange Seite der Alufolie über die Räucherchips einschlagen und die Folie längs verschließen. Die kurze Seite nach unten falten. Auf der Oberseite der Tasche mit einer Gabel oder einem spitzen Messer ein paar Löcher einstechen, sodass der Rauch austreten kann. Im Grill einen Rost entfernen, damit man leichter an den Brenner kommt, und das Päckchen auf dem beheizten Brenner platzieren. Auf dem zweiten beheizten sowie eingefetteten oder mit durchlöcherter Alufolie bedeckten Rost die Karotten verteilen. Den Deckel schließen und den Grill auf die kleinste Stufe stellen. Nach 2–3 Minuten fängt es an zu rauchen. Nach 15–20 Minuten ist die Räuchertasche aufgebraucht und die Karotten fertig geräuchert.

Mein Tipp

- *Nicht zu viele Löcher in die Räuchertasche stechen. Ansonsten kommt zu viel Sauerstoff an die Räucherchips und sie fangen an zu brennen. Daher ab und zu nachschauen, ob schon Flammen aufsteigen.*
- *Eine Alufolientasche hat eine Räucherdauer von 15–20 Minuten. Brauchen manche Speisen eine längere Räucherdauer, bereitet man gleich mehrere Räuchertaschen vor, damit die verbrauchte Tasche gleich durch eine neue ersetzt werden kann und stets genug Rauch im Grill ist.*
- *Um zu verhindern, dass die Lebensmittel nach dem Räuchervorgang am Rost kleben bleiben, sollte dieser entweder ein wenig eingefettet oder mit durchlöcherter Alufolie bedeckt werden. Dadurch wird zusätzlich dem Abtropfen von Fetten oder Marinaden auf die Brenner vorgebeugt.*

RÄUCHERN MIT WOK ODER KOCHTOPF
Auch ein Wok kann zum Räuchern umfunktioniert werden. In der Regel verfügt jeder Wok über einen Rost, der sich auf die Pfanne aufsetzen lässt, und einen gut abschließenden Deckel.

Kleinere Portionen Räuchergut lassen sich auch problemlos mit einem Kochtopf oder Wok herstellen. Dazu benötigt man einen Kochtopf mit passendem Einsatz.

Mein Tipp

Hierfür eignet sich hervorragend der Edelstahl-Grillständer einer Mikrowelle. Wie oben beschrieben eine Räuchertasche mit dem Durchmesser des Topfes basteln, ebenfalls ein paar Löcher einstechen und auf dem Boden des Topfes platzieren. In den Topf den Edelstahl-Grillständer oder einen Rost setzen. Die Karotten auf dem eingefetteten oder mit durchlöcherter Alufolie bedeckten Rost platzieren. Den Topf mit einem Deckel verschließen, auf eine geeignete Wärmequelle setzen und auf 100 °C erhitzen. Die Räuchertasche beginnt zu glimmen und die Rauchentwicklung startet. Nach 15–20 Minuten ist die Räuchertasche aufgebraucht und die Karotten fertig.

Am besten räuchert man auch beim Einsatz von Kochtopf oder Wok draußen auf einer externen Herdplatte.

10 PORTIONEN
ZUBEREITUNGSZEIT: 20 MINUTEN
VORBEREITUNGSZEIT: 12 STUNDEN

Carr[h]ot Dog Classic

mit DILLGURKEN und RÖSTZWIEBELN

HOTDOG-BRÖTCHEN
1 Eigelb (Größe M)
2 EL Milch
2 EL Wasser
Teig für 10 Hotdog-Brötchen (siehe S. 342; alternativ 10 Hot-Dog-Brötchen)

REMOULADE
½ kleine Zwiebel
4 Stängel Petersilie
1 EL Kapern
1 TL Currypulver
250 g Mayonnaise (siehe S. 348)

RÖSTZWIEBELN
6 Zwiebeln
2 TL Zucker
½ TL Salz
3 EL Mehl (Type 405)
Rapsöl zum Frittieren

APFELKETCHUP
1 EL Apfelmus
5 EL Ketchup
½ TL Currypulver

HOTDOG
10 Smoked Carrots (siehe S. 260)
10 eingelegte Dillgurken (siehe S. 41)
mittelscharfer Senf

HOTDOG-BRÖTCHEN
Backofen auf 190 °C (Ober-/Unterhitze) vorheizen. Backblech mit Backpapier auslegen. Eigelb mit der Milch und dem Wasser gründlich verquirlen.

Teig in 10 Teiglinge portionieren und jeweils zu einer Kugel formen. Zugedeckt 15 Minuten gehen lassen, dann zu einem Rechteck (13 × 6 cm) formen. In zwei Reihen mit einem Abstand von 1–2 cm auf das Backblech legen und abgedeckt ca. 1 Stunde gehen lassen. Beim Aufgehen verbinden sich die Teiglinge wieder und stützen sich gegenseitig, sodass sie in Form bleiben und nach obenhin beim Backen aufgehen. Teiglinge mit der Eigelb-Milch-Wasser-Mischung bestreichen und für 15–17 Minuten im heißen Ofen backen, bis die Oberfläche schön goldgelb gebräunt ist. Aus dem Ofen nehmen und auf einem Kuchengitter auskühlen lassen.

> ***Mein Tipp***
> ***Ich backe die Hotdog-Brötchen in meinem geliebten Dampfgarer bei 175 °C Heißluft + Dämpfen für 20 Minuten.***

REMOULADE
Zwiebel schälen. Petersilie waschen und trocken schütteln. Zwiebel, Kapern und Petersilie fein hacken. Mit dem Currypulver und der Mayonnaise verrühren und mindestens 1 Stunde kaltstellen.

RÖSTZWIEBELN
Zwiebeln schälen, mit einem Hobel zu Ringen schneiden. Auf einem Teller ausbreiten, Zucker und Salz über die Zwiebeln streuen und mit Mehl bestäuben. Rapsöl 1 cm hoch in eine Pfanne geben und erhitzen. Die Zwiebeln portionsweise in dem heißen Öl frittieren. Wenn die Zwiebeln knusprig braun gebraten sind, mit einer Schaumkelle aus dem Öl nehmen. So fortfahren, bis alle Zwiebel frittiert sind.

APFELKETCHUP
Apfelmus mit Ketchup und Currypulver gründlich vermengen.

Dillgurken in Scheiben schneiden. Hotdog-Brötchen aufschneiden, eine Innenseite mit Apfelketchup bestreichen, die andere Seite mit Remoulade. Mit der Smoked Carrot belegen und mit Gurkenscheiben, Röstzwiebeln und Senf toppen.

10 STÜCK
ZUBEREITUNGSZEIT: 30 MINUTEN
+ 1 STUNDE KÜHLZEIT

New York Carr[h]ot Dog

mit SAUERKRAUT und ZWIEBELSAUCE

HOTDOG-BRÖTCHEN
1 Eigelb
2 EL Milch
2 EL Wasser
Teig für 10 Hotdog-Brötchen (siehe S. 342; alternativ 10 Hotdog-Brötchen)

ZWIEBELSAUCE
2 große Zwiebeln
3 EL Rapsöl
½ TL gemahlener Zimt
½ TL Pul Biber (türkisches Paprikapulver)
1 EL Aceto balsamico
60 g Ketchup
Salz, Pfeffer

HOTDOG
6 EL grober Senf
10 Smoked Carrots (siehe S. 260)
200 g Sauerkraut (siehe S. 50)

HOTDOG-BRÖTCHEN
Backofen auf 190 °C (Ober-/Unterhitze) vorheizen. Backblech mit Backpapier auslegen. Eigelb mit der Milch und dem Wasser gründlich verquirlen.

Teig in 10 Teiglinge portionieren und jeweils zu einer Kugel formen. Zugedeckt 15 Minuten gehen lassen, dann zu einem Rechteck (13 × 6 cm) formen. In zwei Reihen mit einem Abstand von 1–2 cm auf das Backblech legen und abgedeckt ca. 1 Stunde gehen lassen. Beim Aufgehen verbinden sich die Teiglinge wieder und stützen sich gegenseitig, sodass sie in Form bleiben und nach obenhin beim Backen aufgehen. Teiglinge mit der Eigelb-Milch-Wasser-Mischung bestreichen und für 15–17 Minuten in den heißen Ofen geben, bis die Oberfläche schön goldgelb gebräunt ist. Aus dem Ofen nehmen und auf einem Kuchengitter auskühlen lassen.

Mein Tipp
Ich backe die Hotdog-Brötchen in meinem geliebten Dampfgarer bei 175 °C Heißluft + Dämpfen für 20 Minuten.

ZWIEBELSAUCE
Zwiebeln schälen und in Scheiben schneiden oder hobeln. Öl in einer Pfanne auf mittlerer Stufe erhitzen und Zwiebeln ca. 10 Minuten goldgelb anbraten. Zimt und Pul Biber hinzufügen und eine weitere Minute anbraten. Mit 125 ml Wasser, Essig und Ketchup ablöschen und 10–15 Minuten einreduzieren lassen. Mit Salz und Pfeffer abschmecken.

Hotdog-Brötchen aufschneiden und die Innenseiten mit dem groben Senf bestreichen. Mit der Smoked Carrot und Sauerkraut belegen und mit Zwiebelsauce toppen.

10 STÜCK
ZUBEREITUNGSZEIT: 35 MINUTEN

Sloppy Joe Carr[h]ot Dog

mit CHEDDAR UND PETERSILIE

HOTDOG-BRÖTCHEN
1 Eigelb (Größe M)
2 EL Milch
2 EL Wasser
Teig für 10 Hotdog-Brötchen (siehe S. 342; alternativ 10 Hotdog-Brötchen)

SLOPPY JOE SAUCE
1 grüne Paprika
1 Chilischote
2 mittelgroße Zwiebeln
1 Knoblauchzehe
1 EL Gemüsebrühenpulver (siehe S. 59)
125 g ungewürzte Soja-Schnetzel
9 EL Olivenöl
100 g Tomatenmark
2 EL brauner Zucker
3 TL geräuchertes Paprikapulver
200 ml Rotwein
150 g Ketchup
2 EL Worcestershire Sauce
1 EL Senf
Salz, Pfeffer
3 Lorbeerblätter

HOTDOG
10 Smoked Carrots (siehe S. 260)
200 g geriebener Cheddar
Petersilie
Ketchup, Senf

HOTDOG-BRÖTCHEN
Backofen auf 190 °C (Ober-/Unterhitze) vorheizen. Backblech mit Backpapier auslegen. Eigelb mit der Milch und dem Wasser gründlich verquirlen.

Teig in 10 Teiglinge portionieren und jeweils zu einer Kugel formen. Zugedeckt 15 Minuten gehen lassen, dann zu einem Rechteck (13 × 6 cm) formen. In zwei Reihen mit einem Abstand von 1–2 cm auf das Backblech legen und abgedeckt ca. 1 Stunde gehen lassen. Beim Aufgehen verbinden sich die Teiglinge wieder und stützen sich gegenseitig, sodass sie in Form bleiben und nach obenhin beim Backen aufgehen. Teiglinge mit der Eigelb-Milch-Wasser-Mischung bestreichen und für 15–17 Minuten in den heißen Ofen geben, bis die Oberfläche schön goldgelb gebräunt ist. Aus dem Ofen nehmen und auf einem Kuchengitter auskühlen lassen.

Mein Tipp
Ich backe die Hotdog-Brötchen in meinem geliebten Dampfgarer bei 175 °C Heißluft + Dämpfen für 20 Minuten.

SLOPPY JOE SAUCE:
Paprika waschen und in Würfel schneiden, Chilischote hacken. Zwiebeln und Knoblauch schälen und fein schneiden. 750 ml Wasser zum Kochen bringen, Gemüsebrühe einrühren und die Sojaschnetzel damit überbrühen, etwa 10 Minuten ziehen lassen und danach fest ausdrücken. Die Sojaschnetzel ohne Öl in eine Pfanne geben, bis die Flüssigkeit aus den Schnetzeln verdampft ist. Dann 6 EL Olivenöl dazugeben und die Sojaschnetzel darin scharf anbraten, bis sie gebräunt und schön kross sind, dabei immer wieder umrühren. Die Sojaschnetzel aus dem Topf nehmen und zur Seite stellen. Erneut 3 EL Olivenöl in der Pfanne erhitzen und Zwiebel und Knoblauch darin anschwitzen. Tomatenmark, braunen Zucker und geräuchertes Paprikapulver hinzugeben und scharf anbraten. Die Sojaschnetzel wieder in den Topf geben und mit Rotwein ablöschen. Mit Ketchup, Worcestershiresauce, Senf, Salz und Pfeffer abschmecken. Die Lorbeerblätter in die Sauce geben und bei schwacher Hitze 30 Minuten köcheln lassen. Zum Ende dann die Paprikawürfel und die Chilischote hinzufügen und noch ein paar Minuten garen.

Hotdog-Brötchen aufschneiden und die Innenseiten mit Ketchup und Senf bestreichen. Darauf die Smoked Carrot legen und eine Portion Sloppy Joe Sauce auf die Smoked Carrot geben. Die Sloppy Joe Sauce mit geriebenem Cheddarkäse und Petersilie bestreuen.

10 STÜCK
ZUBEREITUNGSZEIT: 55 MINUTEN

Sellerie-Kumpir

mit BRUNNENKRESSEDIP

BRUNNENKRESSEDIP
1 Bund Brunnenkresse
250 g Schmand
Salz, Pfeffer

SELLERIE-KUMPIR
4 kleine Sellerieknollen (à 400 g)
2 Eiweiß
2 kg grobes Salz (für Salzmühlen)
250 g festkochende Kartoffeln
½ TL Kümmelsamen
3 mittelgroße Zwiebeln
4 Zweige Thymian
Salz, Pfeffer
3 EL Rapsöl

BRUNNENKRESSE-DIP
Die Blätter der Brunnenkresse von den Stielen zupfen, waschen, trocken tupfen. Einen Teil der Blätter zur Deko zur Seite legen, den anderen Teil sehr fein hacken. Brunnenkresse und Schmand miteinander verrühren. Mit Salz und Pfeffer abschmecken, kühl stellen.

SELLERIE-KUMPIR
Backofen auf 180 °C (Ober-/Unterhitze) vorheizen.

Den Sellerie waschen und abbürsten. Das Eiweiß mit dem Handrührgerät oder in der Küchenmaschine steif schlagen. Das grobe Salz mit 100 ml Wasser und dem Eiweiß vermischen. Zwei große Stücke Alufolie auf einem Backblech ausbreiten und darauf ein etwa 1 cm dickes Salzbett in der Größe der Sellerieknollen auslegen. Diese mittig darauf platzieren und das restliche Salz um den Sellerie drapieren. Mit der Alufolie zu einem Paket verschließen. Die Sellerieknollen für 60 Minuten backen. Nach dem Garen die Alufolie und die Salzkruste entfernen.

Inzwischen die Kartoffeln schälen, in 1 cm große Würfel schneiden und in Salzwasser mit dem Kümmel in 10–15 Minuten gar kochen. Abgießen und abkühlen lassen.

Zwiebeln schälen und in 0,5 cm breite Spalten schneiden. Thymian abbrausen, trocken tupfen, Blätter von den Stielen zupfen.

Backofen auf 120 °C (Ober-/Unterhitze) vorheizen.

Bei den gegarten Sellerieknollen oben und unten den Deckel abschneiden und bis auf einen ca. 1 cm dicken Rand aushöhlen. Die aus dem Inneren ausgelösten Sellerieteile in 1 cm große Stücke schneiden. Die ausgehöhlten Sellerieknollen im vorgeheizten Ofen warm halten.

Das Rapsöl in einer großen beschichteten Pfanne erhitzen und die Selleriestücke, Kartoffeln und Zwiebeln zugeben und goldbraun anbraten. Thymian zugeben und mit Salz und Pfeffer würzen.

Die vier Sellerieknollen aus dem Ofen nehmen und mit dem angebratenen Gemüse füllen. Die Sellerieknollen mit dem Brunnekressedip und der frischen Brunnenkresse garnieren.

4 PERSONEN
ZUBEREITUNGSZEIT: 75 MINUTEN

Sellerie-Carpaccio

mit RADICCHIO und ORANGEN

BUCHECKERN
2 Handvoll Bucheckern

KNOLLENSELLERIE
1 TL Fenchelsaat
½ Bio-Zitrone
4 Stängel Dill
3 Wacholderbeeren
800 g Knollensellerie
Salz, Pfeffer
2 EL Olivenöl

RADICCHIO
4 Orangen + Saft einer ganzen Orange
1 kleiner Radicchio
1 EL Weißweinessig
4 EL Olivenöl
½ EL brauner Zucker
1 TL Honig
1 TL Senf
Salz, Pfeffer

BUCHECKERN
Die Bucheckern mitsamt der Schale mit kochendem Wasser übergießen und 5 Minuten stehen lassen. Die harte Außenschale wird weich und lässt sich nun mit einem Messer gut entfernen. Herausgelöste Kerne anschließend ohne Fett in einer Pfanne für einige Minuten unter Schwenken rösten. Die braunen Häutchen lösen sich und können ausgeblasen werden.

KNOLLENSELLERIE
Die Fenchelsaat in einer Pfanne ohne Öl anrösten, bis sie zu duften beginnt. Aus der Pfanne nehmen und in einem Mörser grob zermahlen.

Zitrone heiß abwaschen, Schale abreiben und Saft auspressen. Dill abwaschen und Blätter abzupfen. In einen Topf ausreichend Wasser geben und mit dem Zitronensaft, der Zitronenschale und den Wacholderbeeren zum Kochen bringen. Knollensellerie schälen, halbieren oder vierteln (je nach Größe des Selleries) und in 4 mm große Scheiben hobeln. Die Selleriescheiben in das heiße Wasser geben und 7 Minuten blanchieren, sodass sie noch bissfest sind. Scheiben aus dem Wasser nehmen und sofort in Eiswasser geben, herausnehmen und mit Küchenkrepp trocken tupfen. Die Selleriescheiben auf vier Tellern kreisförmig anrichten, salzen und pfeffern, mit etwas Olivenöl beträufeln und mit dem Dill und der Fenchelsaat bestreuen.

RADICCHIO
Orangen filetieren. Den Rest der Orangen anschließend auspressen und den Saft für die Marinade verwenden.

Radicchio waschen und in feine Streifen schneiden. Aus Essig, Öl, Orangensaft, braunem Zucker, Honig, Senf, Salz und Pfeffer eine Salatsauce mixen und mit den Radicchiostreifen vermengen.

Den Radicchio-Blattsalat auf die Mitte des angerichteten Selleries geben und rundherum die Orangenfilets drapieren. Mit den gerösteten Bucheckern servieren.

WISSENSWERTES
Bucheckern sind die Früchte der Rotbuche und gelten als eines der nährstoffreichsten Lebensmittel, die unsere heimischen Wälder zu bieten haben. Bucheckern haben einen Fettgehalt von rund 40 Prozent, außerdem sind sie reich an Mineralstoffen, Zink und Eisen. Doch Vorsicht: Rohe Bucheckern enthalten Alkaloide und Fagin, ein Blausäure-Glykosid – benannt nach „Fagus", dem wissenschaftlichen Namen der Buche –, das beim Verzehr von größeren Mengen Bauchschmerzen verursacht. Daher empfiehlt es sich, sie vor der Weiterverarbeitung stets einige Minuten lang zu rösten. Bucheckern schmecken süß oder salzig, als Topping auf Salaten oder Torten oder zu Mehl gemahlen.

4 PERSONEN
ZUBEREITUNGSZEIT: 20 MINUTEN

Kohlrabi-Cordon-bleu

mit GORGONZOLA und SALBEI

FELDSALAT
200 g Feldsalat
2 EL Aceto balsamico bianco
2 TL Senf
2 TL Honig
4 EL Rapsöl
Salz, Pfeffer

KOHLRABI-CORDON-BLEU
4 mittelgroße Kohlrabi
Salz
150 g fester Gorgonzola
16 Salbeiblätter

PANADE
3 Eier (Größe M)
50 g Sahne
1 TL Paprikapulver
1 TL gemahlener Kreuzkümmel
Salz, Pfeffer
100 g Mehl
200 g Panko (alternativ Paniermehl)
100 g geriebene Mandeln
300 ml Öl zum Frittieren

GARNITUR
Mayonnaise (siehe S. 348)

FELDSALAT
Den Feldsalat gründlich waschen und verlesen. Alle Zutaten für das Dressing mit einem Rührbesen mixen. Dressing zur Seite stellen.

KOHLRABI-CORDON-BLEU
Kohlrabi schälen und quer in 1 cm dicke Scheiben schneiden. In einem großen Topf Salzwasser zum Kochen bringen. Die Kohlrabischeiben hineingeben und etwa 15 Minuten köcheln lassen, bis sie weich sind, aber noch Biss haben. Die Scheiben mit einer Schaumkelle aus dem Topf nehmen und sofort in Eiswasser abschrecken, herausnehmen und mit Küchenkrepp trocken tupfen.

Gorgonzola in 16 gleich dicke Scheiben schneiden, Salbeiblätter von den Stielen abzupfen. Beides zur Seite stellen.

In einem flachen Teller die Eier aufschlagen, die Sahne, Paprikapulver und Kreuzkümmel hinzugeben und alles kräftig miteinander verquirlen. Salzen und pfeffern. Auf einen weiteren flachen Teller das Mehl geben, mit Salz und Pfeffer würzen. Auf einem dritten Teller Panko mit den geriebenen Mandeln mischen.

Die Kohlrabischeiben nach Größe sortieren. Zwei gleich große Scheiben ergeben ein Cordon bleu. Auf die untere Kohlrabischeibe jeweils 2 Gorgonzolascheiben und 2 Salbeiblätter geben. Die obere Kohlrabischeibe darauflegen und etwas festdrücken.

Öl in einem Topf oder Pfanne auf 160 °C für das Frittieren erhitzen. Als Test für die richtige Temperatur etwas Panko in die Pfanne geben. Wenn diese zu „tanzen" anfangen und Luftblasen an ihren Rändern hochsteigen, ist die richtige Temperatur für das Öl erreicht. Temperatur etwas herunterschalten.

Das Kohlrabi-Cordon-bleu in dem Mehl wenden, dann durch die Ei-Sahne-Mischung ziehen, im Panko-Mandel-Mehl wenden. Wichtig hierbei ist, dass auch die Ränder bedeckt sind. Portionsweise im heißen Öl von jeder Seite ca. 4 Minuten goldbraun ausbacken. Auf Küchenpapier abtropfen lassen.

Auf einem Teller den Feldsalat anrichten und das Dressing darübergeben. Das Kohlrabi-Cordon-bleu anlegen und einen Klecks Mayonnaise dazu reichen.

4 PERSONEN
ZUBEREITUNGSZEIT: 45 MINUTEN

Ramensuppe

mit AMAZUZUKE-KOHLRABI

AMAZUZUKE-KOHLRABI
1 Kohlrabi
1 TL Salz
1 TL Pul Biber (türkisches Paprikapulver)
100 g Zucker
35 ml Reisessig

AJITSUKE TAMAGO
4 Eier
4 EL Sojasauce
4 EL Mirin (Reiswein)

SHICHIMI TOGARASHI
½ Noriblatt
1 Bio-Orange
2 EL Szechuanpfeffer
2 EL weißer und schwarzer Sesam
1 EL Mohn
1 EL Pul Biber (türkisches Paprikapulver)

MISOSUPPE
2 l Dashi Brühe (siehe S. 340, alternativ Instantprodukt)
4 EL helle Misopaste
4 EL Sojasauce
Salz nach Belieben

BEILAGEN UND TOPPING
300 g getrocknete Ramennudeln
Sesamöl
4 Frühlingszwiebeln
2 Baby-Pak-Choi
1 Bambusspross (alternativ 1 Dose Bambussprossen, Abtropfgewicht 170 g)
1 Noriblatt
1 EL Erdnusskerne
Erdnussöl
1 Limette
Beni Shoga (roter eingelegter Ingwer)
2 TL Shichimi Togarashi

AMAZUZUKE-KOHLRABI
Kohlrabi schälen und in dünne Scheiben hobeln. Lage für Lage in ein Fermentationsglas schichten und jede Schicht mit Salz und Pul Biber bestreuen. 5 Minuten ziehen lassen. 350 ml Wasser mit Zucker und Reisessig aufkochen und heiß über den Kohlrabi geben. Den Kohlrabi mit einem Glasstein o.Ä. beschweren, sodass die Marinade über dem Kohlrabi steht (siehe S. 48). Abkühlen lassen und für 3 Tage im Kühlschrank marinieren lassen.

AJITSUKE TAMAGO (MARINIERTE EIER):
In einem Topf ausreichend Wasser zum Kochen bringen (die Eier sollte vollständig mit Wasser bedeckt sein). Die Eier mit einem Löffel in das Wasser gleiten lassen und für 6 Minuten köcheln. Herausnehmen und sofort mit kaltem Wasser abschrecken. Die Eier vollständig auskühlen lassen und anschließend vorsichtig pellen.

Für die Marinade Sojasauce, Mirin und 12 EL Wasser in einem verschließbaren Beutel mischen. Die gekochten Eier in den Beutel zu der Marinade geben, verschließen und für mindestens 12 Stunden (oder bis zu 3 Tagen) in den Kühlschrank legen.

SHICHIMI TOGARASHI (GEWÜRZMISCHUNG)
Noriblatt klein hacken. Orange heiß abwaschen, Schale abreiben. Szechuanpfeffer in einen Mörser geben und fein mahlen. Sesam und Mohn in einer Pfanne ohne Fett anrösten. Abkühlen lassen. Mit den restlichen Zutaten vermischen.

MISOSUPPE
2 Liter Dashibrühe in einem Topf zum Kochen bringen. Mithilfe eines feinmaschigen Metallsiebs die Misopaste in die heiße Dashi Brühe langsam einrühren. Dazu die Misopaste in das Sieb geben und die Paste mit einem Kochlöffel in die Brühe streifen (das Sieb sollte dabei in die Brühe eintauchen). Anschließend den Herd ausstellen. Die Brühe mit Sojasauce und nach Belieben Salz abschmecken.

BEILAGEN UND TOPPING
Wasser für die Nudeln zum Kochen bringen. Die Nudeln ins kochende Wasser geben und 5 Minuten kochen, abgießen und mit kaltem Wasser abschrecken. Die Nudeln mit Sesamöl vermischen, sodass sie nicht zusammenkleben.

Frühlingszwiebeln waschen, trocken tupfen und in feine Ringe schneiden. Baby-Pak-Choi ebenfalls waschen und in Streifen schneiden. Den Bambusspross halbieren und dann in Scheiben schneiden. Die marinierten Eier (Ajitsuke Tamago) halbieren.

Noriblatt mit einer Schere auf Rechtecke (4 × 8 cm) zuschneiden. Die Erdnüsse in einer Pfanne mit etwas Erdnussöl anrösten. Die Limette waschen und vierteln.

4 PERSONEN
ZUBEREITUNGSZEIT: 20 MINUTEN
VORBEREITUNGSZEIT: 36 STUNDEN

Nudeln in vorgewärmte Schüsseln aufteilen und mit heißer Brühe auffüllen. Die Beilagen und das Topping darauf verteilen: Die Frühlingszwiebeln in der Mitte auftürmen, Bambussprossen, Baby-Pak-Choi, eingelegten roten Ingwer, Amazuzuke-Kohlrabi und Ajitsuke Tamago am Rand platzieren. Mit Shichimi Togarashi und Erdnüssen nach Belieben bestreuen und zum Schluss jeweils mit zwei Noriblattzuschnitten garnieren. Die Misoramensuppe mit Stäbchen essen sowie die Brühe direkt aus der Schüssel schlürfen.

BURGERPARTY

EIN BURGER KOMMT SELTEN ALLEIN

Daher haben wir Freunde eingeladen und unsere Burgerkreationen präsentiert: Vegetarische Patties aus Roter Bete und schwarzen Bohnen, frisch gebackene Buns und Toppings, zum Reinsetzen lecker – Schade, dass man meistens nur zwei Burger schafft.

Big Bang BBQ Burger

mit BAVARIAN COLESLAW

BEETROOT/BLACK BEAN PATTY (9 PATTYS Á 80 G)
400 g frische Rote Bete
1 TL Kreuzkümmelsamen
1 TL Koriandersamen
65 g Walnusskerne
1 rote Zwiebel
1 Knoblauchzehe
Öl
1 Dose schwarze Bohnen (240 g Abtropfgewicht)
50 g Panko (alternativ Semmelbrösel)
2 EL Flohsamen oder Leinsamen
1 Ei (Größe M)
100 g geriebener Pecorino (alternativ Cheddar)
1 Bio-Zitrone
2 cm frischer Ingwer
20 g mittelscharfer Senf
1 TL geräuchertes Paprikapulver
1 TL getrocknetes Pilzpulver (siehe S. 58)
1 TL Liquid Smoke (nach Belieben)
1 TL getrockneter Thymian
1 EL Sojasauce
Salz, Pfeffer

BIG BANG BBQ BURGER
2 Blätter Lollo Bionda
1 schwarzes Hamburgerbrötchen (siehe S. 342)
1 Zwiebel
Öl
1 EL zimmerwarme Butter
Erdbeer-Tomaten-BBQ-Sauce (siehe S. 347)

GARNITUR
Coleslaw bayerisch (siehe S. 346)
Mayonnaise (siehe S. 348)
Rapsöl

Den Backofen auf 220 °C (Ober-/Unterhitze) vorheizen.

Die Rote Bete schälen, auf einer groben Reibe reiben (Handschuhe anziehen!) und auf der obersten Schiene im Backofen mit der Grillfunktion anrösten. Hierbei einen Kochlöffel in die Tür des Backofens klemmen, damit der Wasserdampf entweichen kann. Die Rote Bete immer wieder wenden. Der Vorgang dauert ca. 10 Minuten, dann fühlen sich die Raspeln fast trocken an.

Den Kreuzkümmel und den Koriander in einer Pfanne ohne Öl anrösten, bis sie zu duften beginnen, im Mörser fein mahlen. Danach die Walnüsse ebenfalls ohne Öl anrösten und anschließend grob hacken. Die Zwiebeln und den Knoblauch schälen, in kleine Würfel schneiden und in etwas Öl leicht anschwitzen. Die schwarzen Bohnen in ein Sieb geben und abtropfen lassen. Die Hälfte der Bohnen grob pürieren.

Die Rote Bete mit der Knoblauch-Zwiebel-Mischung, den schwarzen Bohnen, Walnüssen, Pankomehl, Floh- oder Leinsamen, dem Ei und dem geriebenen Pecorino in eine große Schüssel geben. Zitrone heiß abwaschen, Schale abreiben. Ingwer schälen und ebenfalls fein reiben.

Senf, die Koriander-Kreuzkümmel-Mischung, Paprika- und Pilzpulver, Liquid Smoke, Thymian, Sojasauce, Ingwer und die Zitronenschale in die Schüssel geben. Alles mit den Händen zu einer homogenen Masse verarbeiten (dabei Küchenhandschuhe tragen) und anschließend mit Salz und Pfeffer abschmecken. Die Masse für 10 Minuten im Kühlschrank ruhen lassen.

Nach der Ruhezeit die Pattys am besten mit einer Burgerpresse formen. Damit die Pattys auch leicht wieder aus der Form gehen, jeweils ein Stück Frischhaltefolie in den oberen und unteren Teil der Burgerpresse legen, dann die Form mit der Masse füllen (pro Patty ca. 80 g), den Stempel auf die Masse drücken, abziehen und die Form auf ein Backpapier stürzen.

Mein Tipp
Die Pattys lassen sich hervorragend einfrieren. Ich lege sie dafür auf ein kleines Blech, decke sie mit einer geölten Frischhaltefolie ab und setze weitere 4 Pattys darauf. Dann friere ich sie über Nacht ein.

BIG BANG BBQ BURGER
Grill, Grillplatte (Plancha) oder Pfanne vorheizen.

Die Lollo-Bionda-Salatblätter waschen und trocken schütteln. Burgerbrötchen teilen. Die Zwiebel halbieren und den Grill oder die Grillplatte mit der rohen Zwiebel abreiben, so klebt das Patty beim Grillen nicht fest. Wenig Öl auf die Platte geben und das Patty darauflegen, nach ca. 4 Minuten wenden. Die zweite Seite ebenfalls ca. 4 Minuten anbraten. Während das Patty gart, die beiden Brötchenhälften mit der Butter bestreichen und auf der Schnittfläche leicht anrösten.

Die untere Hälfte des Brötchens mit BBQ-Sauce bestreichen. Darauf kommen die Salatblätter, gefolgt vom Patty, dem Coleslaw und getoppt mit Mayonnaise, bevor die obere Hälfte des Burgerbrötchens abschließt.

4 PERSONEN
ZUBEREITUNGSZEIT: 20 MINUTEN

Green Mexican Burger

mit PAPRIKA-PICKLES

2 Blätter Romanasalat
¼ Bio-Limette
Green Bun mit Matcha gefärbt (siehe S. 342)
1 Zwiebel
Rapsöl
1 Beetroot/Black Bean Patty (siehe S. 276)
1 EL zimmerwarme Butter
Guacamole (siehe S. 347)
Pul Biber (türkisches Paprikapulver)
1 Handvoll Nachos
Paprika-Pickles (siehe S. 42)
Curry-Lime-Mayonnaise (siehe S. 349)

Grill, Grillplatte (Plancha) oder Pfanne unbedingt vorheizen!

Die Romanasalatblätter waschen und trocken schütteln. Die Limette heiß abwaschen und Schale abreiben. Burgerbrötchen in der Hälfte durchschneiden. Die Zwiebel halbieren und den Grill oder die Grillplatte mit der rohen Zwiebel abreiben, so klebt das Patty beim Grillen nicht fest. Wenig Öl auf die Platte geben und das Patty darauflegen, nach ca. 4 Minuten wenden. Die zweite Seite ebenfalls ca. 4 Minuten anbraten. Während das Patty fertig gart, die beiden Brötchenhälften mit zimmerwarmer Butter bestreichen und auf der Schnittfläche leicht anrösten.

Die untere Hälfte des Brötchens mit den Romanasalatblättern belegen. Darauf kommt der Beetroot/Black Bean Patty, dann die Guacamole gewürzt mit Pul Biber. Darauf die Nachos platzieren, mit den Paprika-Pickles verfeinern und mit der Lime-Mayonnaise und Limettenschalenabrieb toppen, gedeckelt wird mit der oberen Hälfte des Burgerbrötchens.

Pink Asian Burger

mit CASHEW-SAMBAL

5 Blätter Asia-Salat
6 Zuckerschoten
Natron
3 Stängel Koriander
Pink Bun mit Rote-Bete-Saft gefärbt (siehe S. 342)
1 Zwiebel
Rapsöl
1 Beetroot/Black Bean Patty (siehe S. 276)
1 EL zimmerwarme Butter
Cashew-Sambal (siehe S. 346)
Curry-Lime-Mayonnaise (siehe S. 349)

Grill, Grillplatte (Plancha) oder Pfanne unbedingt vorheizen!

Die Asia-Salatblätter waschen und trocken schütteln. Die Zuckerschoten in einem Topf mit heißem Wasser und 1 Prise Natron kurz blanchieren, abseihen und in Eiswasser abschrecken. Den Koriander waschen, trocken schütteln und die Blätter abzupfen. Burgerbrötchen teilen. Die Zwiebel halbieren und den Grill oder die Grillplatte mit der rohen Zwiebel abreiben, so klebt das Patty beim Grillen nicht fest. Wenig Öl auf die Platte geben und das Patty darauflegen, nach ca. 4 Minuten wenden. Die zweite Seite ebenfalls ca. 4 Minuten anbraten. Während das Patty gart, die beiden Brötchenhälften mit zimmerwarmer Butter bestreichen und auf der Schnittfläche anrösten.

Die untere Hälfte des Burgerbrötchens mit dem Salat belegen. Darauf kommt das Patty, dann das Sambal. Darauf die Zuckerschoten und die Korianderblätter legen und mit der Lime-Mayonnaise toppen, gedeckelt wird mit der oberen Hälfte des Burgerbrötchens.

Yellow Indian Burger

mit MANGO-CHUTNEY

1 Handvoll Baby-Spinat
1 grüne Tomate
2 EL Sprossen-Mix
Yellow Bun mit Kurkuma gefärbt (siehe S. 342)
1 Zwiebel
Rapsöl
1 Beetroot/Black Bean Patty (siehe S. 276)
1 EL zimmerwarme Butter
Mango-Chutney (siehe S. 348)
Pul Biber (türkisches Paprikapulver)
Curry-Lime-Mayonnaise (siehe S. 349)

Grill, Grillplatte (Plancha) oder Pfanne unbedingt vorheizen!

Den Baby-Spinat waschen und trocken schütteln. Die grüne Tomate waschen und in dünne Scheiben schneiden. Den Sprossen-Mix waschen und trocken schleudern. Burgerbrötchen in der Hälfte durchschneiden. Die Zwiebel halbieren und den Grill oder die Grillplatte mit der rohen Zwiebel abreiben, so klebt das Patty beim Grillen nicht fest. Wenig Öl auf die Platte geben und das Patty darauflegen, nach ca. 4 Minuten wenden. Die zweite Seite auch ca. 4 Minuten anbraten. Während das Patty fertig gart, die beiden Brötchenhälften mit zimmerwarmer Butter bestreichen und auf der Schnittfläche leicht anrösten.

Die untere Hälfte des Burgerbrötchens mit dem Baby-Spinat belegen. Darauf kommt das Patty, dann das Chutney, gewürzt mit Pul Biber. Die Tomaten auf dem Chutney drapieren, mit dem Sprossen-Mix bestreuen und mit der Curry-Lime-Mayonnaise toppen, gedeckelt wird wieder mit der oberen Hälfte des Burgerbrötchens.

Rustic Burger

mit BALSAMICO-ZWIEBEL-SAUCE

1 Handvoll Rucola
Classic Bun (siehe S. 342)
Rapsöl
1 Beetroot/Black Bean Patty (siehe S. 276)
1 Scheibe Ziegenkäse
1 EL zimmerwarme Butter
Balsamico-Zwiebel-Sauce (siehe S. 346)
3 geröstete und gehackte Walnusskerne
Thousand-Island-Sauce (siehe S. 349)

Grill, Grillplatte (Plancha) oder Pfanne unbedingt vorheizen!

Den Rucola waschen und trocken schütteln. Burgerbrötchen in der Hälfte durchschneiden. Ein wenig Öl auf die Plancha geben und das Patty darauflegen. Nach ca. 4 Minuten das Patty wenden. Die zweite Seite dann ebenfalls ca. 4 Minuten anbraten. Jetzt das Patty in eine weniger heiße Zone vom Grill legen, den Ziegenkäse auflegen und diesen schmelzen lassen. Tipp: Eine Burger Cloche eignet sich hierbei hervorragend. Während das Patty fertig gart, die beiden Brötchenhälften mit zimmerwarmer Butter bestreichen und auf der Schnittfläche leicht anrösten.

Die untere Hälfte des Burgerbrötchens mit dem Rucola belegen. Darauf kommt das mit dem Ziegenkäse überbackene Patty. Die Balsamico-Portwein-Zwiebel-Sauce auf das Patty geben, mit den Walnüssen bestreuen und mit der Thousand-Island-Sauce toppen, gedeckelt wird wieder mit der oberen Hälfte des Burgerbrötchens.

Winter

VON CHICORÉE BIS WINTERRETTICH

Die Tage werden dunkler, die Nächte länger. Wärmende Suppen und Eintöpfe haben dann Hochkonjunktur in meiner Küche und der Duft von Kümmel, Nelken und Zimt ist omnipräsent. Nach einem frostigen Winterspaziergang gibt es nichts Schöneres, als sich auf dem Sofa einzuigeln und heißen Tee zu trinken. Es sich hyggelig zu machen, einen Gang runterzuschalten und richtig lecker zu essen hilft garantiert gegen den Winterblues. Wir stellen Gemüse vor, die Sie, dank ihrer Nährstoffe, gut durch den Winter bringen werden.

Blattgemüse

CHICORÉE

Cichorium intybus var. foliosum

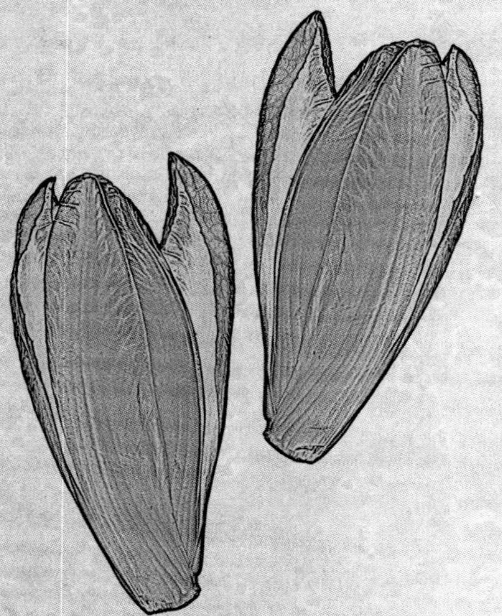

STECKBRIEF

Chicorée zählt zu den Zichorien innerhalb der Familie der Korbblütler. Der lichtempfindliche Spross mit seinen hellen grünen Blättern wird im Spätherbst geerntet und über den Winter an einem kühlen und dunklen Ort in der Erde eingesetzt. Im professionellen Chicorée-Anbau wird das Antreiben nicht mehr in Erde, sondern in nährstoffhaltigem Wasser vorgenommen.

Es sind die Bitterstoffe und das Inulin, die Chicorée so gesund machen. Sie regen Verdauung und Kreislauf an, pflegen die Darmflora und regulieren den Blutzuckerspiegel. Das Gemüse versorgt den Körper im Winter mit Vitaminen.

VERWENDUNG

Für einen frischen Salat den Strunk großzügig abschneiden und die Blätter lösen, abspülen und abtrocknen. Die rohen Blätter in Streifen schneiden und mit Apfel, Birne oder Orange, feinem Öl, Sonnenblumenkernen oder Walnüssen kombinieren. Chicorée lässt sich auch grillen, rösten und sogar füllen. Ich esse ihn auch gerne im Backofen gratiniert mit Butter, Käse, Kräutern und ein wenig Zucker. Am besten schmeckt er, wenn er nach dem Zubereiten noch heiß serviert wird.

WISSENSWERTES

Im 17. Jahrhundert wurde die Chicoréewurzel als Kaffeeersatz verwendet. Je heller die Blätter des Chicorées sind, desto milder ist sein Geschmack. Da das Gemüse empfindlich ist, sollte es nach dem Kauf rasch verzehrt werden.

WINTERPORTULAK

Claytonia perfoliata

STECKBRIEF

Der Winterportulak (auch bekannt als Tellerkraut oder Postelein) zählt zur Familie der Quellkrautgewächse. Er lässt sich leicht aufziehen, ob im Beet oder auf dem Balkon – den Winterportulak kann man im Prinzip das ganze Jahr über aussäen. Portulak ist winterhart und verträgt Temperaturen bis minus 15 °C. Für eine Ernte im Winter empfiehlt es sich, ihn im August/September auszusäen. Die Samen keimen bei einer Temperatur zwischen 10 °C und 20 °C und nach 5–10 Tagen sind die ersten Sämlinge zu sehen. Ein Ausdünnen der Keimlinge ist nicht nötig. Sobald es im Frühjahr wärmer wird, beginnen die Pflanzen zu blühen. Die Blätter wachsen dann zu runden Flächen aus, die die Form kleiner Tellerchen annehmen, daher auch die Bezeichnung „Tellerkraut".

VERWENDUNG

Der Geschmack der kleinen fleischigen Blätter ist leicht säuerlich und nussig. Die jungen Blätter und Stängel schmecken pur oder mit anderen Salaten kombiniert, mit Walnüssen und Winterobst oder in Smoothies. Aufgrund seines besonderen Eigengeschmacks verzichte ich bei der Zubereitung auf Kräuter, die vom Geschmack ablenken würden. Auf einem Brot mit Frischkäse macht sich Winterportulak als knackiges Topping super.

WISSENSWERTES

Wegen seines hohen Vitamin-C-Gehalts gilt Winterportulak als sehr gesund. Seine Blätter enthalten Omega-3-Fettsäuren. Er wirkt entzündungshemmend und hilft bei Sodbrennen.

Chicorée-Risotto

mit WALNÜSSEN und ROSINEN

CHICORÉE
2 Chicorée
1 Bio-Orange
3 EL Olivenöl
1 TL Honig
Salz, Pfeffer
1 EL Rosinen (nach Belieben)
100 g Walnusskerne
4 Zweige Thymian

RISOTTO
1 l Gemüsebrühe
(siehe S. 340)
1 Zwiebel
2 Bio-Orangen
1 Chicorée
3 Zweige Thymian
1 EL Butter
1 EL Olivenöl
375 g Carnaroli Risottoreis
120 ml Weißwein
40 g Butter
80 g geriebener Parmesan
Salz, Pfeffer

CHICORÉE

Den Backofen auf 190 °C (Ober-/Unterhitze) vorheizen. Den Chicorée vierteln und eng aneinanderliegend in eine Auflaufform legen. Die Bio-Orange auspressen und den Saft mit dem Olivenöl, Honig, Salz und Pfeffer verrühren. Die Rosinen und die Walnüsse dazugeben, dabei darauf achten, dass die Rosinen und Walnüsse in den Zwischenräumen vom Chicorée liegen (so verbrennen sie nicht). Dann den Chicorée mit der Marinade übergießen. Die Thymianzweige auf den Chicorée legen. Im heißen Ofen für 12 Minuten backen. Anschließend für 5 Minuten die Grillfunktion dazuschalten und den Chicorée schön bräunen.

RISOTTO

Die Gemüsebrühe aufkochen. Die Zwiebel schälen und fein hacken.

Die Schale von einer Orange fein abreiben. Den Saft beider Orangen auspressen. Den Chicorée halbieren, den unteren Strunkteil entfernen und die Blätter in feine Streifen schneiden. Die Blättchen von den Thymianzweigen abzupfen und beiseitestellen.

In einer großen Pfanne die Butter und das Olivenöl erhitzen. Die Zwiebel darin glasig dünsten, dann den Chicorée und den Reis dazugeben und ebenfalls andünsten. Mit dem Orangensaft und dem Weißwein ablöschen, die abgeriebene Orangenschale dazugeben und so lange unter Rühren kochen lassen, bis die Flüssigkeit vom Reis aufgenommen ist.

Nun knapp die Hälfte der heißen Brühe angießen und unter Rühren vom Risotto aufnehmen lassen. Dann schöpflöffelweise die restliche Brühe dazugeben und das Risotto noch so lange kochen lassen, bis es bissfest ist.

Zuletzt zwei Drittel vom Thymian, die Butter und den Käse unter das Risotto rühren und mit Salz und Pfeffer abschmecken.

Das Risotto in vorgewärmte tiefe Teller geben, mit dem Chicorée und dem Orangen-Sud aus dem Ofen anrichten, mit den restlichen Thymianblättchen bestreuen und sofort servieren.

Tipps für Risottomengen

- *50 g als Zwischengang bei 3–5 Gängen (klassisch piemontesisch)*
- *60 g als Beilage (mit Gemüse oder Pilzen verfeinert)*
- *80–90 g als Hauptgang (mit Gemüse oder Pilzen verfeinert)*

4 PERSONEN
ZUBEREITUNGSZEIT: 35 MINUTEN

Chicorée-Linsen-Salat

mit RADICCHIO und APFEL

300 g Pardina oder grüne Le-Puy-Linsen
1 Lorbeerblatt
2 Schalotten
1 kleiner Radicchio
1 roter Apfel
6 Datteln (Medjool)
2 Chicorée

DRESSING
1 Bio-Zitrone
10 Stängel Petersilie
2 EL Aceto balsamico
6 EL Olivenöl
1 EL Honig
Salz, Pfeffer
1 TL Ras el Hanout (siehe Tipp auf S. 70)
½ TL gemahlener Zimt

Linsen in 900 ml Wasser mit dem Lorbeerblatt bei geringer Temperatur 30 Minuten gar kochen. Eventuell überschüssiges Wasser zum Schluss abgießen und das Lorbeerblatt entfernen.

Schalotten fein würfeln, Radicchio vierteln, Strunk entfernen, quer in Streifen schneiden. Apfel vierteln, das Kerngehäuse entfernen und in feine Scheiben schneiden. Die Datteln halbieren, den Kern entfernen und in diagonale Streifen schneiden.

Einen Chicorée halbieren, den Strunk herausschneiden und die Hälften ebenfalls quer in Streifen schneiden. Alles unter die noch warmen Linsen heben.

Beim zweiten Chicorée die Blätter abzupfen und zur Seite legen.

Die Zitrone heiß abwaschen, die Schale abreiben und den Saft auspressen. Die Petersilie von Stängeln befreien und fein hacken. Aus dem Essig, Öl, Honig, Zitronensaft und -abrieb, Salz, Pfeffer, Ras el Hanout und Zimt eine Vinaigrette herstellen und mit der fein gehackten Petersilie unter die Linsen heben.

Den Linsensalat auf den Chicoréeblättern anrichten.

4 PERSONEN
ZUBEREITUNGSZEIT: 40 MINUTEN

Wintersalat

mit RINGELBETE und GRAPEFRUIT

SALAT
3 EL Sonnenblumenkerne
150 g Portulak
1 Bund Brunnenkresse
1 Bund Kerbel
1 Grapefruit
1 Granatapfel
350 g Ringelbete
½ TL Salz
1 EL Olivenöl

VINAIGRETTE
4 Datteln
1 Bio-Zitrone
1 TL Salz, Pfeffer
½ EL Dijon-Senf
2 TL Honig
4 EL Olivenöl

Für das Dressing Datteln mit kochendem Wasser übergießen und 10 Minuten einweichen. Den Einweichsud aufheben.

Die Zitrone heiß abwaschen, die Schale abreiben und die Zitrone auspressen.

Den Zitronensaft und -abrieb mit Salz, Pfeffer, Senf, Honig, den Datteln und etwas von dem Sud mit dem Stabmixer zu einer Vinaigrette mixen. Olivenöl einrühren, kräftig unterschlagen.

Sonnenblumenkerne in einer heißen Pfanne ohne Fett rösten, bis sie schön gebräunt sind.

Portulak, Brunnenkresse und Kerbel waschen, trocken schleudern und in mundgerechte Stücke zupfen. Grapefruit filetieren. Granatapfel halbieren und eine Hälfte in 4 Teile schneiden. Aus der zweiten Hälfte die Kerne lösen.

Ringelbete putzen, schälen und in feine Scheiben hobeln. Die Ringelbetescheiben mit Salz und Olivenöl marinieren.

Das Ringelbetencarpaccio kreisförmig auf Tellern anrichten, darauf den Portulak und die Kräuter setzen. Mit den Granatapfelachteln, den Granatapfel- und Sonnenblumenkernen und den Grapefruitfilets garnieren. Mit Vinaigrette beträufeln und servieren.

4 PERSONEN
ZUBEREITUNGSZEIT: 15 MINUTEN

Maultaschen

mit WINTERPORTULAK und SCHMELZZWIEBELN

NUDELTEIG
400 g italienisches Weichweizenmehl (tipo 00, alternativ Mehl Type 405)
4 Eigelb (Größe M)
Salz
2 EL Olivenöl
Grieß

FÜLLUNG
1 altbackenes Brötchen
3 Frühlingszwiebeln
1 Knoblauchzehe
2 EL Olivenöl
½ Bio-Zitrone
500 g Winterportulak
1 Ei (Größe M)
1 TL Salz
geriebene Muskatnuss
1 TL Piment d'Espelette (alternativ Chilipulver)
250 g Ricotta
40 g geriebener Parmesan

SCHMELZZWIEBELN
2 mittelgroße Zwiebeln
30 g Butter
1 EL Zucker
Salz, Pfeffer

GARNITUR
2 EL Butter
Schmelzzwiebeln
2 l Gemüsebrühe (siehe S. 340)

NUDELTEIG
Das Mehl auf der Arbeitsfläche anhäufen. Mit der Hand eine breite Mulde in die Mitte des Mehlbergs drücken. Die 4 Eier aufschlagen und die Eigelbe in die Mehlmulde geben, 1 Prise Salz und Olivenöl dazugeben. Mit einer Gabel die Eier verquirlen, dabei das Mehl von innen nach außen einarbeiten, bis ein lockerer Teig entsteht. Überschüssiges Mehl erst einmal zur Seite schieben und mithilfe einer Teigkarte die verklebten Mehlreste von der Arbeitsfläche entfernen. Ab jetzt mit den Händen weiterarbeiten. Den Teig mit den Handballen mindestens 10 Minuten bearbeiten. Zur Mitte falten, mit den Handballen flach drücken und wieder falten. Klebt der Teig noch an den Händen oder auf der Arbeitsfläche fest, das überschüssige Mehl von der Seite mit einarbeiten. Nach 10 Minuten Kneten aus dem Teig eine dicke Rolle formen, senkrecht vor sich hinlegen und von oben druckvoll mit dem Handballen einrollen. Mehrmals wiederholen, dann den Teig zu einer kompakten Kugel formen. In Folie wickeln und 30 Minuten ruhen lassen. Man kann ihn auch im Kühlschrank bis zu 48 Stunden aufbewahren.

FÜLLUNG
Das Brötchen klein schneiden und mit dem Blitzhacker grob zermahlen. Die Frühlingszwiebeln und die Knoblauchzehe fein würfeln und mit dem gehackten Brötchen in Olivenöl anschwitzen. Aus der Pfanne nehmen und zur Seite stellen. Von der halben Zitrone die Schale abreiben. Den Winterportulak waschen, trocken schleudern und grob zerkleinern. In die heiße Pfanne geben und zusammenfallen lassen. Den Winterportulak aus der Pfanne in ein Sieb geben, abkühlen lassen und gut ausdrücken. Das Ei trennen und das Eigelb zusammen mit den restlichen Zutaten für die Füllung vermengen. Das Eiweiß zur Seite stellen.
Den Nudelteig aus der Folie nehmen und in vier gleich große Stücke zerteilen. Eins der Teile zur Weiterverarbeitung zur Seite legen, die restlichen Teile wieder gut verpacken. Den Nudelteig mit der Nudelmaschine dünn (letzte Stufe=5) zu einer Bahn ausrollen und auf einer mit Grieß bestreuten Unterlage ablegen. Am besten eignet sich hierfür ein Holzbrett. Die Breite der Bahn sollte 10 cm betragen, die Länge ist variabel. Jeweils einen Kaffeelöffel Füllung gleichmäßig auf die untere Hälfte der Teigbahn über die gesamte Länge verteilen. Mit einem Küchenpinsel die Ränder vom Teig und die Zwischenräume zwischen den Ricottaklecksen mit dem Eiweiß bestreichen. Nun die obere Hälfte des Teiges auf die untere Hälfte klappen und an den Rändern festdrücken. Mit dem Stiel eines Kochlöffels die Zwischenräume herunterdrücken, sodass die Luft entweichen kann. An den Zwischenräumen mit einem Ravioli-Rad entlangfahren, es entstehen viereckige Maultaschen.

In einem Topf reichlich Salzwasser zum Kochen bringen und die Maultaschen in das köchelnde Wasser geben. Wenn sie oben schwimmen, sind sie fertig (nach 3–4 Minuten). Herausheben und kurz abtropfen lassen.

SCHMELZZWIEBELN
Zwiebeln schälen, halbieren und in feine Ringe hobeln oder schneiden.
Butter bei schwacher Hitze in einer Pfanne schmelzen, Zwiebeln mit dem Zucker darin gemächlich anbraten und immer wieder umrühren. Die Zwiebeln sollen nur ganz langsam Farbe annehmen.
Nach 8–10 Minuten sind die Zwiebeln goldbraun. Mit etwas Brühe oder Wasser ablöschen, sodass sich der Bratensatz von der Pfanne löst und die Flüssigkeit schnell einreduziert. Diesen Vorgang wiederholen, bis die Zwiebeln nach 12–15 Minuten Garzeit vollständig weich und zart gebräunt sind. Mit Salz und Pfeffer würzen.

6 PERSONEN, CA. 48 STÜCK
ZUBEREITUNGSZEIT: 90 MINUTEN

Die Gemüsebrühe erwärmen. Die Butter in einer Pfanne schmelzen und die abgetropften Maultaschen hineingeben, kurz durchschwenken. In die Mitte der vorgewärmten Teller die Maultaschen hineingeben, etwas Gemüsebrühe angießen und die Schmelzzwiebeln dazugeben.

Kohlgemüse

Bunt, bunt, bunt
sind alle meine Kleider

Zum Glück ist unser Gemüsekohl reich an Sorten und Farben. Ob Rosenkohl, Rotkohl, Grünkohl, Schwarzkohl, Weißkohl oder Wirsing, sie alle gehen auf den Wildkohl *(Brassica oleracea L.)* zurück. Die Wildform wurde bereits vor Jahrtausenden kultiviert, ist aber auch heute noch im Mittelmeerraum und auf Helgoland zu finden. Die heutigen Sorten sind durch Mutation und gezielte Züchtung entstanden. Grünkohl und Schwarzkohl entstanden durch eine Mutation der Blätter, Kopfkohl durch eine Mutation des Haupttriebs und Rosenkohl durch Mutationen der Seitentriebe. Dank der Selektion durch Menschenhand können wir heute eine große Vielfalt an Kohlgemüse für unsere Küche nutzen. Die neueste kulinarische Bereicherung sind die leckeren kleinen Flower Sprouts, eine Kreuzung aus Grün- und Rosenkohl.

ROSENKOHL

Brassica oleracea var. gemmifera

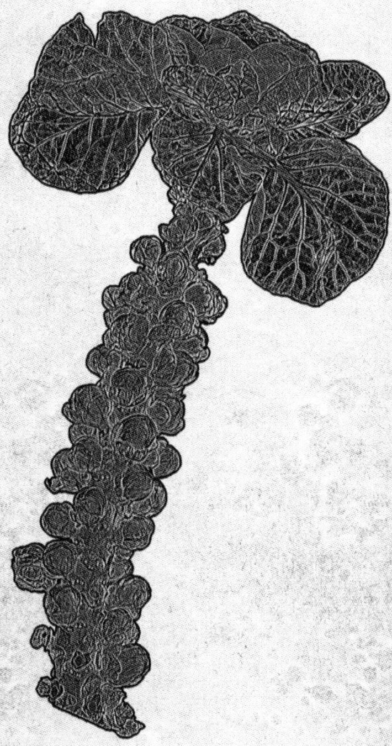

STECKBRIEF
Kaum ein Gemüse repräsentiert so sehr den Winter wie Rosenkohl (auch Sprossenkohl genannt). Wenn es den ersten Frost gibt, ist die Zeit der grünen Knospen gekommen. Allein das Aussehen der Pflanze aus der Familie der Kreuzblütler ist spektakulär: Jedes der Röschen sieht selbst wie ein kleiner Kohlkopf aus. Sie wachsen dicht aneinandergedrängt an einem langen Stängel und sind eigentlich die Sprossen der Pflanze. Die Aussaat in einen humusreichen Boden beginnt im April. Die zweijährige Pflanze benötigt einen sonnigen Standort.

VERWENDUNG
Vor der Zubereitung die äußeren Blätter der Röschen entfernen, den Strunk kürzen und kreuzförmig einritzen: So gart er gleichmäßiger. Rosenkohl schmeckt gebraten, gekocht oder gedünstet. In meiner Küche bereite ich gerne ein Pfannengericht aus Rosenkohl, roten Linsen, getrockneten Früchten, Currypaste und Zimt zu. Dazu noch ein wenig Jogurt – dieses Essen wärmt von innen!

WISSENSWERTES
Rosenkohl sollte immer verarbeitet werden, roh ist er ungenießbar. Kombiniert mit Fenchelsamen, Kümmel oder einer Prise Natron im Kochwasser werden die Sprossen bekömmlicher. Die im Rosenkohl enthaltenen Bitterstoffe helfen dabei, den Cholesterinspiegel zu senken. Damit sie sich voll entfalten können, darf Rosenkohl nicht zu lange gekocht werden.

ROTKOHL

Brassica oleracea var. capitata f. rubra

STECKBRIEF
Rotkohl (auch Blaukraut, Rotkraut) gehört zur Familie der Kreuzblütler. Seine glatten, fest anliegenden und mit einer Wachsschicht überzogenen Blätter sind sowohl außen wie innen rötlich-violett bis hin zu bläulich gefärbt. Mittelfrühe und späte Sorten können ab April direkt ins Freiland gesät werden. In der Regel sind die Köpfe des Rotkohls 14–21 Wochen nach der Aussaat erntereif und lassen sich gut gekühlt einlagern.

VERWENDUNG
Für die Verarbeitung wird der Rotkohl in der Mitte durchgeschnitten, von Strunk und harten Blattrippen befreit, danach klein geschnitten. Der Winterkohl schmeckt roh als Salat, als wärmende Beilage oder gebraten als Rotkohl-Schnitzel. Um sein ganzes Aroma zu entfalten, bereite ich Rotkohl gerne mit Äpfeln im Wok zu. Einfach mit Pfeffer, Salz, Balsamicoessig und einem Spritzer Sojasauce abschmecken, geröstete Sesamsamen drüberstreuen: Lecker!

WISSENSWERTES
Für die rot-blaue Färbung des Rotkohls sorgen die Anthocyanen, sekundäre Pflanzenstoffe, die eine entzündungshemmende Wirkung haben. Aufgrund dieser Pflanzenstoffe kann Rotkohl als einfacher Säure-Base-Indikator verwendet werden: Je saurer die Zugabe (z. B. Essig), desto roter verfärbt sich der Kohl, wohingegen eine Natron-Beigabe zu einer Blaufärbung führt. Auch wertvolle Senföle stecken in den Blättern. Sie fördern die Durchblutung und sorgen für eine Entspannung der Muskeln.

SCHWARZKOHL

Brassica oleracea var. palmifolia

STECKBRIEF
Der Schwarzkohl (auch Palmkohl oder Toskanischer Kohl) ist eine zweijährige Pflanze, die ursprünglich aus Italien stammt. Sie zählt zur Familie der Kreuzblütler. Die breiten, leicht nach unten hängenden und spitz zulaufenden Blätter erinnern an eine Palme und geben dieser Kohlart ihren schönen lateinischen Namen. Die krautig wachsende Gemüsepflanze kann zwischen 70 und 100 cm hoch werden. Doch je nach Sorte und Standort kann das Kohlgemüse auch höher werden – in der Toskana wachsen auch Exemplare mit bis zu 3 m Wuchshöhe. Die Blätter haben einen markanten tiefgrünen bis schwarzen Farbton.

VERWENDUNG
Geschmacklich erinnert Schwarzkohl an Grünkohl, ist aber um einiges milder. Die jüngeren Blätter haben sogar ein leicht pfeffriges Aroma. Nach dem Waschen die Mittelrippe entfernen und die Blätter in feine Streifen schneiden. Schwarzkohl schmeckt roh in grünen Smoothies und Salaten sowie gebraten und gekocht in Pasta, Eintöpfen und Suppen wie der berühmten Ribollita. Aber Achtung: Um seine wertvollen Nährstoffe nicht zu verlieren, sollte Schwarzkohl immer nur kurz gekocht werden!

WISSENSWERTES
Wie viele Kohlsorten ist auch Schwarzkohl sehr gesund und reich an Beta-Carotin und Vitamin C und B. Sie stärken das Immunsystem und sind für schöne Haut und Haare verantwortlich. Eine Extraportion Wellness für die kalten Wintermonate!

WEISSKRAUT

Brassica oleracea var. capitata

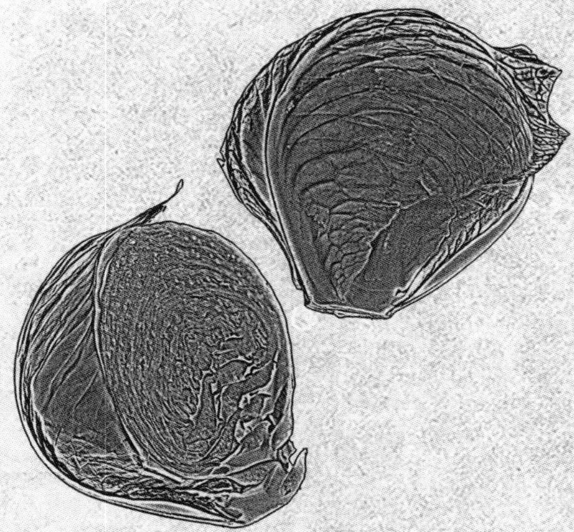

STECKBRIEF

Weißkraut (auch Kohl oder Weißkohl) ist eine Kohlsorte, die zur Familie der Kreuzblütler gehört. Obwohl er oft als Herbst- und Wintergemüse geerntet wird, gibt es auch sehr frühe Sorten, die bereits im Juni reif sind. Der Kopf des Weißkohls ist wesentlich größer als der anderer Kohlsorten. Seine Außenblätter sind fest anliegend, glatt und ein wenig wachsartig. Kohlköpfe können bis zu zwei Kilogramm schwer werden.

VERWENDUNG

Während frühe Weißkohlsorten bereits 50 Tage nach der Aussaat im Frühsommer erntereif sind, brauchen Sorten, die im Herbst für Sauerkraut verwendet werden, etwa 120 Tage, bis man die Köpfe ernten kann. Die spätesten Weißkohlarten sind bis Ende Oktober erntereif. Als Weißkohlsuppe, Weißkohleintopf, Kohlrouladen oder Krautsalat, kombiniert mit Lorbeerblättern, Wacholderbeeren, Kümmel, Ingwer und Chili – Weißkohl bringt uns kulinarisch durch den Winter.

WISSENSWERTES

Weißkohl ist gleichzeitig Lebensmittel und Medizin. Als Lebensmittel liefert er viele Nährstoffe und reichlich Vitamin C und K, als Medizin enthält er heilende Substanzen. Trinkt man den reinen Saft von Weißkraut, hilft er gegen Verdauungsprobleme und Entzündungen im Körper, sogar gegen Magen- und Darmgeschwüre (auch vorbeugend) sowie gegen Stoffwechselstörungen oder Arthritis. Also ab an die Saftbar!

WIRSING

Brassica oleracea convar. capitata var. sabauda

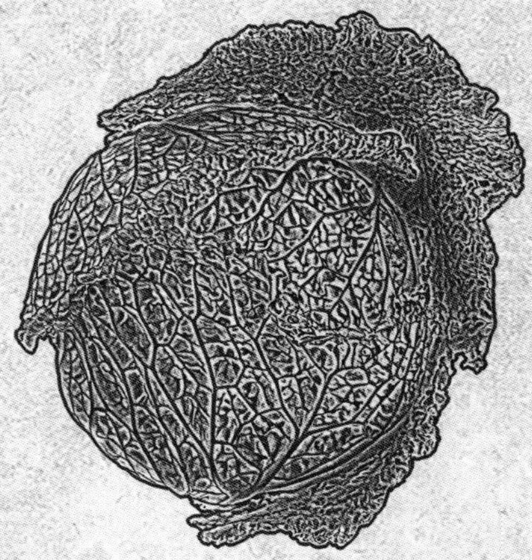

STECKBRIEF

Der Wirsing ist ein Kopfkohl aus der Familie der Kreuzblütler und hat fast immer Saison. Der Früh- oder Sommerwirsing ist bereits ab Mai auf dem Markt und im Vergleich zu den späteren Sorten milder im Geschmack. Ab Oktober gibt es dann den Winterwirsing, der würziger und intensiver schmeckt. Im Gegensatz zu anderen Kohlsorten sind seine Blätter stark gekraust, außen dunkelgrün, innen in einem helleren Grün. Im Winter ist Wirsing gleich doppelt gut: Er schmeckt lecker und unterstützt das Immunsystem.

VERWENDUNG

Wirsing lässt sich vielseitig verarbeiten: Roh in Smoothies und Salaten, als aromatisches Gemüse in Suppen und Eintöpfen, als Pesto oder als Rouladenblätter. Mein Tipp, um alle Teile des leckeren Kohls zu verwenden: Aus den äußeren Blättern mache ich im Backofen oder im Dörrgerät knusprige Wirsingchips mariniert mit Sojasauce, Honig und Chili.

WISSENSWERTES

Wie die meisten Kohlarten ist Wirsing kalorienarm, steckt voll Vitamin C, enthält Bitterstoffe, die die Verdauung anregen, und eine ordentliche Portion Eisen, das für eine gute Sauerstoffsättigung im Blut sorgt. Die Senföle wirken entzündungshemmend. Auch Sportler und Sportlerinnen greifen gerne zu Wirsing, da er mit viel Kalzium und Magnesium nicht nur die Knochen stärkt, sondern auch mit Kalium die Regeneration der Muskeln nach der Bewegung unterstützt.

Rosenkohl-Curry

mit SÜSSKARTOFFEL und KOKOSNUSS

CURRYPASTE
1 rote Chilischote
1 Schalotte
1 Knoblauchzehe
5 cm frische Kurkuma
5 cm frischer Ingwer
3 Korianderwurzeln
4 TL indisches Currypulver (z. B. von Lebensbaum)
1 TL Salz
1 EL Erdnussöl

CURRY
700 g Süßkartoffeln
400 g Rosenkohl
1 Zwiebel
½ Bio-Zitrone
3 EL Erdnussöl
300 ml Gemüsebrühe (siehe S. 340)
500 ml Kokosmilch
2 EL getrocknete Bockshornkleeblätter
Salz, Pfeffer

TOPPING
8 Rosenkohlköpfchen
1 EL Butter
1 EL Erdnussöl
frisch geriebene Muskatnuss
1 Handvoll Kokoschips

CURRYPASTE
Für die Currypaste die Chili halbieren und von Kernen befreien. Schalotte, Knoblauch, Kurkuma und Ingwer schälen und alle Zutaten fein würfeln. Zusammen mit Korianderwurzeln, Currypulver und Salz in einen Mixer geben und fein pürieren. Bei Bedarf etwas Erdnussöl dazugeben. Die Currypaste ist gut verschlossen im Kühlschrank mindestens 14 Tage haltbar.

CURRY
Die Süßkartoffeln schälen und grob würfeln. Vom Rosenkohl die äußeren Blätter entfernen, den Strunk etwas kürzen und je nach Größe halbieren oder im Ganzen lassen. Die Zwiebel schälen und fein würfeln. Von der halben Zitrone mit dem Sparschäler vier Streifen Schale ohne Weiß abschälen. Den Saft auspressen und bis zum Serviervorgang beiseitestellen.

Die Süßkartoffelwürfel und die Rosenkohlhälften in Erdnussöl anbraten, bis sie Farbe annehmen. Die fein gewürfelte Zwiebel und die selbst gemachte Currypaste dazugeben und scharf anbraten. Mit der Gemüsebrühe ablöschen, einreduzieren lassen und mit der Kokosmilch aufgießen. Mit der Zitronenschale 15 Minuten bei mittlerer Hitze köcheln lassen. Bockshornkleeblätter zum Curry geben und mit Salz und Pfeffer abschmecken. Weitere 5 Minuten köcheln lassen. Zum Schluss die Zitronenschalen entfernen.

TOPPING
In der Zwischenzeit in einem Kochtopf Wasser zum Kochen bringen. Von den Rosenkohlköpfchen den Strunk abschneiden und die Außenblätter entfernen. Nun alle Blätter einzeln mit der Hand ablösen und in ein Sieb zum Abtropfen geben. Die Blätter in dem kochenden Wasser für maximal 1 Minute blanchieren lassen, sofort durch ein Sieb abseihen und in Eiswasser abschrecken. Aus dem Wasser nehmen und mit Küchenpapier trocken tupfen.

In einer Pfanne Butter und Erdnussöl heiß werden lassen, die Rosenkohlblätter zugeben und von allen Seiten anbraten. Mit etwas geriebener Muskatnuss würzen. Die Kokoschips dazugeben und ebenfalls anrösten.

Vor dem Servieren den Zitronensaft zum Curry geben. In Schüsseln das Curry anrichten und mit den Rosenkohlblättern und Kokoschips garnieren.

4 PERSONEN
ZUBEREITUNGSZEIT: 30 MINUTEN

Rosenkohlsalat

mit REISPAPIER-BACON

600 g Rosenkohl
3 Karotten

DRESSING
35 ml geröstetes Sesamöl
1 Knoblauchzehe
3 cm frischer Ingwer
1 getrocknete Chili
2 EL Sesam
2 Frühlingszwiebeln
½ Zitrone
1 TL Sambal Oelek
1 EL Zucker
1 EL Ahornsirup
50 ml Sojasauce
35 ml Mirin (süßer japanischer Reiswein)
1 EL Reisessig
Salz, Pfeffer
5 Stängel Koriander
5 Stängel Minze

REISPAPIER-BACON
6 Reisblätter (quadratisch, 22 cm)
3 EL Sojasauce
2 EL Erdnussöl
1 EL Liquid Smoke
1 TL dunkle Misopaste
1 EL Ahornsirup
1 TL geräuchertes Paprikapulver
½ TL Salz
½ TL Knoblauchpulver

Den Backofen auf 200 °C (Umluft) vorheizen.

REISPAPIER-BACON
Jedes Reispapier in 7 gleich breite Streifen schneiden (ca. 3 cm). Alle anderen Zutaten zu einer Marinade verrühren.

Nun jeweils 2 Streifen kurz in eine Schüssel mit kaltem Wasser tauchen, anschließend zusammenkleben und durch die Marinade ziehen. Nebeneinander auf zwei mit Backpapier ausgelegte Backbleche legen. Dies so lange wiederholen, bis die Bleche voll sind, dabei kleine Abstände lassen. Die Reispapier-Backbleche mit dem Rosenkohl-Backblech (siehe unten: Rosenkohlsalat) in den Backofen geben, 8–10 Minuten backen, aus dem Ofen nehmen und auf einem Kuchengitter oder Rost abkühlen lassen.

Mein Tipp
Das Reispapier nicht zu dunkel werden lassen, ansonsten schmeckt es bitter, da die Gewürze verbrennen. Beim Herausnehmen erscheint der Reispapier-Bacon noch weich, aber nach dem Abkühlen wird er schön kross. Also nicht täuschen lassen!

ROSENKOHLSALAT
Vom Rosenkohl die äußeren Blätter entfernen, waschen und den Stiel etwas einkürzen. Rosenkohl halbieren und in eine Schüssel geben. 20 ml vom Sesamöl dazugeben und mit dem Rosenkohl vermengen. Auf einem Backblech verteilen und ca. 20 Minuten im Backofen rösten, evtl. die letzten Minuten noch den Grill dazuschalten.

In der Zwischenzeit Knoblauch und Ingwer schälen und fein hacken. Getrocknete Chili ebenfalls hacken. Sesam in einer Pfanne ohne Fett rösten, bis er goldbraun ist. Frühlingszwiebeln waschen und in feine Ringe schneiden. Die Zitrone auspressen.

Restliches Sesamöl in einem kleinen Topf erhitzen. Ingwer und Knoblauch bei mittlerer Hitze 3 Minuten anbraten. Sambal Oelek dazugeben und weitere 2 Minuten braten. Getrocknete Chili, Frühlingszwiebeln, Zucker, Ahornsirup, Sojasauce, Mirin und Reisessig dazugeben und die Mischung etwas einköcheln lassen. Mit Salz, frisch gemahlenem Pfeffer und Zitronensaft abschmecken. Vom Herd nehmen.

Karotten schälen und mit einem Spiralschneider in feine Streifen schneiden.

Korianderblätter und Minzblätter von den Stielen zupfen. Die Minze in feine Streifen schneiden.

Gerösteten Rosenkohl, Karotten und Marinade in eine große Schüssel geben und schwenken, bis der Rosenkohl mit Sauce ummantelt ist. Mit geröstetem Sesam, Koriander und Minze bestreuen, lauwarm servieren. Dazu die Reispapier-Bacon reichen.

4 PERSONEN
ZUBEREITUNGSZEIT: 25 MINUTEN

Rotkohlsteaks

mit BIRNEN, LAUCH und ZIEGENKÄSE

3 Birnen
1 kleine Stange Lauch
1 kleiner Kopf Rotkohl
200 ml Birnen- oder Apfelsaft
2 Zweige Rosmarin
Olivenöl
180 g Ziegenkäse
½ Ciabatta

ROTKOHLSTEAK-MARINADE
1 Knoblauchzehe
3 EL Olivenöl
2 EL Aceto balsamico
1 TL Dijon-Senf
1 TL Honig
1 Prise gemahlener Zimt
1 Prise gemahlene Nelke
Salz, Pfeffer

Ofen auf 200°C (Ober-/ Unterhitze) vorheizen.

Die Birnen waschen, das Kerngehäuse entfernen und vierteln. Den Lauch waschen und in grobe Ringe schneiden. Den Boden vom Kohl abschneiden, den Kohl auf die Seite legen und 2 cm breite Scheiben abschneiden.

Für die Marinade der Rotkohlsteaks den Knoblauch schälen und fein hacken. In einer Schüssel Olivenöl, Balsamicoessig, Senf, Knoblauch, Honig, Zimt, Nelke, Salz und Pfeffer gut vermischen.

Die Kohlsteaks auf beiden Seiten mit der Balsamico-Glasur bestreichen. Die Kohlscheiben auf ein mit Backpapier ausgelegtes Backblech legen, mit dem Birnensaft angießen und 30 Minuten backen. Danach die Birnenviertel, Lauchringe und einen Zweig Rosmarin dazwischensetzen. Über die Birne und den Lauch etwas Olivenöl träufeln und den Ziegenkäse darüberbröseln. In 20–25 Minuten fertig braten, bis die Steaks knusprig sind und der Käse geschmolzen ist.

Vom zweiten Zweig Rosmarin die Nadeln abzupfen und klein hacken. Das Ciabatta in Scheiben schneiden. 2 EL Olivenöl in einer Pfanne erhitzen und das Ciabatta darin von beiden Seiten kross anbraten. Ganz zum Schluss den gehackten Rosmarin mit in die Pfanne geben.

Die Rotkohlsteaks mit den Birnen, dem Lauch, dem Käse auf Tellern anrichten und mit dem Rosmarin-Ciabatta servieren.

4 PERSONEN
ZUBEREITUNGSZEIT: 60 MINUTEN

Rotkohl

mit NUSSBRATEN und THÜRINGER KLÖßEN

ROTKOHL
1 Kopf Rotkohl
2 EL Salz
2 EL Rohrohrzucker
3 Äpfel (Boskop)
1 Zwiebel
2 TL Ghee
2 EL Honig
200 ml Rotwein
50 ml Aceto balsamico
150 g Preiselbeerkonfitüre
Salz, Pfeffer

ROTKOHLREDUKTION
350 ml Rotwein
250 ml Gemüsebrühe
(siehe S. 340)
3 Nelken
4 Wacholderbeeren
3 Pimentkörner
1 Zimtstange
2 Lorbeerblätter
50 ml Cassis

NUSSBRATEN
150 g braune Linsen
1 Handvoll getrocknete Steinpilze
2 Zwiebeln
3 Knoblauchzehen
1 Stange Sellerie
2 Karotten
½ Stange Lauch
200 g braune Champignons
50 g Räuchertofu
1 Lorbeerblatt
2 EL Olivenöl
50 g Tomatenmark
100 ml Rotwein
100 g Mandeln
100 g Walnusskerne
2 EL Leinsamen
2 EL Flohsamenschalen
2 EL Kichererbsenmehl
2 EL Panko
3 EL Sojasauce
1 TL getrockneter Thymian
½ TL getrockneter Rosmarin
2 TL Ahornsirup
1 Prise frisch gemahlene Muskatnuss
Salz, Pfeffer

THÜRINGER KLÖSSE
(siehe S. 343)

DUNKLE SAUCE
(siehe S. 341)

Linsen für den Braten über Nacht in Wasser einweichen.

ROTKOHL (FÜR 6 PERSONEN / 2 × 720 ML, 3 × 500 ML)
Vom Rotkohl die äußeren Blätter entfernen, den Kohlkopf vierteln und den Strunk herausschneiden. Rotkohl in feine Streifen schneiden und in eine große Schüssel geben. Salz und Zucker dazugeben, alles kräftig durchkneten und mindestens 1 Stunde durchziehen lassen.

ROTKOHLREDUKTION
In der Zwischenzeit alle Zutaten für die Reduktion bis auf den Cassis in einen Topf geben und bei mittlerer Hitze einkochen, bis die Flüssigkeit um die Hälfte reduziert ist. Äpfel schälen, Kerngehäuse entfernen und in grobe Würfel schneiden. Zwiebel schälen und fein würfeln. In einem großen Topf die Zwiebeln mit Ghee anschwitzen. Äpfel dazugeben und kurz dünsten. Rotkohl mitsamt der ausgetretenen Flüssigkeit dazugeben und ca. 5 Minuten dünsten. Honig zugeben und alles leicht karamellisieren lassen. Mit Rotwein und Essig ablöschen. Preiselbeerkonfitüre unterrühren und Rotkohl ca. 1 Stunde mit geschlossenem Deckel einkochen.

Die Reduktion durch ein Sieb passieren, Cassis untermischen und zu dem Rotkohl geben. Mit Salz und Pfeffer abschmecken und weitere 10 Minuten einkochen.

NUSSBRATEN (1 KASTENFORM 30 CM)
Getrocknete Pilze mit 450 ml heißem Wasser bedecken und 20 Minuten einweichen. Ofen auf 190 °C vorheizen. Zwiebeln, Knoblauch, Sellerie, Karotten, die halbe Lauchstange, Champignons und Räuchertofu putzen und fein würfeln. Steinpilze abgießen (Pilzsud auffangen) und klein schneiden. Mit dem Pilzsud und dem Lorbeerblatt die Linsen in 30 Minuten bissfest kochen. Die Linsen abgießen und grob pürieren.

Olivenöl in eine heiße Pfanne geben und Zwiebeln, Knoblauch, Sellerie, Karotten, Lauch, Champignons, Steinpilze und Räuchertofu bei mittlerer Hitze anbraten. Tomatenmark hinzufügen, scharf anbraten und mit Rotwein ablöschen. 2 Minuten bei niedriger Hitze schmoren lassen. Mandeln und Walnüsse im Mixer grob zerkleinern oder grob hacken (ein paar Nüsse für die Deko zur Seite stellen). Leinsamen und Flohsamen mit je 4 EL Wasser vermengen und 5 Minuten quellen lassen.

Inhalt der Gemüsepfanne und die pürierten Linsen in eine große Schüssel geben. Mit Kichererbsenmehl und Panko vermengen und mit Sojasauce, Thymian, Rosmarin und Ahornsirup würzen. Nüsse, Leinsamen und Flohsamen hinzugeben und vermischen. Mit Muskatnuss, Salz und Pfeffer abschmecken.
Eine Kastenform mit Alufolie auslegen und die Nussbraten-Mischung darauf geben. Kastenform mit Alufolie eng verschließen und 30 Minuten backen. Folie nach 30 Minuten öffnen und weitere 30 Minuten backen.

6 PERSONEN
ZUBEREITUNGSZEIT: 140 MINUTEN

Nussbraten 30 Minuten im Ofen ruhen lassen und dann auf einen Teller stürzen. Mit gehackten Nüssen garnieren. Auf vorgewärmten Tellern den Rotkohl, den Nussbraten und die Thüringer Klöße anrichten und dazu die dunkle Sauce reichen.

Ribollita

BOHNEN
300 g weiße Bohnen (getrocknet; alternativ 1 Dose weiße Bohnen, 500 g Abtropfgewicht)
etwas Olivenöl
1 Knoblauchzehe
1 Lorbeerblatt

SUPPE
½ Spitzkohl
8 Stängel Schwarzkohl
1 Bund Mangold
2 große Kartoffeln
1 große Zwiebel
1 Knoblauchzehe
1 Karotte
2 Stangen Sellerie
5 EL Olivenöl
1 l Gemüsebrühe (siehe S. 340)
Salz, Pfeffer
1 Bund Petersilie
2 TL getrockneter Thymian

GARNITUR
4 Scheiben Ciabatta (vom Vortag)
Olivenöl
1 Zweig frischer Thymian
Parmesanspäne

AM VORTAG
Falls getrocknete Bohnen verwendet werden, diese für 12–24 Stunden in kaltem Wasser einweichen.

Am nächsten Tag die Bohnen gründlich abspülen und mit 2 Liter frischem Wasser, Olivenöl, Knoblauchzehe und dem Lorbeerblatt in einem hohen Topf zum Kochen bringen. 45 Minuten bei niedriger Hitze abgedeckt köcheln lassen. Die Bohnen sollen weich, aber nicht matschig sein.

In der Zwischenzeit Spitzkohl, Schwarzkohl und den Mangold waschen, dicke Blattadern entfernen und alles in mundgerechte Stücke schneiden. Die Kartoffeln schälen und in Würfel schneiden.

Die Zwiebel, Knoblauchzehe, Karotte und Sellerie in kleine Würfel schneiden und in einem großen Topf mit dem Olivenöl andünsten. Die Kartoffelstücke in den Topf geben und 5 Minuten dünsten, dann den Spitzkohl, den Mangold und den Schwarzkohl ebenfalls dazugeben und weitere 5 Minuten dünsten. Mit der Gemüsebrühe ablöschen, mit Salz und Pfeffer abschmecken und 10 Minuten ohne Deckel köcheln lassen. Unterdessen die Petersilie zupfen und die Blätter hacken.

Sobald die Bohnen weich sind, diese abseihen, Lorbeerblatt entfernen und das Kochwasser auffangen (auch bei den Dosenbohnen den Sud auffangen). Ein Viertel der Bohnen mit dem Bohnenwasser fein pürieren. Die pürierten Bohnen sowie die restlichen Bohnen, den getrockneten Thymian und die gehackte Petersilie zum gedünsteten Gemüse geben. Die Suppe nun noch einige Minuten köcheln lassen.

Das Brot in einer Pfanne mit Olivenöl rösten. Kurz auskühlen lassen, in grobe Stücke reißen und in die Suppenteller geben. Vom Thymian die Blätter abzupfen. Die Ribollita über das Brot in die Teller gießen und mit etwas Olivenöl, frischem Thymian und Parmesanspänen servieren.

Mein Tipp
Die Ribollita schmeckt ein zweites Mal aufgewärmt noch besser!

4 PERSONEN
ZUBEREITUNGSZEIT: 55 MINUTEN

Cavolo Nero Bruschetta

mit SÜSSKARTOFFEL und GRANATAPFELKERNEN

5 Stängel Schwarzkohl (Cavolo nero)
1 Süßkartoffel
½ TLKoriandersaat
2 EL Olivenöl
½ TL Salz

30 g Walnusskerne
25 g heller Sesam

MARINADE
2 cm frischer Ingwer
1 EL Sojasauce
2 TL helle Misopaste
2 EL Limettensaft
1 TL Rohrohrzucker
Salz, Pfeffer
½ TL Pul Biber (türkisches Paprikapulver)
5 EL Sesamöl

SAUERTEIGBROT
1 Knoblauchzehe
4 Scheiben Sauerteigbrot

GARNITUR
2 EL Granatapfelkerne

MARINADE
Den Ingwer schälen, fein hacken und mit Sojasauce, Misopaste, Limettensaft, Zucker, Salz, Pfeffer, Pul Biber und 5 EL Sesamöl mit einem Quirl oder einem Schneebesen verrühren.

Schwarzkohl waschen, die dicken Blattrippen herausschneiden, Kohlblätter in fingerbreite Streifen schneiden. In eine Schüssel geben, mit der Marinade übergießen und gut durchkneten. Anschließend ziehen lassen.

Backofen auf 200 °C (Ober-/Unterhitze) vorheizen. Die Süßkartoffel schälen und in 2×2 cm Würfel schneiden. Die Koriandersaaat mit der flachen Seite eines Messers leicht anquetschen. Auf einem mit Backpapier ausgelegten Blech die Süßkartoffel verteilen, mit Olivenöl, Koriandersaat und ½ TL Salz vermischen und im Backofen für 15 Minuten rösten, bis sie weich sind.

Walnüsse in einer Pfanne ohne Öl rösten, aus der Pfanne nehmen und grob hacken. Den Sesam ebenfalls in der Pfanne ohne Öl rösten, dabei ständig rühren. Die gehackten Walnüsse und den Sesam über den marinierten Schwarzkohl geben und vermischen.

Die Brotscheiben mit der Knoblauchzehe einreiben, halbieren und in der Pfanne von beiden Seiten ohne Öl goldbraun toasten.

Weiche Süßkartoffel aus dem Ofen nehmen und mit einer Gabel zerdrücken. Heißes Süßkartoffelpüree auf den knusprigen Brotscheiben verteilen und jeweils etwas marinierten Schwarzkohl daraufsetzen. Die Granatapfelkerne auf die Brote streuen und warm servieren.

4 PERSONEN
ZUBEREITUNGSZEIT: 20 MINUTEN

Frühlingsrollen

mit SWEET CHILISAUCE

1 Packung TK-Wan-Tan-Teig
2 Karotten
¼ Weißkohl (ca. 250 g)
3 Frühlingszwiebeln
100 g Zuckerschoten
1 rote Paprikaschote
200 g Mungobohnensprossen
1 cm frischer Ingwer
1 rote Chilischote
½ Bund Koriandergrün
1 El Sesamöl
50 ml Sojasauce
Salz, Pfeffer
1 TL 5-Gewürze-Pulver (siehe Tipp)
1 Eiweiß (Größe M)
1 l Öl zum Frittieren
Sweet Chilisauce

Wan-Tan-Teigblätter etwas auftauen lassen. Hierbei die Blätter mit einem feuchten Tuch abdecken, sodass der Teig nicht austrocknet.

Karotten schälen, Weißkohl, Frühlingszwiebel und Zuckerschoten putzen, Paprika halbieren und entkernen. Das vorbereitete Gemüse in 5 cm lange, dünne Streifen schneiden. Die Sprossen in ein Sieb geben und durchspülen. Den Ingwer schälen und fein reiben. Die Chilischote halbieren, entkernen und fein würfeln. Die Korianderblättchen von den Stielen zupfen.

Das Sesamöl in einem Wok erhitzen und die Gemüsestreifen darin nach und nach scharf anbraten, mit Sojasauce ablöschen und einreduzieren lassen.

Sprossen, Ingwer, Chili und Koriandergrün dazugeben und unterrühren. Mit Salz, Pfeffer und 5-Gewürze-Pulver würzen. Füllung abkühlen lassen.

Mein Tipp
5-Gewürze-Pulver ist ein traditionelles Gewürz aus der chinesischen Küche und besteht aus Sternanis, Szechuanpfeffer, Zimt, Fenchelsamen und Gewürznelke, die zusammen gemahlen werden. Man bekommt es in vielen Asia-Läden oder auch in der Feinkostabteilung im Supermarkt.

Ein Wan-Tan-Teigblatt mit einer Ecke nach oben auf die Arbeitsfläche legen und etwas Füllung auf den unteren Teil des Blattes geben.

Das Eiweiß mit einer Gabel verquirlen und damit die Teigränder mit einem Pinsel einstreichen.

Die untere Ecke des Wan-Tan-Teigblattes über die Gemüsefüllung legen. Die beiden Seitenhälften nach innen über die Füllung klappen.

Die Frühlingsrolle von unten nach oben aufrollen, dabei das Ende gut festdrücken, damit es beim Frittieren nicht aufgeht. Die übrigen Rollen ebenso zubereiten.

Das Fett in einem Wok oder in einer tiefen Pfanne auf 160 °C erhitzen und die Frühlingsrollen darin knusprig ausbacken. Auf Küchenpapier abtropfen lassen.

Die Frühlingsrollen warm mit Sweet Chilisauce servieren.

Mein Tipp
- ***Wer kein Eiweiß zum Verschließen der Rollen nehmen will, mischt etwas Mehl in einer kleinen Schüssel mit kaltem Wasser zu einem Brei und streicht hiermit die Teigränder ein.***
- ***Die Füllung darf nicht zu feucht sein, ansonsten entsteht zu viel Wasserdampf in den Rollen beim Frittieren und die Frühlingsrollen platzen auf.***
- ***So viel Öl in den Wok oder die tiefe Pfanne geben, dass die Rollen schwimmen können.***
- ***Das Öl darf nicht zu heiß sein, ansonsten verbrennt der Teig und die Füllung quillt heraus.***

4 PERSONEN, CA. 30 STÜCK
ZUBEREITUNGSZEIT: 30 MINUTEN

Krautkrapfen

mit APFELMUS

STRUDELTEIG
250 g Mehl (Wiener Griessler)
2 Eier (Größe M)
2 EL Öl
½ TL Essig
Salz

FÜLLUNG
200 g Räuchertofu
Ghee (alternativ Butterschmalz)
500 g Sauerkraut (vorgegart)
1 Apfel (Boskop)
1 große Zwiebel
50 ml Weißwein
200 g Sahne
Räuchersalz, Pfeffer
1 TL Kümmelsamen
2 Lorbeerblätter
5 Wacholderbeeren
5 Stängel Petersilie
200 ml Gemüsebrühe (siehe S. 340)
3 EL Butterschmalz

Für den Nudelteig das Mehl auf eine Arbeitsfläche sieben, in die Mitte eine Mulde drücken. Die 2 Eier, Öl, Essig und 1 Prise Salz miteinander verquirlen. 2 halbe Eierschalen mit warmem Wasser füllen und hinzugeben. Die Mischung in die Mulde geben und mit einer Gabel immer wieder Mehl vom Rand her mit einarbeiten. 10 Minuten lang mit den Händen zu einem geschmeidigen Teig verkneten, eine Kugel formen, die Kugel mit etwas Öl einreiben und in Folie gewickelt für 60 Minuten in einer vorgewärmten Keramikschüssel ruhen lassen.

Den Räuchertofu klein würfeln und in einer Pfanne mit etwas Ghee oder Butterschmalz scharf anbraten. Aus der Pfanne nehmen und zur Seite stellen.

Das vorgegarte Sauerkraut in einem Sieb abgießen, gut auspressen. Den Apfel mit einer Reibe grob reiben. Zwiebel fein würfeln, mit 1 EL Ghee oder Butterschmalz in einer Pfanne andünsten. Das Sauerkraut, den geriebenen Apfel und den Räuchertofu dazugeben. Den Weißwein und die Sahne angießen, mit Räuchersalz, Pfeffer, Kümmelsamen, Lorbeerblättern und zerstoßenen Wacholderbeeren würzen und 10 Minuten dünsten. Die Petersilie zupfen, fein schneiden und unter das Kraut heben.

Strudelteig auf einem leicht bemehlten Tuch flach drücken, dann mit einem Nudelholz ausrollen. Den Strudelteig etwas einölen und noch mal für 5 Minuten ruhen lassen. Teig mit beiden Händen hochheben und mit den Handrücken hauchdünn auf ca. 60 × 60 cm ausziehen. Dicke Ränder abschneiden. Sauerkrautmasse auf dem Teig verteilen, dabei rechts, links und unten einen 2 cm breiten Rand und oben einen 5 cm breiten Rand frei lassen. Den Strudel mithilfe des Tuchs straff aufrollen. 4 cm breite Stücke von der Rolle schneiden.

Anschließend eine hohe Pfanne mit der Gemüsebrühe und 2 EL Butterschmalz füllen und bei mittlerer Hitze erwärmen. Die Krautkrapfen auf der Schnittfläche eng aneinandergeschoben in die Pfanne stellen und zunächst mit halb geöffnetem Deckel bei mittlerer Hitze ca. 15 Minuten sanft köcheln lassen. Kurz bevor die Gemüsebrühe verdampft ist, schaut man beim mittleren Krautkrapfen in der Pfanne vorsichtig nach, ob er schon von unten anfängt zu bräunen. Ist dies der Fall, dreht man alle Krautkrapfen behutsam um, gibt gegebenenfalls noch etwas Butterschmalz in die Pfanne und bräunt auch die andere Seite.

Sofort heiß mit Apfelmus servieren. Dazu passt ein grüner Salat.

4 PERSONEN
ZUBEREITUNGSZEIT: 85 MINUTEN

Asia-Krautsalat

mit ERDNÜSSEN

DRESSING
2 grüne Chilischoten
1 Stängel Zitronengras
1 Bio-Limette
½ Bund Koriandergrün
3 EL Sesamöl
2 EL helle Sojasauce

KRAUTSALAT
1 kleiner Weißkohl
100 g Erdnusskerne
Erdnussöl
4 cm frischer Ingwer
4 Frühlingszwiebeln
½ Bund Minze

DRESSING
Die Chilischoten halbieren, von Kernen befreien und fein hacken. Vom Zitronengras die äußeren, harten Blätter entfernen und das weiße Innere fein hacken. Die Limette heiß abwaschen, die Schale abreiben und den Saft auspressen. Vom Koriander die Blätter abzupfen und für später beiseitestellen, die Stiele fein hacken.

In einer Schüssel Chili, Zitronengras, Limettenschale und -saft, Korianderstiele, das Sesamöl und die Sojasauce mit einem Schneebesen vermischen.

KRAUTSALAT
Vom Kohlkopf die Außenblätter entfernen, den Kohlkopf vierteln und den Strunk herausschneiden. Den Kohl in feine Streifen hobeln und zum Marinieren in eine große Schüssel geben.

Die Erdnüsse in einer Pfanne mit etwas Erdnussöl anrösten, aus der Pfanne nehmen, auskühlen lassen und grob hacken. Den Ingwer schälen und in feine Stifte schneiden, die Frühlingszwiebeln waschen und in feine Ringe schneiden. Die Minze waschen, trocken schütteln und die Minzblättchen von den Stielen abzupfen.

Den Ingwer, die Frühlingszwiebeln, Korianderblätter und die Minze sowie zwei Drittel der Erdnüsse zu dem Kraut in die Schüssel geben.

Den Salat erst kurz vor dem Servieren mit dem Dressing beträufeln und alles gründlich vermengen. Die restlichen Erdnüsse darüberstreuen.

4 PERSONEN
ZUBEREITUNGSZEIT: 15 MINUTEN

Wirsing-Kartoffel-Suppe

mit SMOKED PAPRIKAZWIEBELN

PAPRIKAZWIEBELN
4 Zwiebeln
1 Handvoll Haselnusskerne
3 EL Rapsöl
2 TL geräuchertes Paprikapulver
Salz

WIRSING-KARTOFFEL-SUPPE
½ TL Koriandersamen
½ TL Kümmel
½ TL Fenchelsaat
½ TL getrockneter Majoran
½ TL edelsüßes Paprikapulver
1 Stange Lauch
1 Stange Sellerie
600 g mehligkochende Kartoffeln
600 g Wirsing
2 EL Rapsöl
1¼ l Gemüsebrühe (siehe S. 340)
Salz, Pfeffer
frisch geriebene Muskatnuss
Weißweinessig

PAPRIKAZWIEBELN
Die Zwiebeln schälen und grob hobeln. Die Haselnusskerne grob hacken. Das Rapsöl in einer Pfanne erhitzen und die Zwiebeln darin andünsten. Bei mittlerer Hitze unter häufigem Wenden ca. 15 Minuten dünsten, aber nicht bräunen. Nach 10 Minuten die gehackten Haselnüsse zu den Zwiebeln in die Pfanne geben. Mit dem geräucherten Paprikapulver und Salz abschmecken. Die Pfanne vom Herd nehmen.

WIRSING-KARTOFFEL-SUPPE
In einer Pfanne ohne Öl die Koriandersamen, den Kümmel und die Fenchelsaat anrösten, bis sie zu duften beginnen. Aus der Pfanne nehmen und im Mörser zusammen mit dem getrockneten Majoran und dem Paprikapulver grob zermahlen.

Lauch waschen, putzen und in feine Ringe schneiden. Sellerie waschen, putzen und in feine Scheiben schneiden. Kartoffeln schälen und würfeln. Wirsing waschen, putzen und in feinen Streifen vom Strunk schneiden.

Lauch, Staudensellerie und Kartoffeln in Rapsöl 5 Minuten andünsten.

Mit Brühe ablöschen, aufkochen und 15 Minuten köcheln lassen. Den Wirsing und die Gewürzmischung dazugeben und weitere 10 Minuten köcheln lassen. Mit Salz, Pfeffer, Muskatnuss und 1 Spritzer Essig abschmecken. Ein Viertel der Suppe in ein Püriergefäß geben und pürieren und wieder unter die Suppe mischen. Evtl. nochmals mit Salz und Pfeffer abschmecken.

Zum Servieren die Suppe in Schalen verteilen und als Topping die Paprikazwiebeln auf die Suppe geben. Dazu passt geröstetes Sauerteigbrot.

4 PERSONEN
ZUBEREITUNGSZEIT: 30 MINUTEN

Wirsingrouladen

mit HIRSE und MARONEN

ROULADEN
16 Wirsingblätter

HIRSE
150 g Hirse
1 Zwiebel
1 EL Rapsöl
375 ml Gemüsebrühe (siehe S. 340)
1 Lorbeerblatt
Salz

FÜLLUNG
2 Stangen Sellerie
150 g Champignons
1 Karotte
1 Zwiebel
1 cm frischer Ingwer
200 g Maronen (vorgekocht)
restlicher Wirsing
2 EL Öl
20 g Butter
1 EL Zucker
100 ml Weißwein (trocken)
100 g Sahne
Salz, Pfeffer
½ Bio-Zitrone
1 TL geriebene Muskatnuss
4 EL rotes Pesto

SAUCE
40 g Butter
200 ml trockener Weißwein
500 ml Gemüsebrühe (siehe S. 340)
1 EL Speisestärke
200 g Sahne
Salz, Pfeffer
Thymianblättchen

HIRSE
Die Hirse gründlich mit warmem Wasser waschen. Die Zwiebel klein hacken und in Öl glasig andünsten. Die Hirse dazugeben und ebenfalls unter Rühren etwas anbraten lassen. Mit Gemüsebrühe aufgießen und das Lorbeerblatt sowie 1 Prise Salz hinzufügen. Einmal aufkochen und 5 Minuten köcheln lassen. Dann die Hitze abdrehen und die Hirse noch 30 Minuten lang mit geschlossenem Deckel quellen lassen. Das Lorbeerblatt entfernen.

FÜLLUNG
Staudensellerie und Champignons putzen, Karotte, Zwiebel und Ingwer schälen. Ingwer fein schneiden. Sellerie, Champignons, Karotten, Zwiebel und Maronen klein würfeln. Vom Wirsing ca. 16 schöne Blätter für die Rouladen ablösen. Dies gelingt am besten, wenn man den ganzen Wirsingkopf in einen großen Topf mit heißem Salzwasser taucht, nach 2 Minuten herausnimmt und immer die äußeren Blätter vorsichtig abtrennt. Den Vorgang so lange wiederholen, bis die Blätter zu klein für das Wickeln zu einer Roulade werden. Den restlichen Wirsing fein schneiden.

Das Öl und die Butter in einer Pfanne zerlassen, die Maronen zugeben, mit Zucker bestreuen und kurz glasieren. Die Maronen aus der Pfanne nehmen und zur Seite stellen. Den Ingwer, die Gemüsewürfel, die Pilze und den fein geschnittenen Wirsing in die Pfanne geben, kurz anbraten. Weißwein und Sahne angießen, die Maronen wieder dazugeben, salzen und pfeffern. Bei kleiner Hitze etwa 10 Minuten die Flüssigkeit einreduzieren lassen, immer wieder umrühren. Die Hälfte der Masse abnehmen und grob pürieren. Alles in eine Schüssel geben, etwas abkühlen lassen. Währenddessen die Schale der Zitrone abreiben. Die abgekühlte Masse mit Salz, frisch gemahlenem Pfeffer, geriebener Muskatnuss und Zitronenschale abschmecken. Mit der Hirse und dem roten Pesto vermengen.

ROULADEN
Bei den zuvor abgelösten Wirsingblättern die dicken Mittelrippen herausschneiden oder diese etwas flach schneiden, sodass sie nicht so sehr hervorstehen. Die Blätter auf Küchentücher ausbreiten. In die Mitte von jedem Wirsingblatt etwas Füllung geben und die Blätter zu Rouladen rollen: dabei die Ränder links und rechts zur Mitte hin einschlagen, damit die Füllung nicht herausquellen kann, und von unten nach oben die Rouladen aufrollen. Mit Küchengarn zu einem Päckchen verschnüren.

SAUCE
In einem großen Topf die Butter zerlassen, Wirsingrouladen darin von allen Seiten kurz anbraten. Weißwein und Gemüsefond zugießen, die Hitze reduzieren und 15 Minuten schmoren. Die Rouladen herausnehmen und warmhalten. Die Sauce durch ein Sieb passieren. Die Speisestärke mit etwas kaltem Wasser anrühren und zusammen mit der Sahne zur Sauce geben und sämig einkochen lassen. Salzen, pfeffern und Thymianblättchen einstreuen.

Die Rouladen mit der Sauce auf Teller anrichten.

CA. 16 STÜCK AUS EINEM WIRSING
ZUBEREITUNGSZEIT: 55 MINUTEN

Wurzelgemüse

Back to the roots

In unseren heimischen Böden wächst unter der Erde bis zum Winter eine bunte Vielfalt an Wurzelgemüsen heran: Dazu gehören Pastinaken, Petersilienwurzeln, Schwarzwurzeln, Topinambur und der fast vergessene Winterrettich. Sie waren lange Zeit von unserem Speiseplan verschwunden, seit jedoch regionale und saisonale Gemüsesorten zunehmend beliebter werden, findet man die gesunden Wurzeln nicht mehr nur auf Wochen- und Bauernmärkten, sondern auch im Einzelhandel, der häufig ein kleines Sortiment an regionaler Saisonware anbietet.

Wir lieben Wurzelgemüse, denn es ist lange haltbar und sehr gesund. Im Gemüsefach des Kühlschranks bleibt es 1–2 Wochen frisch, wenn es in Zeitungspapier oder Küchentücher gehüllt ist.

Außerdem haben Wurzelgemüse, besonders Schwarzwurzeln und Topinambur, einen hohen Inulin-Anteil. Inulin, ein wasserlöslicher Ballaststoff, besteht aus zahlreichen Fructosemolekül-Ketten, die unverändert in den Dickdarm gelangen. Dort nutzen Darmbakterien sie für ihre Energiegewinnung. Dabei entstehen kurzkettige Fettsäuren, die das Wachstum nützlicher Darmbewohner wie Bifidobakterien fördern und so die körpereigenen Abwehrkräfte stärken. Genau richtig also für die kalten Wintermonate.

PASTINAKEN

Pastinaca sativa

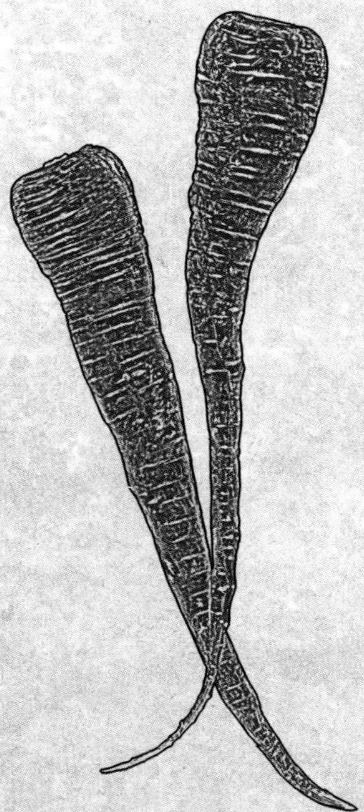

STECKBRIEF

Pastinaken gehören zur Familie der Doldenblütler. Sie waren bereits im Römischen Reich ein beliebtes Gemüse und bis ins 18. Jahrhundert in jedem Garten zu finden. Erst dann wurden sie zunehmend von Karotten und Kartoffeln verdrängt. Die Wiederentdeckung der Pastinaken ist dem ökologischen Landbau zu verdanken, der das milde Wurzelgemüse erneut bekannt gemacht hat. Mit ihrem weißen Fleisch und dem beigen bis gelblichen Äußeren ist die Pastinake der Petersilienwurzel zum Verwechseln ähnlich. Mein Tipp, um sie zu unterscheiden: Pastinaken sind oben etwas dicker, fast knollenartig, und der Blattansatz ist eingesunken, wohingegen Petersilienwurzeln oben schmal sind und der Blattansatz nach oben gewölbt ist.

VERWENDUNG

Pastinaken sind zugleich süß und herb und lassen sich gut zu Gemüsesuppen und Pürees verarbeiten. Zu ihnen passen Gewürze und Kräuter wie Muskatnuss, Zimt, Rosmarin und Thymian sowie Senf, Sahne und Butter. Auch roh und klein geschnitten schmecken sie in Salaten. An kalten Wintertagen bereite ich gerne Pastinakenpüree mit Butter, Schmand und Pfeffer zu. Soulfood vom Feinsten!

WISSENSWERTES

Pastinaken gehörten zu einem der wichtigsten Nahrungsmittel überhaupt. Im Mittelalter wurde das Gemüse als Alternative zu Honig und Zucker zum Süßen verwendet. Pastinaken wirken antibakteriell und stärken die Nerven.

PETERSILIENWURZEL

Petroselinum crispum subsp. tuberosum

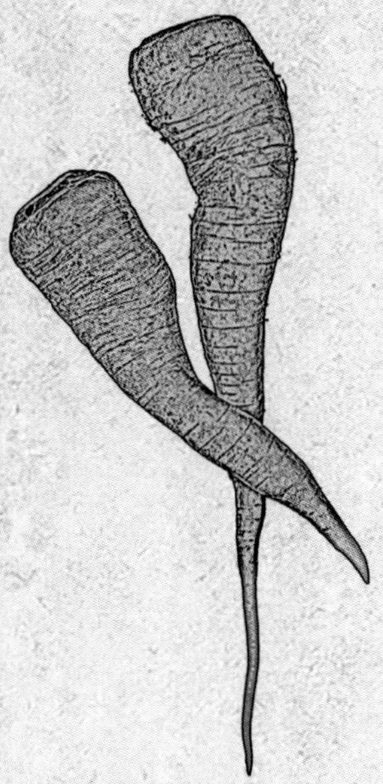

STECKBRIEF

Die Petersilienwurzel (auch Wurzelpetersilie) gehört zu den Doldenblütlern und hat eine helle, spitze Rübe. Die Blätter ähneln der glattblättrigen Petersilie, sind aber größer. Wie der Name schon sagt, schmeckt die Wurzel stark nach Petersilie. Die Saison der zweijährigen Pflanze ist von Oktober bis Februar. Die Wurzeln vertragen kühle Temperaturen und sind ungewaschen ein paar Wochen haltbar.

VERWENDUNG

Vom Kraut bis zur Wurzel kann alles von der Petersilienwurzel verarbeitet werden. Sie ist als Gewürz für Suppen und Gemüseeintöpfe bekannt und ist ein wichtiger Bestandteil des Suppengrüns. Petersilienwurzel schmeckt auch roh gerieben in Salaten oder gebraten als Beilage. Zusammen mit Karotten, Pastinaken, Kartoffeln, Kürbis, Olivenöl und Rosmarin bereite ich daraus gerne Ofengemüse à la Jamie Oliver zu.

WISSENSWERTES

Die Petersilienwurzel enthält je nach Sorte zwischen 0,3 % und 0,7 % ätherische Öle. Einige davon sorgen für den typischen Geschmack, andere haben eine heilende Wirkung. Apiol (Petersilienkampfer) und Myristicin werden bei Harnwegserkrankungen und Magenbeschwerden eingesetzt. Schwangere sollten auf den Verzehr von Petersilienwurzel in größeren Mengen verzichten, da das Apiol vorzeitige Wehen auslösen kann. Ein wenig Petersilienwurzel in der Suppe oder als Gewürz ist jedoch auch in der Schwangerschaft unbedenklich.

SCHWARZWURZEL

Scorzonera hispanica

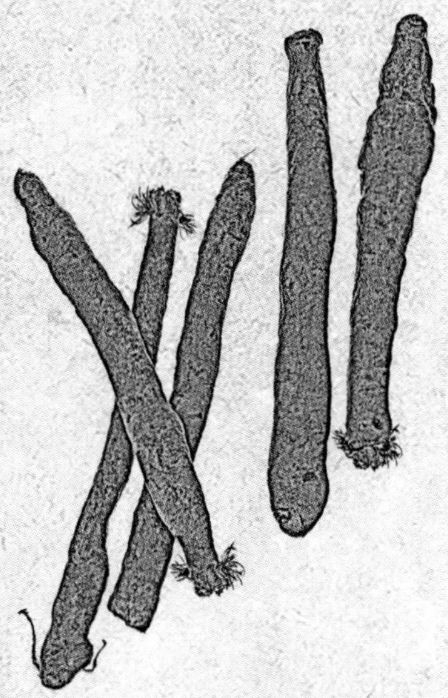

STECKBRIEF

Die Schwarzwurzel gehört zur Familie der Korbblütler. Die krautigen Pflanzen bilden lange und glatte Pfahlwurzeln, die eine harte und knochige Schale haben. Diese muss vor dem Zubereiten erst einmal entfernt werden, was ein bisschen knifflig ist, da der klebrige Milchsaft des Wintergemüses die Hände verfärbt. Mein Tipp: Handschuhe tragen und die Wurzeln unter kaltem Wasser schälen. Die Saison für das besondere Wintergemüse beginnt im Oktober und endet im April.

VERWENDUNG

Schwarzwurzeln lassen sich in vielen Varianten genießen. Sie harmonieren gut mit Milchprodukten, sind lecker als Püree, lassen sich mit unterschiedlichen Salatsorten kombinieren und passen zu Pasta und in Suppen. Eine Tarte mit Schwarzwurzeln, Gorgonzola, Birnen und Walnüssen bilden ein traumhaftes Wintergericht (siehe S. 328).

WISSENSWERTES

Da Schwarzwurzeln nach dem Schälen an Spargel erinnern, werden sie gerne auch als Winterspargel bezeichnet. Ihr Geschmack ist wie beim weißen Spargel leicht nussig und erdig. Nach dem Schälen verfärben sich die weißen Stangen schnell braun, deshalb legt man die geschälten Stangen am besten in eine Schüssel mit Zitronen- und Essigwasser. Schwarzwurzeln sind kalorienarm, aber reich an Vitamin E, Kalium, Kalzium, Magnesium und Eisen. Außerdem enthalten Schwarzwurzeln das Kohlenhydrat Inulin, das sich positiv auf die Verdauung auswirkt.

TOPINAMBUR

Helianthus tuberosus

STECKBRIEF

Die Topinambur zählt zur Familie der Korbblütler. Die Knolle wurde ursprünglich in Nord- und Mittelamerika angebaut und fand ihren Weg nach Europa im 17. Jahrhundert. Hier galt sie lange als Grundnahrungsmittel, bevor sie von der Kartoffel verdrängt wurde. Die mehrjährige krautige Pflanze kann eine Wuchshöhe von 3 m erreichen. Die Blüten sind gelb und erinnern an kleine Sonnenblumen. Die Erntezeit der essbaren Knollen ist im Spätherbst. Topinambur wächst am besten in nährstoffreichem Boden mit viel Sonne und benötigt wegen ihrer weit verzweigten Wurzeln viel Platz im Beet.

VERWENDUNG

Der Geschmack der Topinambur ist nussig und erinnert an Artischocken. Zum Verarbeiten muss die feine Schale abgewaschen und leicht abgebürstet werden. Topinambur schmeckt gedünstet, als Suppe, Püree, Rösti oder gehobelt als Carpaccio mit einer Vinaigrette. Petersilie, Lorbeer, Butter, Sahne und Zitrusfrüchte unterstreichen den besonderen Geschmack der Knollen.

WISSENSWERTES

Anstelle von Stärke enthält Topinambur das Kohlenhydrat Inulin. In der Knolle sind bis zu 16 % Inulin nachzuweisen. Es wirkt präbiotisch, appetitzügelnd und regulierend bei Diabetes – Kohlenhydrate aus der Nahrung gelangen langsamer ins Blut, wodurch Blutzuckerspitzen reduziert werden. Anfänglich können Blähungen auftreten, die sich aber bei häufigerem Verzehr von Lebensmitteln wie Topinambur, Schwarzwurzel und Chicorée wieder regulieren.

WINTERRETTICH

Raphanus sativus L. var. niger

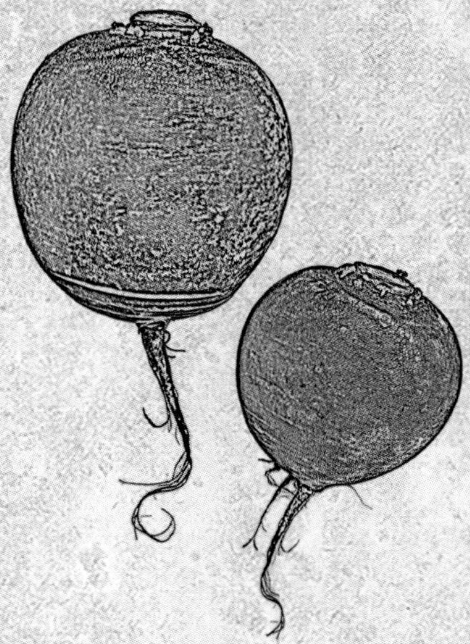

STECKBRIEF

Der Winterrettich (auch Schwarzer Rettich) ist eine fast kugelförmige Rettichsorte mit einem würzigen und herben Geschmack. Bereits 2500 v. Chr. war Rettich bei den Ägyptern bekannt. Das Fleisch unter der festen schwarzen Schale ist erstaunlich saftig. Seine dicke schwarze Schale macht den Winterrettich robust und lange lagerbar. Dazu wird er mit Sand bedeckt und an einem kühlen, dunklen Ort gelagert. Er sollte allerdings nicht in der Nähe von Äpfeln oder Birnen liegen, dann verdirbt er schneller. Die Saison für Winterrettich beginnt im Oktober und endet Ende März.

VERWENDUNG

Die Schale des Winterrettichs muss abgeschält werden. Das Gemüse hat eine würzige und scharfe Note und schmeckt gut als Rohkost oder im Salat. Der Rettich harmoniert gut mit Koriander, Ingwer und Reisessig, was ihn für die asiatische Küche interessant macht. Wer das Gemüse weniger scharf mag, bestreut ihn mit Salz und lässt den Rettich vor der Zubereitung etwas ziehen.

WISSENSWERTES

Es sind die Senföle im Rettich, die eine antibakterielle Wirkung haben und den Stoffwechsel antreiben. In den kalten Wintermonaten kurbeln sie mit einem hohen Vitamin-C-Gehalt das Immunsystem an und wärmen von innen. Mein Tipp: Aus Winterrettich und Honig lässt sich bei Erkältungen ein wunderbar süßer Hustensaft herstellen, der schleim- und krampflösend wirkt (siehe S. 336).

Pastinake „Molly Parkin“

600 g Pastinaken
1 EL Rapsöl
2 EL Butter und einige
Butterflocken

1½ EL Rohrohrzucker
400 g Tomaten
100 g Gruyère

200 g Sahne
1 Handvoll Panko (alternativ
Semmelbrösel)

Salz, Pfeffer
5 Zweige Thymian

Den Backofen auf 180 °C (Ober-/Unterhitze) vorheizen. Die Pastinaken schälen und in Scheiben schneiden oder hobeln.

Rapsöl und 1 EL von der Butter in einer ofenfesten Pfanne erhitzen.

Die Pastinakenscheiben nebeneinander in die Pfanne legen und mit Zucker bestreuen. Bei mittlerer Temperatur von beiden Seiten anbraten. Der Zucker sollte hierbei nicht verbrennen, sondern nur leicht karamellisieren, ansonsten schmecken die Pastinaken bitter. Da die Pastinaken nicht alle gleichzeitig nebeneinander in die Pfanne passen, den Vorgang so oft wie nötig wiederholen. Evtl. die Pfanne zwischendrin reinigen, damit der Zucker auf keinen Fall verbrennt. Die Pastinaken aus der Pfanne nehmen und zur Seite stellen.

Die Tomaten waschen und in Scheiben schneiden und den Käse reiben. Nun 1 EL Butter in der ofenfesten Pfanne schmelzen lassen und Pastinaken und Tomaten abwechselnd hineinschichten. Die Sahne darübergießen und mit dem Käse bestreuen. Anschließend die Semmelbrösel und ein paar Butterflöckchen darübergeben. Den Auflauf im heißen Backofen 40–45 Minuten backen, bis er goldbraun ist.

Den Auflauf mit Thymian bestreut servieren. Dazu passt ein Endiviensalat und Weißbrot zum Aufsaugen der leckeren Sauce.

3 PERSONEN
ZUBEREITUNGSZEIT 60 MINUTEN

Pastinakeneis

mit SCHOKO-GANACHE und ZITRONENTHYMIAN

PASTINAKENEIS
800 g Pastinaken
3 EL Olivenöl
1 EL Zitronensaft
Meersalz
1 TL flüssiger Honig
500 g Sahne
8 EL Ahornsirup
1 TL Zitronenthymianblättchen
1 Prise geriebene Tonkabohne
Mark von 1 Vanilleschote

SCHOKO-GANACHE
130 g Zartbitterschokolade
80 g Sahne
40 g Butter

PASTINAKEN-CHIPS
2 Pastinaken
Salz
1 EL Olivenöl

GARNITUR
4 Zweige Zitonenthymian
4 Physalis

PASTINAKENEIS
Eine gefriertaugliche Form mit 1,2 Liter Fassungsvermögen tiefkühlen.

Den Backofen auf 200 °C (Ober-/Unterhitze) vorheizen.

Die Pastinaken schälen, putzen und in Scheiben schneiden. Mit dem Olivenöl, Zitronensaft, 1 Prise Meersalz und Honig mischen, auf einem Backblech verteilen und im heißen Ofen ca. 30 Minuten braten. Dabei gelegentlich wenden. Aus dem Ofen nehmen und abkühlen lassen. Die Pastinaken pürieren und für 1 Stunde in den Tiefkühler stellen.

Die Sahne sehr steif schlagen. Das gekühlte Pastinakenpüree mit dem Ahornsirup, dem Zitronenthymian, dem Abrieb der Tonkabohne und dem Mark der Vanilleschote verrühren und die steif geschlagene Sahne unterheben.

Die Eis-Mischung nun in die vorgekühlte Form geben, abdecken und für 4–5 Stunden im Gefrierfach kühlen. Ca. 15 Minuten vor dem Servieren aus dem Tiefkühler nehmen, so lässt sich das Eis besser portionieren.

SCHOKO-GANACHE
Die Schokolade fein hacken. Die Sahne und die gehackte Schokolade in einem Topf erwärmen und glatt rühren. Nach und nach die Butter unter die Ganache rühren. Die Ganache mithilfe von Servierringen auf die Teller setzen und über Nacht kühlen.

PASTINAKEN-CHIPS
Den Backofen auf 160 °C Umluft (180 °C Ober-/Unterhitze) vorheizen.

Die Pastinaken mit Wasser abbürsten, abtrocknen. Die Schale kann gerne dranbleiben. Die Pastinaken mit dem Gemüseschäler in Streifen schneiden und in eine Schüssel geben. Salz und Öl darüber verteilen und mit den Händen gut vermengen.

Die Pastinaken nun auf einem oder mehreren Backblechen mit etwas Abstand nebeneinander auslegen. Sie sollten nicht aufeinanderliegen.

Jetzt für 30 Minuten im heißen Backofen backen. Die Pastinaken wenden und für weitere 10 Minuten backen, bis sie sich wellen und knusprig werden.

Bei Umluft können mehrere Bleche gleichzeitig gebacken werden. Die Pastinaken-Chips sollten schnell verspeist werden, ansonsten verlieren sie ihren Crunch.

Eine Nocke Pastinakeneis auf die Schoko-Ganache setzen und mit den Pastinaken-Chips, Zitronenthymian und der Physalis verzieren.

4 PERSONEN
ZUBEREITUNGSZEIT: 24 STUNDEN

Petersilienwurzelpüree

mit SUMACH

200 g mehligkochende Kartoffeln
800 g Petersilienwurzeln
Salz
100 ml Milch
100 g Sahne
20 g Butter
1 TL Sumach
Salz, Pfeffer
geriebene Muskatnuss

Für das Püree die Kartoffeln und Petersilienwurzeln schälen, waschen und in ca. 2 cm kleine Würfel schneiden. Im kochenden Salzwasser 15–20 Minuten weich kochen oder im Dampfgarer dämpfen.

In einem Topf Milch und Sahne erwärmen, die Butter dazugeben und schmelzen lassen.

Kartoffeln und Petersilienwurzeln abgießen und mit einem Kartoffelstampfer grob zerstampfen. Den warmen Milch-Sahne-Mix portionsweise mit einem Kochlöffel unter das Gemüse rühren. Dabei nicht zu fest rühren, damit das Püree nicht zäh wird. Mit Sumach, Salz, Pfeffer und Muskat würzen. In eine vorgewärmte Schüssel füllen und sofort servieren.

WAS IST SUMACH?
Sumach findet man in vielen orientalischen Restaurants als „Tischgewürz". Das Gewürz stammt aus dem östlichen Mittelmeerraum und wird auch „Sizilianischer Zucker" genannt. Es wird aus der roten Steinfrucht des immergrünen Färberbaums gewonnen. Die reifen Früchte werden im Frühherbst geerntet, das Fruchtfleisch getrocknet und zu Pulver zerrieben.

WIE SCHMECKT SUMACH?
Sumach schmeckt säuerlich, leicht fruchtig und etwas herb. Es erinnert an Zitronensaft und Essig.

WIE VERWENDE ICH SUMACH?
Sumach passt prima zu deftigen Bohnen- und Reiseintöpfen, Hummus oder Baba Ghanoush, zu Zwiebeln, Kartoffeln, Bulgur und Couscous oder in Salatsaucen und Dips. Die Speisen bekommen eine orientalische Note.

WIE GESUND IST SUMACH?
Sumach gilt als besonders magenschonend und verdauungsfördernd und wird daher gerne zu fettreichen Speisen gereicht.

WO KAUFE ICH SUMACH?
In orientalischen Supermärkten oder im Online-Handel.

4 PERSONEN
ZUBEREITUNGSZEIT: 25 MINUTEN

Petersilienwurzelsuppe

mit POCHIERTEM EI

2 Schalotten
350 g Petersilienwurzel
50 g Butter

600 ml Gemüsebrühe
(Siehe S. 340)
250 g Sahne

4 Eier (Größe M)
etwas Butter für die
Muffinform

8 Stängel Petersilie
Salz, Pfeffer
1 EL Zitronensaft

Backofen auf 180 °C vorheizen.

Schalotten und Petersilienwurzel schälen, in Würfel schneiden und in der zerlassenen Butter in einem Topf anschwitzen. Gemüsebrühe und Sahne zugeben und bei mittlerer Hitze etwa 20 Minuten köcheln lassen.

In der Zwischenzeit vier Mulden der Muffinform buttern und jeweils 1 EL Wasser hineingeben. Die 4 Eier in die Mulden schlagen. Die Muffinform in den Ofen geben und für 8 Minuten backen. Sofort die Muffinform aus dem Backofen nehmen und zur Seite stellen, bis die Suppe fertig ist.

Wer keine Muffinform hat, kann die Eier in kochendes Wasser geben und darin in 7 Minuten wachsweich kochen. Anschließend kalt abschrecken, vorsichtig schälen und das obere Viertel der Eier wegschneiden.

Petersilie waschen und die Blätter vom Stiel zupfen. Petersilienwurzelsuppe mit einem Pürierstab oder in einem Mixer fein pürieren und mit Salz, Pfeffer und Zitronensaft abschmecken. Eine Hälfte der Suppe zur Seite stellen und die andere Hälfte mit der abgezupften Petersilie nochmals mixen.

Die weiße und grüne Petersilienwurzelsuppe in Teller verteilen und die pochierten Eier mit einem Löffel aus der Muffinform heben und mittig auf der Suppe platzieren. Mit frischer Petersilie garnieren.

4 PERSONEN
ZUBEREITUNGSZEIT: 25 MINUTEN

Schwarzwurzel-Risotto

mit PINIENKERNEN

1 Bio-Zitrone
500 g Schwarzwurzeln
1 Zwiebel
4 EL Rapsöl
300 g Risottoreis
(Arborio oder Carnaroli)

200 ml trockener Weißwein
600 ml Gemüsebrühe
(siehe S. 340)
50 g geriebener Parmesan

2 EL Butter
Salz, weißer Pfeffer

GARNITUR
3 EL Pinienkerne

2 EL Olivenöl
Salz, Pfeffer
Parmesanspäne
Petersilienb ätter

Zitrone waschen. Von der Zitrone etwas Schale mit dem Sparschäler abnehmen. Die Zitrone auspressen und den Saft in einer Schüssel, zur Hälfte mit kaltem Wasser gefüllt, vermischen.

Schwarzwurzeln gründlich abschrubben, dann schälen, unter fließendem Wasser abspülen. Die geschälten Schwarzwurzeln in 3–4 cm lange Stücke schneiden. Die Stücke sofort in die Schüssel mit dem Zitronenwasser geben.

Die Zwiebel schälen und fein würfeln. Die Hälfte der Schwarzwurzeln aus dem Zitronenwasser nehmen, auf Küchenpapier abtropfen lassen. Das Rapsöl in einem Topf erhitzen und die Zwiebelwürfel und die Schwarzwurzelstücke darin bei mittlerer Hitze andünsten. Den Reis dazugeben und kurz anbraten, mit dem Weißwein ablöschen. Den Weißwein unter stetem Rühren einreduzieren lassen, die Zitronenschale dazugeben. Die Gemüsebrühe erhitzen und nach und nach unterrühren. Nach 18–20 Minuten Gesamtkochzeit sollte der Reis weich, im Kern aber noch al dente sein. Topf vom Herd ziehen, Parmesan und Butter unterheben und mit Salz und weißem Pfeffer abschmecken.

Für die Garnitur die Pinienkerne in einer Pfanne ohne Fett anrösten, aus der Pfanne nehmen und zur Seite stellen. Anschließend die restlichen Schwarzwurzelstücke in der Pfanne mit Olivenöl schön braun anbraten, sodass sie gerade noch Biss haben. Mit Salz und Pfeffer abschmecken. Für die Parmesanspäne mit einem Sparschäler dünne Streifen von einem Stück Parmesan abhobeln.

Das Risotto auf vorgewärmten Tellern mit den Schwarzwurzelstücken, den gerösteten Pinienkernen, den Parmesanspänen und der Petersilie anrichten.

Mein Tipp
Bei der Zubereitung der Schwarzwurzeln unbedingt Handschuhe anziehen und auch mit den Handschuhen so wenig wie möglich anfassen, denn die Schwarzwurzeln sondern beim Schälen und Schneiden eine sehr klebrige Flüssigkeit ab.

4 PERSONEN
ZUBEREITUNGSZEIT: 30 MINUTEN

Schwarzwurzel-Tarte

mit GORGONZOLA und WALNÜSSEN

1 Zitrone
750 g Schwarzwurzeln
2 Birnen (Conference oder Williams)
2 EL Butter
1 EL Puderzucker
1 Blätterteig (aus dem Kühlregal)
getrocknete Hülsenfrüchte zum Blindbacken
1 kleiner Zweig Rosmarin
2 Eigelb (Größe M)
75 g Schmand
125 g Gorgonzola
50 g Sahne
1 TL Salz, Pfeffer
80 g Walnusskerne

Den Ofen auf 220 °C (Ober-/Unterhitze) vorheizen.

Die Zitrone auspressen und den Saft in einer Schüssel mit 1,5 Liter kaltem Wasser vermischen.

Schwarzwurzeln gründlich abschrubben, dann schälen, unter fließendem Wasser abspülen. Die Schwarzwurzeln quer halbieren (die Größe der Tarteform beachten) und die dickeren Wurzeln eventuell noch mal längs halbieren. Die Birnen vierteln und das Kerngehäuse entfernen, in lange, 2 cm breite Streifen schneiden.

Salzwasser in einem großen Topf zum Kochen bringen und die Schwarzwurzelstücke darin 5–7 Minuten bissfest garen, dann abgießen.

In einer großen Pfanne die Butter schmelzen. Die Schwarzwurzeln und die Birnenstücke in die Pfanne geben und anbraten. Puderzucker darübersieben und die Wurzeln und Birnen karamellisieren.
Die Tarteform mit dem Blätterteig auf dem Backpapier auslegen, überstehenden Blätterteig abschneiden und anderweitig verwenden. Eine Lage Backpapier auf den Teig legen und mit Hülsenfrüchten zum Blindbacken beschweren. Den Boden für 10 Minuten im heißen Ofen vorbacken, danach aus dem Ofen nehmen, die Hülsenfrüchte und das Backpapier entfernen.

Die Rosmarinnadeln abzupfen und fein hacken. Eigelbe, Schmand, Gorgonzola, Sahne, Salz, Pfeffer und Rosmarin miteinander verrühren. Die Mischung auf dem Tarteboden verstreichen. Die Schwarzwurzeln und Birnenstücke darauf verteilen. Die Walnüsse in einer Pfanne ohne Öl anrösten. Aus der Pfanne nehmen, grob hacken und über die Tarte streuen. Die Tarte für 20–25 Minuten in den Ofen geben und backen, bis der Teig goldbraun und knusprig ist. Die fertige Tarte auf einem Kuchengitter lauwarm auskühlen lassen.

Die Tarte in Stücke schneiden und mit einem grünen Salat servieren.

Mein Tipp
Bei der Zubereitung der Schwarzwurzeln unbedingt Handschuhe anziehen und auch mit den Handschuhen so wenig wie möglich anfassen, denn die Schwarzwurzeln sondern beim Schälen und Schneiden eine sehr klebrige Flüssigkeit ab.

8 STÜCK
ZUBEREITUNGSZEIT: 40 MINUTEN

Topinambur-Röstis

mit KARTOFFELN und APFELMUS

500 g Topinambur
500 g Kartoffeln
1 kleine Zwiebel
1 kleiner Apfel
2 Eigelb (Größe M)
3 EL Mehl
Salz, Pfeffer
4 EL Butterschmalz
3 Stängel Dill
150 g Crème fraîche
Apfelmus (siehe S. 41)

Topinambur, Kartoffeln und Zwiebel schälen. Kartoffeln mit einem Spiralschneider in Spaghetti schneiden.

Apfel waschen, vierteln und das Kerngehäuse entfernen. Topinambur, Zwiebel und Apfel mit einer Reibe grob reiben. Die Kartoffelspaghetti und die Topinambur-, Zwiebel- und Apfelstücke miteinander vermengen, mit den Händen die Flüssigkeit aus der Masse drücken.

Mein Tipp

Aus der Masse aus Topinambur, Zwiebel- und Apfelstücken lässt sich die Flüssigkeit auch gut mithilfe eines sauberen Küchen- oder Mulltuches herausdrücken. Einfach die Masse auf das Tuch geben, die Zipfel zusammennehmen, eine Schüssel unterstellen und das Tuch oben zudrehen. So wird die Masse schön kompakt.

Die Eigelbe, das Mehl, 1 TL Salz und Pfeffer zur Masse geben und vermengen. In einer Pfanne etwas Butterschmalz erwärmen. Die Masse zu Röstis formen und bei mittlerer Temperatur 10 Minuten auf der Unterseite kross backen. Rösti wenden und weitere 5 Minuten backen. Die fertigen Röstis auf ein Küchenkrepp zum Abtropfen geben und anschließend warm halten. Den Vorgang wiederholen, bis die Topinambur-Kartoffel-Masse aufgebraucht ist.

Dill abbrausen, trocken schütteln und fein hacken.

Die Röstis auf der Oberseite mit Crème fraîche und Dill garnieren und mit Apfelmus servieren.

4 PERSONEN
ZUBEREITUNGSZEIT: 35 MINUTEN

Topinambur-Chips

5 Topinamburknollen
1 Süßkartoffel
2 Karotten
2 Pastinaken
2 Ringelbete
Salz
Bockshornkleeblätter
Currypulver
Pul Biber (türkisches Paprikapulver)
Olivenöl

Den Backofen auf 160 °C (Umluft) vorheizen.

Das Gemüse waschen, abschrubben oder schälen und längs in feine Scheiben hobeln. Je dünner, desto knuspriger werden die Chips, und je länger die Streifen sind, desto weniger schrumpeln sie ein.

Jede Gemüsesorte einzeln in einer Schüssel würzen. Dabei etwas Salz, Bockskornkleeblätter, Currypulver, Pul Biber und Olivenöl darübergeben und mit den Händen gut vermengen.

Die Gemüsestreifen, nach Sorten getrennt, auf einem mit Backpapier ausgelegten Backofengitter oder -blech auslegen. Die Chips dürfen sich nicht gegenseitig überlappen, da sie sonst nicht knusprig werden, und sollten am besten etwas zusammengerollt aufrecht stehen.

20–30 Minuten backen und immer wieder die Backofentüre öffnen, damit die Feuchtigkeit entweichen kann.

Sollten die Chips noch nicht ganz knusprig sein, einfach noch weitere 10–15 Minuten backen.

Mein Tipp

Die Chips gut im Auge behalten, da die unterschiedlichen Gemüsesorten unterschiedliche Garzeiten haben. Evtl. muss man manche Chips schon vorher aus dem Ofen nehmen, während andere etwas länger brauchen. Die Chips sind nur zum sofortigen Verzehr geeignet.

Achtung: Suchtgefahr.

4 PERSONEN
ZUBEREITUNGSZEIT: 50 MINUTEN

Kkakdugi

aus WINTERRETTICH

500 g Rettich
½ EL Salz
½ EL Rohrohrzucker

1 EL Reismehl
3 Knoblauchzehen
1 cm frischer Ingwer

2 Frühlingszwiebeln
25 ml Sojasauce

20 g Gochugaru
(koreanisches Chilipulver)

Den Rettich schälen und mit kaltem Wasser abspülen. Kkakdugi wird üblicherweise in Würfelform serviert, daher den Rettich zuerst quer in 1 cm breite Ringe schneiden. Aus den Ringen dann Würfel mit einer Kantenlänge von 1 cm schneiden. Die Würfel in eine große Schüssel geben, das Salz und den Zucker untermischen und für 30 Minuten ruhen lassen. Ab und zu umrühren.

In der Zwischenzeit die Sauce zubereiten. Dazu das Reismehl mit 100 ml kaltem Wasser verrühren und bei mittlerer Hitze zum Köcheln bringen, 2 Minuten köcheln lassen. Die klebrige Masse nun vollständig abkühlen lassen. In der Zwischenzeit den Knoblauch schälen und fein hacken, den Ingwer schälen und in Scheiben schneiden und die Frühlingszwiebeln in feine Ringe schneiden.

Sind die 30 Minuten Ruhezeit des Rettichs vorbei, ist in der Schüssel eine Lake entstanden. Diese Lake abgießen und für später aufheben. In einer kleinen Schüssel den Knoblauch, Ingwer, Frühlingszwiebeln, Sojasauce, Gochugaru, die Reismehl-Masse und 3 EL der aufgefangenen Lake vermischen. Die Würzsauce nun über den Rettich in der großen Schüssel geben und mit den Händen gut vermischen (Handschuhe anziehen!).

Die Rettichwürfel fest ineinandergeschichtet in ein verschließbares Glas geben, sodass so wenig Luft wie möglich in den Zwischenräumen verbleibt. Gerne mit einem Stößel den Rettich nach unten drücken, sodass die Sauce obenauf schwimmt und den Rettich vollständig bedeckt. Das Glas verschließen und den Rettich für 4–5 Tage abgedunkelt bei Raumtemperatur fermentieren lassen. Durch die nun ablaufende natürliche Milchsäuregärung erhält das Kimchi den gewünschten pikant-sauren Geschmack. Daher in den folgenden Tagen immer mal wieder testen, wie das Kimchi am besten schmeckt. Ist es fertig, kommt das Kimchi in den Kühlschrank und wird kalt serviert.

Mein Tipp
Das Kkakdugi ist das Highlight bei jedem Silvester-Raclette.

CA. 550 ML SCHRAUBGLAS/BÜGELGLAS
ZUBEREITUNGSZEIT: 40 MINUTEN
FERMENTATIONSZEIT: 4–5 TAGE

Hustensirup

aus WINTERRETTICH und HONIG

1 schwarzer Rettich

4 EL brauner Kandiszucker

2 TL Honig

Ein unschlagbares Team: Der Rettich wirkt keimabtötend auf die Schleimhäute – der Honig wirkt reiz- und hustenlindernd. Kommen Sie gut durch den Winter!

Kappe/Deckel des Rettichs oben abschneiden. Mit einem Messer den Rettich von der Mitte aus bis zum Rand aushöhlen. Es sollte ein 3 cm breiter Rand stehen bleiben. Das entfernte Rettichfleisch klein schneiden. Mit einem Schaschlikspieß oder einer Stricknadel einige Löcher in den Boden des Rettichs bohren, Rettich auf ein Gefäß setzen. Das Rettichfleisch mit dem Kandiszucker und dem Honig vermischen, in den ausgehöhlten Rettich füllen und Kappe/Deckel wieder aufsetzen. Nach einigen Stunden tropft der Hustensirup in das Gefäß und kann in ein sauberes verschließbares Gefäß abgefüllt werden.

ANWENDUNG
Dreimal täglich 1 EL Rettich-Honig-Hustensirup genießen.

CIRCA 200 ML
ZUBEREITUNGSZEIT: 3 STUNDEN

On top

WAS WÄRE EINE KÜCHE OHNE IHRE BASICS

Manche Basics muss man entweder aus dem Ärmel schütteln können oder im Vorratsschrank bereit haben. Hier meine ultimativen 18 Allrounder.

GEMÜSEBRÜHE

4 Zwiebeln (mittelgroß)
1 große Stange Lauch
3 Karotten
1 Fenchelknolle (mittelgroß)
400 g Sellerie (etwa ¼ einer großen Sellerieknolle)
4 Stangen Staudensellerie
2 Petersilienwurzeln
2 cm frischer Ingwer
200 g Weißkraut (½ kleiner Kopf)
3 Tomaten
3 EL getrocknete Pilze
4 Lorbeerblätter
20 Pfefferkörner
5 Zweige Thymian
2 Stängel Liebstöckel
1 Bund Petersilie

Einen Topf mit 15 Liter Fassungsvermögen auf den Herd stellen. Eine Zwiebel ungeschält halbieren, mit der Schnittfläche auf den heißen Topfboden setzen und bräunen lassen. Das restliche Gemüse waschen, putzen und in gleich große, grobe Stücke schneiden. Das Fenchel- und Stangenselleriegrün für später aufheben. Vom Lauch auch den grünen Teil verwenden.

Das Gemüse, die getrockneten Pilze, den Lorbeer und die Pfefferkörner zur Zwiebel in den Topf geben und mit 10 l kaltem Wasser aufgießen. Die Gemüsebrühe einmal zum Kochen bringen und anschließend mit einem kreisrund ausgeschnittenen Backpapier in Topfgröße abdecken. Für 30 Minuten leise köcheln lassen. Anschließend den Thymian, Liebstöckel, Petersilie und das Fenchel- und Stangenselleriegrün dazugeben und für weitere 10 Minuten mitköcheln lassen.

Die Gemüsebrühe mit dem ausgekochten Gemüse im Topf abkühlen lassen und dann durch ein Passiertuch gießen.

Weiterverarbeitung: Die durchgeseihte Gemüsebrühe in Vorratsbehälter abfüllen und einfrieren. Ich verwende meistens Glasbehälter aus Borosilikatglas mit Deckel von unseren Freunden aus Schweden in den Größen 1,0 l und 1,8 l. Die 1,0-Liter-Größe ist ideal für Risotto für 4 Personen und die 1,8 Liter benutze ich z. B. für meine geliebte Grießnockerlsuppe für 4 Personen.

Als Alternative, wenn es schnell gehen muss und keine Zeit fürs Auftauen ist, koche ich einen Teil der Brühe in Flaschen mit Schraubverschluss bei 100 °C für 60 Minuten ein.

MEIN TIPP
Die Gemüsebrühe ist bis dato ungesalzen und ungewürzt. So kann ich die Brühe an die Anforderungen des jeweiligen Gerichts anpassen.

Zubereitungszeit: 50 Minuten, Portionen: ca. 9 l

VEGANE DASHI-BRÜHE

4 Streifen Kombu-Alge (2 × 10 cm)
6 getrocknete Shiitake-Pilze

Einen Liter Wasser in einen Topf füllen und die getrockneten Shiitake-Pilze sowie die Kombu-Streifen hineingeben. Das Wasser auf 60 °C erhitzen (mit einem Küchenthermometer kontrollieren). Ist die Temperatur erreicht, den Topf vom Herd nehmen. Die Brühe mit geschlossenem Deckel für 30 Minuten ziehen lassen. Anschließend die Brühe durch ein feines Sieb gießen und die aufgefangenen Pilze und die Kombu-Alge zur späteren Verwendung zur Seite stellen.

Die Dashi-Brühe kann im Kühlschrank für einige Tage aufbewahrt oder eingefroren werden.

Zubereitungszeit: 40 Minuten, Portionen: 1 Liter

DUNKLE SAUCE

350 g Champignons
8 Karotten
1 kleine Sellerieknolle
5 Stangen Staudensellerie
1 Stange Lauch
1 Petersilienwurzel
4 Tomaten
4 EL Olivenöl
1 TL Salz
3 große rote Zwiebeln
4 EL Rapsöl
1 Tube Tomatenmark
1 EL Misopaste
300 ml Rotwein
1 l Gemüsebrühe
1 Dose geschälte, ganze Tomaten (400 g, San Marzano)
2 Lorbeerblätter
1 Zweig Thymian
1 EL brauner Zucker
1 EL mittelscharfer Senf
2 EL Sojasauce
2 EL Aceto balsamico
Salz, Pfeffer

Das Gemüse waschen und in 2 cm große Würfel schneiden. In eine große Schüssel geben und mit Olivenöl und Salz vermengen. Auf zwei mit Backpapier ausgelegten Blechen verteilen und bei 180 °C (Umluft) für 30 Minuten im Backofen rösten. Für jedes Blech am Schluss die Grillfunktion für 5 Minuten dazuschalten.

Die Zwiebeln in Würfel schneiden. Rapsöl in einem großen Topf erhitzen, die Zwiebeln hinzufügen und bei mittlerer Hitze anbraten. Die Zwiebeln während des Bratens oft umrühren, bis sie kräftig gebräunt sind. Das Tomatenmark und die Misopaste hinzufügen und anrösten. Mit der Hälfte des Rotweins ablöschen und diesen völlig einkochen lassen, bis der Röstvorgang erneut beginnt. Vorgang mit dem restlichen Rotwein wiederholen, erst dann mit Brühe aufgießen. Die Dosentomaten mit den Händen grob zerpflücken und anschließend mit dem gerösteten Gemüse aus dem Backofen, den Lorbeerblättern und dem Thymianzweig dazugeben und 15 Minuten köcheln lassen.

Lorbeerblätter und Thymianzweig entfernen, die Sauce pürieren und durch ein feines Sieb streichen. Zurück in den Topf gießen, mit dem braunen Zucker, Senf, Sojasauce, Balsamicoessig, Salz und Pfeffer abschmecken. Vor dem Anrichten zum Abbinden der Sauce kalte Mehlbutter verwenden.

MEIN TIPP

Vor dem Anrichten wird die Sauce mit kalter Butter und Mehl gebunden, die zu gleichen Teilen mit einer Gabel vermengt werden. Ich mache immer gleich eine große Menge der Bratensauce und fülle sie in sterilisierte Gläser mit 350 ml Fassungsvermögen ab. Die Gläser koche ich 30 Minuten bei 100 °C ein. Ein Glas reicht für eine Hauptspeise für 2 Personen.

Zubereitungszeit: 60 Minuten, Portionen: 2 Liter

GHEE

2 × 250 g Butter

Ghee ist fester Bestandteil der indischen und ayurvedischen Küche. Es ist reines Butterfett, denn bei seiner Zubereitung durch Erhitzen von Butter verdampft dessen Wasseranteil und das Eiweiß setzt sich in Form einer braunen Kruste, die später abgefiltert wird, am Boden ab.

Die Vorteile von Ghee sind: Es ist lange haltbar, sein Rauchpunkt liegt bei 250 °C, es ist beinahe frei von Laktose und Milcheiweiß, daher ideal für Milchallergiker und Menschen mit einer Laktoseintoleranz, und im Gegensatz zu Butter enthält Ghee einen höheren Anteil an Buttersäure und Linolsäure. Diese wirken entzündungs- und krebshemmend und wirken sich positiv auf den Fettstoffwechsel aus.

Die Butter in einen Topf mit dickem Boden geben, bei mittlerer Hitze schmelzen lassen und langsam zum Köcheln bringen. Es bilden sich Schaum und Blasen (nicht abschöpfen). Nun die Hitze reduzieren, das Ghee aber weiter leise köcheln lassen, dabei nicht umrühren. Nach 12–15 Minuten bildet sich ein leicht brauner Bodensatz. Das ist der Eiweißanteil, der sich nun am Boden absetzt. Das Ghee selbst ist goldgelb, klar und duftet nussig. Ein Metallsieb mit Küchenpapier auslegen, auf einen Messbecher aus Glas legen und den Inhalt des Topfes filtern, die Rückstände bleiben so im Papier. Das Ghee zum Abkühlen und Aufbewahren in ein Schraubglas mit Deckel füllen. Kühl und lichtgeschützt aufbewahrt hält sich das Ghee mehrere Monate, die Lagerung im Kühlschrank ist nicht notwendig.

Zubereitungszeit: 25 Minuten, Portionen: 1 Schraubglas 380 ml

BURGER BUN | HOTDOG

35 g Zucker
1 Würfel frische Hefe
50 ml Milch
500 g Mehl Typ 550
8 g Salz
1 Ei (Größe M)
80 g weiche Butter

ZUM BESTREICHEN
1 Eigelb (Größe M)
2 EL Milch
Sesam weiß oder/und schwarz

200 ml warmes Wasser abmessen, davon 2 EL sowie 1 EL Zucker und den zerbröselten Hefewürfel in einer Schüssel vermischen und abgedeckt 5 Minuten gehen lassen.

Wenn die Zucker-Hefe-Mischung anfängt zu blubbern, restliches Wasser und Zucker, Milch, Mehl, Salz, ein Ei und die weiche (oder flüssige) Butter hinzugeben. Alles entweder mit einer Küchenmaschine oder mit den Händen etwa 10 Minuten lang zu einem geschmeidigen Teig verkneten.

Den Teig abgedeckt an einem warmen Ort etwa 1 Stunde gehen lassen. Pro Bun benötigt man 90 g Teig. Die Teigmenge reicht für etwa 10 Hamburgerbrötchen, welche dann die perfekte Größe für Pattys mit einem Durchmesser von 9 cm haben.

Eigelb mit der Milch und 2 EL Wasser gründlich verquirlen.

90 g Teig abstechen und den Teigling zu einem Rund formen, indem man ihn von außen zur Mitte hin faltet. Den Teigling mit der glatten Seite nach oben in einen gefetteten Burger-Ring (Durchmesser 10 cm) auf das mit Backpapier belegte Backblech setzen. Wer keinen Burger-Ring sein Eigen nennt, setzt die Teigkugel auf das mit Backpapier belegte Backblech und zieht den Teig zu einem Fladen mit einem Durchmesser von 8 cm aus. Mit der Eigelb-Milch-Wasser-Mischung bestreichen und mit weißem oder schwarzem Sesam bestreuen. Je genauer die Teiglinge geformt werden, desto besser das Ergebnis.

Jetzt die Teiglinge noch einmal eine Stunde gehen lassen. Den Backofen auf 190 °C (Ober-/Unterhitze) vorheizen.

Die Buns im Ofen für 20 Minuten backen, bis die Oberfläche goldbraun ist. Auf einem Kuchengitter auskühlen lassen.

MEIN TIPP

- *Der Teig ist nach dem Gehen eher klebrig, daher gebt auf die Hände und die Arbeitsfläche immer etwas Mehl.*
- *Wer mag, kann den Teig auch schon am Vorabend zubereiten. Dazu lässt man den Teig über Nacht im Kühlschrank abgedeckt gehen und verarbeitet die Buns wie beschrieben (Buns formen, gehen lassen, backen).*
- *Ich backe die Buns in meinem Dampfgarer bei 175 °C Heißluft und Dämpfen für 20 Minuten. Es passen 5 Stück (im Burger-Ring mit einem Durchmesser von 10 cm) auf ein Blech.*

NOCH MEHR TIPPS

Einfrieren! Die gebackenen Buns nebeneinander in einen Gefrierbeutel geben und flach liegend einfrieren. Zum Auftauen/Aufbacken die gefrorenen Buns in den Backofen geben und bei 150 °C (Ober-/Unterhitze) im nicht vorgeheizten Backofen ca. 12 Minuten aufbacken.

Färben! Gelbe, rote, grüne oder schwarze Buns sind ein echter Hingucker und so einfach gemacht. Das Grundrezept von oben bleibt gleich. Gelbe Buns: 3 EL Kurkuma in 200 ml heißem Wasser auflösen, etwas abkühlen lassen, Milch und Zucker zugeben, darin die Hefe auflösen und gehen lassen.

Rote Buns: Anstelle der 200 ml Wasser 200 ml Rote-Bete-Saft verwenden, etwas erwärmen, Milch und Zucker zugeben, darin die Hefe auflösen und gehen lassen.

Grüne Buns: 20 g Matcha-Pulver in 200 ml warmem Wasser auflösen, 8 Tropfen grüne Lebensmittelfarbe dazugeben, Milch und Zucker hinzufügen, darin die Hefe auflösen und gehen lassen.

Schwarze Buns: 16 g Sepia-Tinte (4 Päckchen) in 200 ml heißem Wasser auflösen, etwas abkühlen lassen, Milch und Zucker zugeben, darin die Hefe auflösen und gehen lassen.

Zubereitungszeit: 150 Minuten, Portionen: 10 Buns für Pattys mit einem Durchmesser von 9 cm

SALZIGER MÜRBETEIG

150 g kalte Butter
300 g Mehl
1 TL Salz
1½ TL Essig
85 ml eiskaltes Wasser

Die Butter eine halbe Stunde vor der Zubereitung aus dem Kühlschrank nehmen – sie sollte leicht zu kneten aber noch möglichst kalt sein. Den Teig am besten mit den Händen verarbeiten. Hierfür das Mehl und Salz in eine große Schüssel geben und die Butter in Würfeln grob untermengen. Alles verkneten, bis sich die Zutaten teilweise miteinander verbunden haben. Den noch losen Teig auf eine saubere, bemehlte Arbeitsfläche geben und mit den Händen grob zusammenfassen, sodass ein Kreis entsteht. In die Mitte des Teigs eine Kuhle drücken. Den Essig mit dem Wasser verrühren und in die Kuhle gießen. Vom äußeren Rand des Kreises beginnend die Flüssigkeit rasch einarbeiten, indem der Teig mit den Handflächen gegen die Unterlage gedrückt wird und vom Körper weggeschoben wird. Den Vorgang zwei bis dreimal wiederholen – der Teig sollte noch mit Butterstreifen durchzogen sein. Den Teig in Frischhaltefolie wickeln und mindestens 2 Stunden im Kühlschrank ruhen lassen.

THÜRINGER KLÖSSE

1,2 kg mehligkochende Kartoffeln
1 TL Salz plus etwas für Salzwasser
1 EL weißer Essig
2 Scheiben Toastbrot
1 EL Butter

Kartoffeln schälen und waschen.
400 g der Kartoffeln vierteln und in einen Topf geben. Mit gesalzenem Wasser knapp bedecken und zum Kochen bringen.

Sind die Kartoffeln gar, im Kochwasser mit einem Kartoffelstampfer zerdrücken und zu einem sämigen Kartoffelbrei verrühren.

Restliche Kartoffeln in eine Schüssel mit kaltem Essigwasser (1 EL weißer Essig auf 2 Liter Wasser) fein reiben. Anschließend die geriebenen Kartoffeln in ein Leinentuch geben und gut auspressen. Hierbei die Pressflüssigkeit in einer Schüssel auffangen und stehen lassen, bis sich die Stärke am Boden absetzt. Kartoffelwasser vorsichtig abgießen, Stärke zurückbehalten. Die ausgepresste Kartoffelmasse in eine Schüssel geben, auflockern, Salz hinzufügen und abdecken.
Den Kartoffelbrei heiß über die rohe Kartoffelmasse geben. Anschließend die abgesetzte Stärke der Pressflüssigkeit wieder dem Kloßteig hinzufügen. Den Kloßteig kräftig verrühren und mit Salz würzen.

Toastbrot in Würfel schneiden und in Butter braten, bis sie schön kross sind. Den Teig zu Klößen (ca. 120 g) formen und die Semmelwürfel in die Mitte stecken. Zum Formen der Klöße die Hände immer wieder in kaltes Wasser tauchen. Die Klöße in kochendes Salzwasser geben. Bei geringer Wärmezufuhr halb offen ziehen lassen (etwa 20 Minuten), bis sie an der Oberfläche schwimmen. Nun die Klöße mit einem Schaumlöffel herausnehmen, gut abtropfen lassen und sofort zu Tisch geben. Das Rezept ergibt 10 Knödel.

MEIN TIPP

- *Einen ausreichend großen Topf zum Knödelkochen verwenden, damit sich die Knödel nicht berühren.*
- *Zügig arbeiten, damit sich die Kartoffelmasse nicht dunkel verfärbt.*
- *Immer vorab einen Probeknödel kochen. Sollte der Probeknödel sich auflösen und nicht halten, etwas Grieß oder Kartoffelmehl in den Teig geben.*
- *Knödel lassen sich super auf Vorrat einfrieren, da die Kartoffeln ja schon gekocht sind. Damit die Knödel beim Einfrieren nicht miteinander verkleben, legt man diese mit etwas Abstand zueinander auf eine gefrierfeste Platte, gefriert diese für eine Stunde im Gefrierfach und gibt sie anschließend in einem Gefrierbeutel verpackt wieder in den Gefrierschrank. Die Knödel sind so verarbeitet bis zu vier Monate lang haltbar.*

AJVAR

1 Zwiebel
1 Knoblauchzehe
1 Chilischote
4 rote Spitzpaprika
1 Aubergine
50 ml Olivenöl
2 EL Tomatenmark
2 EL Apfelessig
Zucker
Salz

Den Backofen auf 250 °C vorheizen.

Zwiebel und Knoblauchzehe schälen. Die Zwiebel halbieren. Die Chilischote waschen, längs halbieren und die Samen entfernen. Die Paprikaschoten waschen, halbieren und von Samen und Scheidewänden befreien. Die Aubergine waschen, rundum einstechen, halbieren. Paprika und Aubergine mit der Haut nach oben zeigend, halbierte Zwiebel, Knoblauchzehe und Chilischote auf einem mit Backpapier ausgelegten Backblech verteilen und auf der obersten Schiene 20–25 Minuten im Ofen rösten. Die Paprikahaut sollte Blasen werfen und leicht angeschwärzt, die Aubergine weich gegart sein.

Gemüse aus dem Ofen nehmen und die Paprikaschoten mit einem angefeuchteten Küchentuch abdecken und etwas abkühlen lassen. Die Haut der Paprikaschoten abziehen und die Paprikastücke in einen Mixer geben. Aus der Aubergine das Fruchtfleisch herausschaben und zur

Paprika geben, ebenso die Knoblauchzehe, die Zwiebelhälften und die Chilischote. Das Olivenöl angießen und alles grob pürieren.

2 EL Tomatenmark in einem Topf anrösten, mit dem Essig ablöschen und die pürierte Paprikamasse dazugeben. Die Masse ca. 1 Stunde lang zu einer dicken Paste einköcheln. Mit Salz und Zucker abschmecken und abkühlen lassen.

Abgefüllt in ein Glas, gut verschlossen und gekühlt ist das Ajvar ca. zwei Wochen im Kühlschrank haltbar. Bei der Aufbewahrung darauf achten, dass eine Schicht Öl das Ajvar abdeckt und so vor Verderb schützt.

MEIN TIPP
Ich mache meist die dreifache Menge und koche das Ajvar in sterilisierten Gläsern (ca. 3 Gläser à 200 ml) für 60 Minuten bei 100 °C ein.

Zubereitungszeit: 90 Minuten, Portionen: 200 ml

BÄRLAUCHKAPERN

85 g kleine, geschlossene Bärlauchknospen
150 ml Weißweinessig
1 TL Salz
2 EL Zucker
1 TL Korianderkörner
1 TL gelbe Senfkörner
5 schwarze Pfefferkörner

Die Bärlauchknospen waschen und die Stängel abschneiden. Die Knospen auf zwei sterilisierte Gläser verteilen.

150 ml Essig mit 75 ml Wasser und Salz, Zucker, Koriander-, Senf- und Pfefferkörnern in einen Topf geben und unter Rühren aufkochen, bis der Zucker sich aufgelöst hat. Den Sud randvoll in die Gläser füllen und diese sofort mit den ebenfalls sterilisierten Deckeln verschließen.

Die Bärlauchkapern zwei Wochen an einem kühlen, dunklen Ort ziehen lassen, dann sind sie verzehrfertig. Im Kühlschrank aufbewahrt halten sie ca. 6 Monate.

MEIN TIPP
Vor dem Befüllen mit dem Sud beschwere ich die Bärlauchknospen mit Glasbeschwerern aus meinem Fermentationsequipment. Denn sonst steigen diese im Einmachglas nach oben und befinden sich dann nicht mehr luftdicht abgeschlossen unter der Essiglösung (siehe S. 48).

Zubereitungszeit: 15 Minuten, Portionen: 2 Gläser à 150 ml

BALSAMICO-ZWIEBEL-SAUCE

2 Thymianzweige
4 rote Zwiebeln
2 EL Rapsöl
15 g Rohrohrzucker
250 ml Portwein
1 Lorbeerblatt
30 ml Aceto balsamico
100 g kalte Butter
1 EL Gemüsebrühenpulver (siehe S. 59)
Salz, Pfeffer

Thymian waschen und trocken schütteln. Zwiebeln schälen, in schmale Streifen hobeln und mit dem Öl in einen Topf geben. Zugedeckt bei mäßiger Hitze etwa 10 Minuten weich dünsten. Den Deckel abnehmen und die Temperatur erhöhen, den Zucker auf die Zwiebeln streuen, gut unterrühren und einige Minuten karamellisieren lassen. Mit dem Portwein ablöschen, Thymian und Lorbeerblatt dazugeben, bei mittlerer Hitze köcheln lassen, bis der Wein fast komplett verkocht ist. Den Balsamicoessig hinzufügen und ebenfalls etwas einkochen lassen. 100 g kalte Butter in Stückchen und 1 EL Gemüsebrühenpulver zu den Zwiebeln geben und köcheln lassen, bis eine glänzende, gebundene Sauce entstanden ist. Thymian und Lorbeer entfernen und mit Salz und Pfeffer abschmecken.

MEIN TIPP
Wer die Sauce länger haltbar machen will, macht gleich eine größere Menge davon und füllt die heiße Balsamico-Portwein-Zwiebel-Sauce in sterilisierte Gläser. Diese sofort verschließen. Im Dampfgarer die Gläser für 20 Minuten bei 90 °C einkochen.

Zubereitungszeit: 45 Minuten, Portionen: 1 Glas à 350 ml

COLESLAW BAYRISCH

½ kleiner Kopf Rotkohl
2 Karotten
1 Bio-Apfel (Elstar)
½ Bio-Zitrone
5 EL Mayonnaise
200 g Joghurt
2 EL Aceto balsamico bianco
1 EL Zucker
Salz, Pfeffer
1 Handvoll Cranberrys
5 Stängel Petersilie

Den Rotkohl und die Karotten waschen. Die Karotten schälen, den Rotkohl vierteln und den Strunk entfernen. Alles grob raspeln. Mit etwas Salz bestreuen und gut durchkneten. Den Bio-Apfel waschen, vierteln und das Kerngehäuse entfernen. Die Viertel in feine Streifen schneiden. Von der Zitrone die Schale abreiben und den Saft auspressen. In einer Schüssel die Mayonnaise, den Joghurt, den Balsamicoessig, den Zitronensaft und -abrieb miteinander verrühren und mit Salz (bedenken Sie das bereits verwendete Salz), Zucker und Pfeffer abschmecken. Die Mischung unter die geraspelten Zutaten heben, die Apfelstreifen und die Cranberrys hinzugeben und gut durchmischen. Die Petersilie klein hacken und darüberstreuen. Den Salat für mindesten drei Stunden in den Kühlschrank stellen. Nach Belieben noch einmal mit Salz, Pfeffer und Balsamicoessig abschmecken.

Zubereitungszeit: 190 Minuten, Portionen: 4 Personen

CASHEW-SAMBAL

2 Knoblauchzehen
2 grüne Chilis
200 g Cashewkerne
1½ Limetten
4 TL feiner Zucker
150 ml Kokosmilch
10 EL Sojasauce

Für das Sambal Knoblauch und Chilischoten fein hacken und im Mörser zerstampfen. Cashewkerne mit dem Wiegemesser oder im Mixer klein hacken. Darauf achten, dass auch noch grobe Stücke erhalten bleiben, also nicht zu fein hacken. Die ganze Limette heiß abwaschen und die Schale abreiben, die halbe und die ganze Limette auspressen. Von der Kokosmilch den cremigen Teil in eine Schüssel geben.

Alle Zutaten miteinander vermengen, abschmecken und unbedingt vor dem Servieren für 1 Stunde kühl stellen. Das Sambal zieht dabei noch etwas an und wird fester.

Zubereitungszeit: 70 Minuten, Portionen: ca. 350 ml

ERDBEER-BBQ-KETCHUP

400 g Erdbeeren
1 Glas getrocknete Tomaten in Öl
1 Knoblauchzehe
1 cm frischer Ingwer
1 Chilischote
1 EL Koriandersamen
100 ml Tomatenmark
1 EL Honig
1 TL Dijon-Senf
200 g stückige Dosentomaten
50 ml Aceto balsamico
1 TL Worcestershiresauce
2 EL Sojasauce
3 EL Erdbeerkonfitüre
3 EL Gelierzucker (3:1)
1 EL geräuchertes Paprikapulver, Pfeffer

Den Backofen auf 200 °C (Ober-/Unterhitze) vorheizen.

Die Erdbeeren in einer Schüssel mit kaltem Wasser vorsichtig waschen und auf einem Handtuch abtropfen lassen. Den Strunk entfernen. Die Erdbeeren in einer Auflaufform bei 200 °C ca. 25 Minuten im Backofen karamellisieren. Danach abkühlen lassen.

Die getrockneten Tomaten zum Abtropfen in ein Sieb geben, dabei das Öl auffangen. Anschließend die Tomaten in grobe Stücke schneiden. Den Knoblauch und den Ingwer schälen und hacken, die Chilischote halbieren, die Kerne entfernen und die Hälften ebenfalls fein hacken.

Die Gewürze (Koriandersamen, Knoblauch, Ingwer, Chilischote) in einem Topf mit 2 EL vom „Tomaten-Öl" rösten. Getrocknete Tomaten und das Tomatenmark hinzufügen und unter ständigem Rühren ebenfalls anschwitzen. Anschließend den Honig und Senf dazugeben. Weiterrühren und mit den stückigen Tomaten ablöschen. Den Balsamicoessig, die Worcestershiresauce und die Sojasauce unterrühren und für 30 Minuten leicht köcheln lassen. Wenn es zu dickflüssig ist, etwas Wasser hinzugeben.

Die karamellisierten Erdbeeren aus dem Backofen, die Erdbeerkonfitüre und den Gelierzucker dazugeben und unter Rühren sprudelnd 4 Minuten kochen lassen. Anschließend pürieren. Vorsicht: heiß!

Zum Schluss das geräucherte Paprikapulver und den Pfeffer unterrühren und das Erdbeer-BBQ-Ketchup heiß in sterile Gläser abfüllen. Kühl und dunkel gelagert (z. B. im Kühlschrank) hält sich das fertige Ketchup ungeöffnet 3 Monate.

Zubereitungszeit: 40 Minuten, Portionen: 850 ml

GUACAMOLE

2 Avocados
1 Bio-Limette
1 EL Kreuzkümmelsamen
1 rote kleine Zwiebel
1 Knoblauchzehe
Rapsöl
Salz, Pfeffer
Pul Biber (türkisches Paprikapulver)

Die Avocados halbieren, den Kern entfernen und das Fruchtfleisch mit einem Löffel herauslösen.

Die Avocadohälften mit einer Gabel zu einem groben Mus zerdrücken. Es dürfen gerne noch Avocadostückchen zu erkennen sein. Die Limette heiß abwaschen, die Schale abreiben, den Saft auspressen und beides unter die Avocado rühren. So verhindert man das Braunwerden der Guacamole.

Den Kreuzkümmel in einer Pfanne ohne Öl anrösten, bis er zu duften beginnt. Anschließend im Mörser zermahlen. Die Zwiebel und den Knoblauch schälen und fein hacken. Beides in wenig Öl in derselben Pfanne kurz andünsten.

Den Kreuzkümmel, die rote Zwiebel und den Knoblauch zum Avocado-Mus geben, mit Salz, frisch gemahlenem Pfeffer und Pul Biber abschmecken.

Zubereitungszeit: 10 Minuten, Portionen: ca. 350 ml

MANGO-CHUTNEY

1 Mango
½ cm frischer Ingwer
50 g Palmzucker (alternativ 2 EL brauner Zucker)
¼ TL Amchur (Mangopulver aus dem Bio-Laden)
¼ TL gemahlene Kurkuma
¼ TL Chilipulver
1 Prise Salz
1 EL Kichererbsenmehl
1 TL schwarze Senfkörner

Die Mango schälen und in Würfel schneiden. Den Ingwer schälen und fein reiben.

Den Palmzucker in einem Topf mit schwerem Boden karamellisieren und mit 50 ml Wasser ablöschen.

Sofort die Mangowürfel mit dem Amchur, Kurkuma, Ingwer, Chilipulver und Salz zum Zuckersirup geben, das Kichererbsenmehl darübersieben und die Mango unter Rühren weich dünsten. Abkühlen lassen.

Die Hälfte des abgekühlten Chutneys pürieren. In einer kleinen Pfanne die schwarzen Senfkörner rösten, bis sie anfangen zu springen. Das pürierte Chutney, das stückige Chutney aus dem Topf und die schwarzen Senfkörner miteinander verrühren und in ein verschließbares Glas geben. Kühl aufbewahren und innerhalb von 3 Tagen aufbrauchen oder bei 90 °C für 30 Minuten einkochen (siehe S. 34).

Zubereitungszeit: 10 Minuten, Portionen: 300 ml

ZATAR

2 EL heller Sesam
2 EL getrockneter Thymian
2 TL Sumach (orientalisches Tischgewürz)
1 TL Meersalz

Sesam in eine heiße Pfanne geben und bei mittlerer Hitze unter Rühren 5 Minuten rösten, bis er zu duften beginnt. Den Sesam aus der Pfanne nehmen, abkühlen lassen und mit dem getrockneten Thymian, Sumach und Meersalz vermengen. In einem luftdichten Behälter und vor Licht geschützt hält das Zatar mehrere Wochen lang.

Zubereitungszeit: 10 Minuten, Portionen: 50 g

WISSENSWERTES
Zatar ist eine Gewürzmischung aus dem Nahen Osten, die regional manchmal unterschiedlich gemischt wird (es gibt Mischungen, die Oregano oder Majoran enthalten), traditionell aber aus nur vier Zutaten besteht: geröstetem Sesam, Sumach, Salz und Thymian. Vom Thymian stammt auch der Name der Gewürzmischung: Za'tar heißt auf Arabisch Thymian.

BLITZ-MAYO

1 Bio-Zitrone
1 EL Dijon-Senf
1 TL Zucker
1 TL Salz
Pfeffer
1 Ei (Größe M)
200 ml Rapsöl

Ein Mixbecher oder Glas mit dem Durchmesser des Stabmixers sind die erste Voraussetzung zum Gelingen der Blitz-Mayo.

Zunächst die Zitrone heiß abwaschen, die Schale abreiben und den Saft auspressen. Den Senf, Zitronenabrieb, Zitronensaft, Zucker, Salz, Pfeffer in das Gefäß geben, das Ei obenauf setzen, dann das Öl hinzugeben. Nun den Stabmixer in den Mixbecher tauchen, sodass er am Boden des Bechers das Ei umschließt. Den Stabmixer jetzt erst einschalten und langsam nach oben ziehen. Und siehe da, fertig ist die Blitz-Mayo.

MEIN TIPP

Die Zutaten für die Blitz-Mayo sollten alle die gleiche Temperatur haben, daher daran denken, das Ei und den Senf eine Weile vor der Zubereitung aus dem Kühlschrank zu nehmen.

BLITZ-MAYO-VARIATIONEN

Lime-Mayo: Zum Grundrezept der Blitz-Mayo den Saft und Abrieb einer Limette hinzufügen.

Curry-Lime-Mayo: Zum Grundrezept der Blitz-Mayo den Saft und Abrieb einer Limette und 1 EL Currypulver hinzufügen.

Zubereitungszeit: 5 Minuten, Portionen: 250 ml

THOUSAND-ISLAND-SAUCE

¼ rote Paprikaschote
¼ grüne Paprikaschote
3 Cornichons
250 ml Blitz-Mayo
3 EL Ketchup
1 TL Paprikapulver

Die Paprikaschoten putzen und ebenso wie die Cornichons fein würfeln. Alle Zutaten miteinander vermengen und kühl stellen.

How to

TIPPS UND TRICKS ZUM HEIMGÄRTNERN

Es ist ganz gleich, ob ein Garten klein oder groß ist. Was die Möglichkeiten seiner Schönheit betrifft, so ist seine Ausdehnung so gleichgültig, wie es gleichgültig ist, ob ein Bild groß oder klein, ob ein Gedicht zehn oder hundert Zeilen lang ist.

Hugo von Hofmannsthal

AUF BALKONIEN ODER IM GARTEN

Gärtnern kann man überall. Aber Vorsicht: Suchtgefahr! Wer einmal damit anfängt, kann nicht mehr aufhören. Die Freude an der Aufzucht und dem Verzehr von eigenem Gemüse ist einfach zu groß. Dazu sieht es auch noch hübsch aus und der Balkon oder Garten wird zur eigenen Wohlfühl-Oase.

Balkonien

Ein sonniger Balkon eignet sich hervorragend, um Snack-Gemüse anzubauen. Sonnenwarme Tomaten, frisch vom Strauch gepflückt, schmecken unschlagbar lecker. Dazu noch Kräuter für die Küche und viele Blumen und Blüten für die gute Laune und für die Insekten.

DIE 9 WICHTIGSTEN TIPPS FÜR EIN GUTES GELINGEN

1 STANDORT

Am besten eignen sich Balkone oder Fenstersimse, die halbtags von der Sonne beschienen werden. Hier gedeiht alles, von sonnenliebenden mediterranen Gewächsen über Kräuter- und Duftpflanzen bis zu Kletterpflanzen und Balkongemüse. Für andere Pflanzen wie Basilikum und viele Kletterpflanzen wie Clematis und Efeu ist es in der prallen Sonne zu heiß. Schattige, nicht zu dunkle Nordbalkone sind ebenfalls bepflanzbar, am besten mit mehrjährigen Stauden.
Hier gedeihen aber auch Schattenpflanzen wie Farne oder Purpurglöckchen und Blütenpflanzen wie etwa Elfenblume, Akelei, Waldmeister und Schaumkraut. Für eine schöne Gestaltung nutzt man am besten alle Ebenen des Balkons. Die Kombination aus hängenden Pflanzen, aufrecht stehenden und Kletterpflanzen machen den Balkon gemütlich.

2 PFLANZENAUSWAHL

Es gibt eine große Auswahl an Gemüse, das für den Anbau auf Balkonien geeignet ist. Kleine Tomatensorten, Peperoncini, rankende Bohnen wie Feuer- oder Stangenbohnen, Klettergurken und viele Kräuter. Extrakleines Gemüse wie Miniauberginen, Minigurken oder Hängeerdbeeren sind meine Lieblinge auf dem Balkon.
Bei der Auswahl der Blumen sollte man darauf achten, Sorten zu wählen, die nicht zu hoch wachsen, damit sie weniger leicht kippen oder knicken. Bei den aufrecht stehenden einjährigen Balkonblumen sind typische Vertreter: Geranie, Buntnessel, Leberbalsam oder Vanilleblume. Unter den hängenden Balkonblumen sind die bekanntesten: blaues Gänseblümchen, Gundermann, Elfenspiegel, Petunie, Begonie und natürlich die Hängegeranie. Beispiele für kletternde und rankende Pflanzen sind: Schwarzäugige Susanne, Blaue Prunkwinde, Trichterwinde und Glockenrebe. Entscheidend für die Auswahl der Pflanzen ist, dass die auf dem Balkon vorherrschenden Witterungsverhältnisse den Pflanzen bekommen. Falls nötig, muss man die Pflanzen bei heftigen Regengüssen oder bei prallem, lang anhaltendem Sonnenschein auch einmal mit einem Regen-/Sonnenschirm schützen.

3 PFLANZSAISON

Mehrjährige Pflanzen können immer auf dem Balkon gepflanzt werden, außer natürlich bei Frost und starker Hitze. Einjährige, nicht winterharte Pflanzen werden zwischen Mitte April und Mitte Mai gepflanzt. Vorher besteht das Risiko, dass die zarten Gewächse erfrieren. Wer nicht so lange warten möchte, stellt die Blumentöpfe morgens raus und holt sie abends wieder rein.

4 SAATGUT ODER SETZLINGE

Der Vorteil von gekauften Setzlingen ist: Sie sind meist robuster als selbst gezogene Pflänzchen und nehmen bei der Aufzucht keinen Platz in Anspruch. Doch gibt es beim Gemüse und den Blumen durchaus Sorten, die sich fürs direkte Aussäen in den Blumentopf oder Kasten eignen. Beim Gemüse z. B. Busch- und Stangenbohnen und Schnittsalate, bei den Kräutern kann man Koriander, Dill und Kerbel gut selber ansäen und bei den Blumen sind es die einjährigen Sommerblumen, wie z. B. Kapuzinerkresse, niedrige Sonnenblumen, Jungfer im Grünen oder Kalifornischer Goldmohn.

5 ERDE

Für mehrjährige Pflanzen wählt man möglichst mineralische Erde. Sie bleibt lange strukturstabil, sackt also nicht zusammen und kann mehrere Jahre in einem Gefäß belassen werden. Der Fachhandel nennt sie Dachgartenerde oder Kübelpflanzenerde. Für Kräuter und einjährige Pflanzen darf es etwas leichtere Erde sein, die weniger mineralische Anteile hat. Aus ökologischen Gründen ist torffreie Erde vorzuziehen.

6 PFLANZGEFÄSSE

„Die Größe muss zur Pflanze passen, das Material ist nicht ganz so wichtig", lautet die Devise, wenn es um die Auswahl der richtigen Pflanzgefäße geht.

Große Töpfe, Kübel und Kisten bieten viel Platz für Erde, die Wurzeln können sich gut entwickeln, man muss seltener gießen und die Ernte fällt reicher aus. Ist der Topf aber allzu groß, können kleine Pflanzen darin ertrinken. Müssen die Gefäße hin und wieder verschoben werden, lohnt es sich, schwere Töpfe auf Pflanzenroller zu setzen. Auch Pflanzsäcke sind gut transportierbar und eignen sich bestens für Gemüse und Kräuter. Pflanzsäcke, -taschen oder -beutel können je nach Gewicht auch aufgehängt werden. Wichtig ist, egal welche Pflanzgefäße es werden, sie müssen Wasserablauflöcher am Topfboden haben. Damit kann überschüssiges Wasser abfließen und es entsteht keine Staunässe, die das Abfaulen der Wurzeln verursachen könnte. Um dem Verstopfen der Abflusslöcher vorzubeugen, legt man Tonscherben oder Blähton als unterste Schicht in den Topf. Bei winterharten Pflanzen muss man darauf achten, dass die Töpfe ebenfalls frostbeständig sind. Und schlussendlich sind Material oder Style der Pflanzgefäße dann doch wichtig für ein stimmiges Erscheinungsbild auf Balkonien.

7 GIESSEN

Wie oft man Balkonpflanzen gießen sollte, lässt sich pauschal nicht sagen. Dies hängt von den Bedürfnissen der Pflanze ab, dem Standort, der Pflanzgefäß-Größe und den aktuellen Wetterverhältnissen. Am besten überprüft man die Feuchtigkeit in den Pflanzgefäßen jeden Tag mit dem Fingertest. Dazu steckt man den Finger tief in die Erde und fühlt, wie trocken oder feucht sie auch in den unteren Schichten noch ist. Ist sie noch feucht, sollte man nicht gießen. Die idealen Zeitpunkte zum Gießen sind früh am Morgen oder noch besser spät am Abend.

Außerdem lieber einmal ausreichend wässern als über den Tag verteilt öfter. So ist gewährleistet, dass das Wasser von den Wurzeln aufgenommen wird und nicht nur verdunstet.

8 DÜNGEN

Dünger ist wichtig für das Gedeihen der Pflanzen im Topf. Mehrjährige Pflanzen (Gehölze, Stauden) behandelt man am besten im Frühjahr mit einem Langzeitdünger. Einjährige Balkonpflanzen wie Sommerblumen oder Gemüse werden einmal wöchentlich beim Gießen mit Flüssigdünger versorgt. Mediterrane Kräuter wie Lavendel, Salbei, Ysop, Thymian, Weinraute oder Heiligenkraut brauchen hingegen extrem wenig Dünger und kommen in vielen Fällen sogar ganz ohne aus.

9 NÜTZLINGE | SCHÄDLINGE

An windgeschützten, warmen Orten können sich Spinnmilben ausbreiten, vor allem an Pflanzen, die nicht ganz optimale Verhältnisse antreffen. Häufig sind mediterrane Kübelpflanzen befallen. Bekämpfen kann man die Spinnmilben mit Raubmilben, die der Fachhandel anbietet. Auch Blattläuse können an trockenen, warmen und windgeschützten Lagen zu einem echten Problem werden. Sie befallen häufig Salate, Bohnen, Koriander oder Kapuzinerkresse. Um die Schädlinge loszuwerden, wäscht man die Pflanze ab, besprüht sie mit verdünntem Seifenwasser und schneidet die Triebspitzen ab. Ein ebenfalls wirksames biologisches Mittel sind die gefräßigen Marienkäfer- oder Florfliegenlarven, die man auf den befallenen Pflanzen aussetzt. Da sich diese aber nur schwer gezielt dauerhaft ansiedeln lassen wollen, muss man ihnen einen attraktiven Platz zum Aufenthalt bieten. Dies gelingt mit einem geeigneten Insektenhotel als Unterschlupf und mit einem Angebot an Pflanzen, auf die sie quasi fliegen, wie z. B. Fenchel, Minze, Kümmel, Schnittlauch, Dill, Kamille, Löwenzahn, Koriander und Ringelblume.

MEIN GRABELAND

Wenn ich auf meinem 10×10 Meter Grabeland bin, vergesse ich die Zeit. Meine Gartennachbarin hat mich ganz zu Anfang gewarnt: „Du brauchst dir gar keinen Stuhl hinzustellen, denn du wirst nur am Boden hockend mit bloßen Händen in der Erde wühlen." Wie recht sie doch hatte!

Garten

Bevor man einen Gemüsegarten anlegt, sollte man sich die Frage stellen: Was will ich mit meinen Gemüseanbau-Ambitionen erreichen? Will ich mir einen Selbstversorgergarten aufbauen oder will ich mit ein bisschen „Garteln" meine Freizeit in der Natur verbringen. Ich habe mich nach einer ambitionierten Anfangsphase mittlerweile für das „Garteln" entschieden.

MEINE 6 INSIDERTIPPS FÜR ERFOLGREICHES GARTELN

1 BODEN

Am Anfang meiner Grabelandkarriere habe ich alles gepflanzt, was mir so in den Sinn kam. Das Resultat waren Radieschen mit üppigem Blattwuchs und sehr ulkigen Fruchtformen und viele Tomaten mit hässlichen braunen Stellen am Stielansatz (die gefürchtete Kraut- und Braunfäule). Aus Fehlern lernt man. Wichtig beim Gärtnern sind die Analyse der Bodenbeschaffenheit und die Auswahl des richtigen Standorts für die Pflanzen.
Beim Boden unterscheidet man zwischen sandigen Böden, schweren Lehmböden und deren Mischformen.
Die Nachteile vom sandigen Boden sind, dass das Wasser schnell versickert und für die Pflanzen nicht lange zur Verfügung steht. Auch die Nährstoffe halten sich nicht lange. Der Vorteil ist: Es gibt keine Staunässe, die die Pflanzenwurzeln zum Abfaulen bringen könnte. Darüber freuen sich Pflanzen wie Königskerzen und Akelei, beim Gemüse sind es eher die Schwachzehrer wie Buschbohne, Erbse, Feldsalat und die mediterranen Kräuter wie Thymian, Buschbasilikum, Salbei und diverse Minzsorten.

Bei schweren Lehmböden verhält es sich genau gegensätzlich zu den sandigen Böden. Die Erde ist hier wie ein Schwamm, der Wasser und Nährstoffe sehr gut speichert, dafür sind aber der Wasserabzug und die Durchlüftung des Bodens oft sehr schlecht. Liebhaber von schweren Böden sind: Rosen, Flieder, Kartoffeln und Lauch. Buschbohnen hinterlassen den Boden sogar feinkrümeliger als vorher.

WIE BESTIMMT MAN DIE BODENART?

Aus einer Handvoll Erde formt man eine Kugel und dann eine Rolle. Rinnt die Erde beim Aufnehmen schon durch die Finger, ist der Boden eher sandiger Natur. Lässt sich problemlos eine Rolle formen, handelt es sich um einen Lehmboden. Ist die Rolle von mürber Struktur, hat man den optimalen Boden: einen sandigen Lehmboden oder lehmigen Sandboden, je nach Anteil der Komponenten. Ich habe auf meinem Grabeland eher einen sandigen Lehmboden, der aber mit unglaublich vielen Steinen in allen Größen versetzt ist.

BODENART VERBESSERN

Bei sandigen Böden kann man mit der Zugabe von Kompost nachhelfen. Kompost verbessert die Bodenstruktur und das Speichervermögen für Wasser und Nährstoffe. Schwere Lehmböden gräbt man im Herbst spatentief um. Im Winter gefriert das in der Erde enthaltene Wasser und sprengt die verdichteten Schollen. Im Frühjahr arbeitet man dann Kompost und eine ausreichende Menge Sand ein.

Für alle Bodenarten gilt: Im Frühjahr wird jedes Beet mit der Hacke bearbeitet und die feinkrümelige Erde anschließend mit einem Rechen glatt gezogen.

2 STANDORT UND AUFTEILUNG

Die meisten Gemüse brauchen viel Sonne zum Wachsen! Schattenplätze verzögern das Wachstum, begünstigen Pilzinfektionen und verlangsamen die Fruchtreife. Exponierte, windige Lagen mögen Gemüsepflanzen nicht, ebenso wenig völlig windstille Standorte, wie etwa von Mauern und Hecken umschlossene Beete, denn hier verdunstet die Feuchtigkeit langsamer und die Pflanzen bleiben nach einem Regen länger nass. Der ideale Platz für den Gemüsegarten sollte sonnig und luftig, aber nicht windig sein.

AUFTEILUNG DES GEMÜSEGARTENS

Beim Anbau von Gemüse nach der Fruchtfolgemethode in Kombination mit Mischkulturen habe ich bei meinem Grabeland die Aufteilung des Gemüsegartens in vier gleich große Beete gewählt, nach dem Vorbild eines Bauerngartens.

Hierbei ist ein Beet für Starkzehrer reserviert, eines für Mittelzehrer, eines für Schwachzehrer und eines für die Gründüngung im vierten Jahr. In jedem Folgejahr rücken die angebauten Gemüsearten ein Beet weiter: Die Mittelzehrer wandern auf das Beet, das vorher die Starkzehrer besetzt hatten, die Schwachzehrer folgen den Mittelzehrern und die Starkzehrer wandern auf das Beet, das vorher für die Gründüngung vorgesehen war.
Beim Bepflanzungsplan orientiere ich mich an den Hauptkulturen mit langer Standzeit: Im Starkzehrerbeet sind dies vor allem die Kopfkohlarten, Knollensellerie, Lauch und Kartoffeln, im Mittelzehrerbeet die Stangenbohnen, der Chicorée, Radicchio und die Schwarzwurzeln und beim Schwachzehrerbeet die Buschbohne. Die rasch wachsenden Kulturen wie Blattsalate, Spinat, Radieschen, Kohlrabi usw. pflanze ich zu den Hauptkulturen als wechselnde Mischkultur dazu. Hört sich kompliziert an, ist aber bei guter Planung und Dokumentation nicht schwierig.

FRUCHTWECHSEL IN ZEITLICHER FOLGE INNERHALB VIER JAHREN (FÜR 1 BEET)

1. Jahr: Starkzehrer (Gurke, Kartoffel, Kopfkohlarten, Kürbis, Paprika, Rhabarber, Sellerie, Tomate, Zucchini, Zuckermais)

2. Jahr: Mittelzehrer (Chicorée, Chinakohl, Erdbeere, Fenchel, Karotten, Knoblauch, Kohlrabi, Kopfsalat, Mangold, Melonen, Pastinake, Petersilie, Rettich, Rote Bete, Spinat, Schwarzwurzeln, Zwiebeln)

3. Jahr: Schwachzehrer (Buschbohne, Erbse, Feldsalat, Kräuter, Kresse, Portulak, Speiserübe, Radieschen)

4. Jahr: Gründüngung (Bienenfreund, Ackersenf, Lupinen)

MISCHKULTUR – FRUCHTWECHSEL IN RÄUMLICHER FOLGE INNERHALB EINES JAHRES (FÜR 1 BEET)

Zeitiges bis mittleres Frühjahr: Radieschen, Salat, Spinat, Petersilie, Gartenmelde, Mangold

Spätes Frühjahr: frühe Kohlarten, Kohlrabi, Kopfsalat, Radieschen, Gartenkresse

Frühsommer: Kohlarten (Hauptkultur), Endiviensalat

Spätsommer bis Frühherbst: Kopfkohl, Endiviensalat, Spinat

Herbst bis Winter: Endiviensalat, Feldsalat

PRAXISTIPP

Bei der Mischkultur wird das Gemüse auch in Reihen angebaut, aber anstatt die gleiche Pflanze Reihe für Reihe zu pflanzen, wechsle ich ab. Das heißt: neben einer Reihe Radieschen pflanze ich eine Reihe Mangold und dann eine weitere Reihe Radieschen. Ich achte außerdem bei der Bepflanzung darauf, Pflanzen, die ziemlich breit und ausladend wachsen, neben schlank wachsende zu setzen und tief wurzelnde Arten neben Flachwurzler, wie zum Beispiel Karotten und Zwiebeln oder Schwarzwurzeln neben Salat. Nicht verwendete Reihen decke ich mit Mulchmaterial wie Rasenschnitt ab. Dies hält die Feuchtigkeit im Boden und unterdrückt das Wachstum von Unkraut.

3 GIESSEN

Eine goldene Regel beim Gießen lautet: Nicht kleckern, sondern klotzen. Beim Gießen sollte das Wasser auch in die tieferen Bodenschichten vordringen und einen Wasserspeicher bilden können. Werden nur die oberen Bodenschichten benetzt, verdunstet das Wasser schnell und die Pflanzen haben nichts davon abbekommen. Daher lieber alle zwei bis drei Tage zur Gießkanne oder zum Gartenschlauch greifen und durchdringend wässern. Im Gemüsebeet benötigt man etwa 10 bis 15 Liter pro Quadratmeter.

MEIN TIPP

Beim Gießen am besten direkt in den Wurzelbereich gießen. Im Gegensatz zum Überbrausen der ganzen Pflanze wird so das Infektionsrisiko durch Pilzkrankheiten verringert.

Der beste Zeitpunkt zum Gießen ist frühmorgens oder spät am Abend, wenn Luft und Boden abgekühlt sind und die Verdunstungsverluste gering sind. Bei praller Sonne zu gießen ist dagegen nicht ratsam, da die Wassertropfen auf den Pflanzenblättern wie Brenngläser wirken und die Pflanzen einen ordentlichen Sonnenbrand bekommen können.

4 DÜNGEN

Wie alle Lebewesen brauchen Pflanzen Nahrung, um zu wachsen und Energie für ihren Stoffwechsel zu gewinnen. Drei der wichtigsten Nährstoffe, Kohlenstoff, Wasserstoff und Sauerstoff, nehmen die Pflanzen als Gase aus der Luft oder als Bestandteile des Wassers aus dem Boden auf. Alle anderen benötigten Pflanzennährstoffe befinden sich theoretisch im Boden, werden dem Boden aber immer wieder durch die Ernte und das Entfernen der Pflanzenreste entzogen. Sinn und Zweck der Düngung ist es deshalb, die Nährstoffreserven im Boden immer wieder gezielt aufzufüllen.

Im Frühjahr arbeite ich daher zwei bis drei Liter Kompost pro qm in den Boden der Beete ein. Für das Stark- und Mittelzehrerbeet verwende ich 150–100 Gramm Hornspäne pro qm on top. Auf mineralischen Dünger verzichte ich komplett, da dieser meine Regenwürmer vertreibt. Mit ihrer Hilfe bekomme ich ohnehin einen gut durchlüfteten und natürlich gedüngten Boden.

PRAXISTIPP

Im Sommer verwende ich selbst hergestellte Pflanzenjauche aus Brennnesseln zum Düngen. Sie enthält viel Stickstoff, Kalium und Kieselsäure und versorgt die Pflanzen mit allen Nährstoffen, die sie zum Wachsen brauchen. Nur Erbsen, Karotten, Knoblauch und Zwiebeln profitieren nicht besonders von dem stickstoffreichen Dünger.

5 VORKULTUREN IM HAUS

VORTEILE FRÜHER ANZUCHT

- Die Anzucht im Februar verschafft den Pflanzen einen entscheidenden Startvorsprung im Beet.
- Das Keimen und Heranwachsen der Pflanzen findet unter optimalen Bedingungen statt: Für ausreichend Licht, Wärme, Nährstoffe und Wasser wird gesorgt.
- Wärmeliebende Arten wie Zucchini, Tomaten, Kürbis und Gurken wachsen bei uns schneller im Haus als im kühlen Freien. Langsam wachsende Gemüse wie Sellerie vorziehen, damit sie bis zum Spätherbst ausgewachsen sind.
- Man kann früher ernten und die Beete für eine zweite Aussaat nutzen.
- Vorgezogene Pflanzen sind beim Umzug ins Beet den Schnecken bereits davongewachsen.

WELCHES GEMÜSE EIGNET SICH ALS VORKULTUR?
Auberginen
Gurken
Knollensellerie
Knollenfenchel
Kürbis
Melonen
Paprika
Tomaten
Zucchini
Zuckermais

PRAXISTIPPS FÜR VORKULTUREN

- Keine gebrauchte Erde verwenden. Darin können sich Bodenpilze befinden.
- Anzuchterde verwenden. Alle anderen Gartenerden sind zu stark gedüngt für die feinen Wurzeln der Keimlinge.
- Anzuchtgefäße gründlich säubern, um Pilzsporen keine Chance zu geben.
- Genug Platz lassen. Nicht zu eng säen.
- Helligkeit. Nach dem Keimen die Anzuchtgefäße hell stellen. Dunkel stehende Pflanzen neigen zum Längenwachstum und fallen schnell um.
- Frischluft. Täglich lüften, aber bitte keine Zugluft.
- Umziehen. Die Pflanzensämlinge rechtzeitig in größere Pflanzgefäße umziehen, bevor der Platz zu eng wird.
- Tee trinken. Einmal wöchentlich mit Ackerschachtelhalm-Tee zur Stärkung gießen.
- Streicheln. Ein paarmal am Tag mit der Hand über die Pflänzchen streichen. Stärkt die Abwehrkräfte und sorgt für kräftiges Wachstum.

6 NÜTZLINGE | SCHÄDLINGE

Nützlinge im Garten fördern: z.B. Marienkäfer, Florfliegen, Schlupfwespen, Schwebfliegen, Bienen und Hummeln. Wer seinen Garten interessant für Nützlinge macht, hat weniger Probleme mit Schädlingen und reichere Ernten. Daher ist die Gartengestaltung äußerst wichtig: Blühende Bäume, Sträucher, Stauden und Sommerblumen fördern Nutzinsekten. Besonders frühjahrsblühende Pflanzen wie Narzissen, Traubenhyazinthen und Schlehen locken Nützlinge schon frühzeitig in den Garten. Später machen blühende Kräuter und Gewürzpflanzen wie Borretsch, Beifuß, Liebstöckel sowie einjährige Blütenpflanzen wie Ringelblume, Bienenfreund und Schmuckkörbchen den Garten weiterhin für Nützlinge attraktiv.

Mit Schädlingen leben: Meine persönlichen Erzfeinde sind die Spanischen Wegschnecken, auch Nacktschnecken genannt. Wenn es wärmer wird, tauchen sie plötzlich zu Hunderten in meinem Garten auf. Kein Basilikum, kein zartes Salatpflänzchen, keine haarige Kürbispflanze ist vor ihnen sicher. Eine Schnecke legt im Spätsommer bis zu 400 Eier. Selbst Igel, Maulwürfe und Spitzmäuse verschmähen die Spanischen Schnecken als Leckerbissen, da ihr Schleim bitter schmeckt.

MEIN TIPP
Mein Trick gegen Schnecken ist das Absammeln und anschließend der mechanische Mord. Letzteres verschweigt der NABU auf seiner Website, es ist aber durchaus konsequent, denn wer weiß schon, was die Tiere anrichten würden, wenn wir sie im Wald und der freien Natur aussetzen würden. Fürs leichtere Absammeln biete ich den Schnecken Verstecke und Schlafplätze an. Dafür eignen sich Holzlatten zwischen den Beeten, alte Dachziegel oder umgedrehte Blumentöpfe. Das Absammeln funktioniert am besten, wenn es feucht ist, also morgens und abends in der Dämmerung. Wichtig: Damit sollte man schon zeitig im Jahr beginnen, um der Schneckenplage irgendwie Einhalt zu gebieten.

Register

G

H

I

J

K

L

Danksagung

AUTORIN UND FOTOGRAF

Wir bedanken uns für die Unterstützung: bei unserer wunderbaren Lektorin Lisa Helmus für ihr Adlerauge, ihre Geduld und herzliche Begleitung, bei der talentierten Grafikerin Sonja Bauernfeind, die selbst das längste Rezept untergebracht hat, bei Anna Falkenberg, die uns bei den Pflanzenporträts geholfen hat, bei Yule, unserer Fotoassistentin, bei Jeannine, die uns oftmals den Rücken freigehalten hat, und bei den Küchenhilfen, Testessern und Handmodels Leon und Amelie. Danke an den Verlag EMF für das Vertrauen in unsere Arbeit.

Requisiten & Unterstützer

SPICEBAR | spicebar.de

A*FINE | a-fine.de

Servus Resi – natürlich unverpackt | servus-resi.de

keramik 3punktf | 3punktf.de

ASA SELECTION GmbH | asa-selection.com

Pink.Your.Kitchen! | pinkyourkitchen.de

KitchenAid | kitchenaid.de

FOODATACKE | foodatacke.de

Quellen

Robert Koch Institut, Gesundheitsmonitoring |
rki.de/DE/Home/homepage_node.html

Proveg international | proveg.com/de/

Meine-Gesundheit.de |
meine-gesundheit.de/ernaehrung/gesunde-ernaehrung

Zentrum der Gesundheit |
zentrum-der-gesundheit.de/ernaehrung

Wikipedia Die freie Enzyklopädie |
de.wikipedia.org/wiki/Wikipedia:Hauptseite

FH Erfurt Bioaktive Substanzen im Gemüse |
fherfurt.de/lgf/fileadmin/GB/Dokumente/Forschung/
Bioaktive_Substanzen_im_Gemuese.pdf

kochmonster.de/kochwissen/kochuni/osmose.html

Gläser und Flaschen |
glaeserundflaschen.de

Die Pasta Grannies auf youtube |
youtube.com/watch?v=rYoWMNOevag |
https://www.youtube.com/watch?v=rYoWMNOevag

Deutsche Gesellschaft für Ernährung e.V. |
dge.de

Literaturnachweis

Vorrat halten von Hildegard Rust,
ALOIS KNÜRR Verlags GmbH

WECK-Einkochbuch,
WECK GmbH u. Co. KG

Fermentieren, Gemüse einfach und natürlich haltbar
machen von Kirsten K. Shockey & Christopher Shokey,
LÖWENZAHN in der Studienverlag Ges.m.b.H

Speisekammer, Vorräte einfach selbst gemacht
von Lisa Eisenman Frisk & Monica Eisenman,
HÖLKER VERLAG in der COPPENRATH VERLAG
GMBH und CO KG

Impressum

Bibliografische Information der Deutschen Bibliothek.

Die Deutsche Bibliothek verzeichnet diese Publikation in der Deutschen Nationalbibliografie.

Detaillierte bibliografische Daten sind im Internet über http://www.dnb.de/ abrufbar.

Die im Buch veröffentlichten Aussagen und Ratschläge wurden von Verfasser und Verlag sorgfältig erarbeitet und geprüft. Eine Garantie für das Gelingen kann jedoch nicht übernommen werden, ebenso ist die Haftung des Verfassers bzw. des Verlags und seiner Beauftragten für Personen-, Sach- und Vermögensschäden ausgeschlossen.

EIN BUCH DER EDITION MICHAEL FISCHER

1. Auflage 2021

Covergestaltung: Sonja Bauernfeind
Redaktion und Lektorat: Lisa Helmus
Layout und Satz: Sonja Bauernfeind
Foodfotografie und -styling: Brigitte und Dirk Tacke, FOODATACKE
Text und Rezepte: Brigitte Tacke

ISBN 978-3-96093-685-5

Gedruckt bei Polygraf Print, Čapajevova 44, 08001 Prešov, Slowakei

www.emf-verlag.de